黎族研究大系丛书

主编：孙绍先

本书系海南省哲学社会科学2013年规划课题，项目编号：HNSK（Z）13-190

国家"十二五"规划重点项目
上海文化基金资助项目
海南省哲学社会科学2013年规划课题

"凡俗"与"神圣"
——海南黎峒习俗考略

唐玲玲　周伟民　著

上海大学出版社

图书在版编目（CIP）数据

"凡俗"与"神圣"：海南黎峒习俗考略/唐玲玲，周伟民著 —— 上海：上海大学出版社，2014.4
（黎族研究大系丛书）
ISBN 978-7-5671-1240-7

Ⅰ.①凡… Ⅱ.①唐… ②周… Ⅲ.①黎族－社会团体－研究－中国－海南省 Ⅳ.①C232.66-②K288.1

中国版本图书馆CIP数据核字（2014）第048276号

策划编辑　焦贵萍
责任编辑　焦贵萍
装帧设计　柯国富
技术编辑　章　斐

黎族研究大系丛书

"凡俗"与"神圣"——海南黎峒习俗考略

唐玲玲　周伟民　著

上海大学出版社出版发行
（上海市上大路99号　邮政编码200444）
(http://shangdapress.com　发行热线66135112 66135109 66135211)
出版人：郭纯生

印刷：上海上大印刷有限公司
经销：各地新华书店
开本：787×1092　1/16　印张：18.5　字数：370 000
版次：2014年4月第1版　印次：2014年4月第1次印刷
书号：ISBN 978-7-5671-1240-7/C·114　定价：240.00元

黎族研究大系丛书编委会名单

总顾问
王学萍

编委会主任
胡新文

编委会副主任
孙绍先　李永群（黎族）

编委会成员
（按姓氏音序排列）

符其武（黎族）　郭纯生　高泽强（黎族）

胡新文　金　山（朝鲜族）　焦贵萍　焦勇勤

鞠　斐　李景新　李永群（黎族）　刘复生

马荣江　孙海兰　孙绍先　唐玲玲　文丽敏

张军军　钟思源　周伟民

序

王学萍

唐玲玲、周伟民两位年届80的老教授，本着汉黎一家亲的民族团结和谐感情，一直关心黎族传统文化的挖掘、整理、传承和研究，取得了不少成绩。现在又写出了《"凡俗"与"神圣"——海南黎峒习俗考略》，为黎峒文化园建设作学术的支持。他们把书稿拿来给我看，让我在前面写几句话作为序言。他们的盛情难却，我只好说说黎峒文化园的筹建始末来充当序。

黎族传统文化十分丰厚！

如何推动黎族文化的挖掘、宣传、推广和发展，吸取黎族文化诚实守信、勤劳勇敢、团结互助、敬老爱幼、热情好客的思想精华和精神精髓，为促进社会主义精神文明建设，构筑和谐社会作出贡献，我深感责任重大。2004年3月8日，在第十届全国人民代表大会第二次会议上我向大会提交了在水满乡建设黎峒文化园和将黎锦技艺申报世界非遗的建议，得到国家文化部门和海南省委省政府的重视和支持。黎锦技艺已被列为世界非遗项目，黎峒文化园项目也被省委、省政府和省委宣传部、省民宗委、省发改委、省旅游委等有关部门列为海南国际旅游岛建设的重点项目，目前正在由五指山黎峒文化主题公园有限公司施工建设。

黎峒文化园项目的定位主要是从黎族在海南的重要历史地位及五指山风景名胜区的总体发展等多方面进行考虑，突出其纪念、祭祖、文化、生态及旅游的主要功能，将其确定为黎族人民寻根访祖、聚会祭拜、节庆盛典、保护和展示黎族文化以及观光旅游的重要基地和场所。为此，黎峒文化园定位为"一园三地"，就是黎族人民的精神家园，其功能，一是黎族人民祭拜祖先的圣地，二是展示、

研究、传承黎族传统文化的基地,三是黎族文化、五指名山、热带雨林相结合的旅游观光胜地。

功能分区及构成为,一是黎族文化溯源区,包括黎祖大殿、黎族始祖袍隆扣圣像、三月三广场、黎族文化长廊、黎族博物馆、民族剧院;二是原生态黎族村落区,包括黎族五大方言展示区、黎族原住民生活区、民俗体验区等,保存原汁原味的黎族传统建筑文化,向人们展示现在难以见到的黎族传统生活场景;三是黎族山寨风情区,包括民族特色商业、客栈、饮食、休闲、娱乐等功能,进行黎族物质文化和非物质文化的展示、体验和其他工艺品制作及销售。

在黎峒文化园开光、本书即将付梓出版之际,在激动欣慰之余,写下这几句话是为序言。

2014年3月5日

黎族研究：
一座有待开启的民族文化宝库

——《黎族研究大系》总序

　　海南岛的先住民是黎族，他们是历史上开拓海南岛的先驱，曾经创造了辉煌灿烂的民族文化。黎族人口125万，在中国56个民族中排名第18位。黎族在海南岛生息繁衍有史可证的年代距今已有3000年以上。

　　黎族为我们保存下来的文化遗产令人惊叹！

　　黎族一直到清代，都是我们国家纺织工艺最先进的地区之一。黎族妇女织就的"广幅布"、龙被，曾长期是朝廷征调的贡品。流传甚广并辑入小学课本的黄道婆向黎族人民学习纺织技术的故事，并非没有来历。今天，黎族织锦已经进入世界非物质文化遗产保护名录。

　　黎族妇女文身的复杂图案与喻义至今未得到充分的研究和解说，而海南还有2000多文身的妇女健在，这足以令世界的人类学家目瞪口呆。他们只有在早期传教士的素描和极其稀少的早期影像中，才能依稀看到其他民族的文身图案。

　　更神奇的是，我们从文身习俗的历史记载、文身的原初意义以及文身的图案艺术等方面，发现了琼、台两地先住民的族源的一致性。琼、台先住民的文身、文面，其实都起源于骆越。从文身、文面特点比较中，可以看到中国两大宝岛的先住民的族群竟然是同源异流关系（此前语言学家也从语音、词汇的历史比较中认为海南黎族与台湾高山族同根同源）！2003年，在琼、台两岛少数民族的一个座谈会上，台湾泰雅族民意代表（台湾立法委员）林春德说："我寻遍大江南北，不意今天知道黎族文身有这么深刻而广泛的影响，我们泰雅族和黎族在文身这一点上表明我们是同一个祖宗！"此后促成了琼、台两岛少数民族多年的"三月三"大聚会。

　　黎族研究的现状与黎族在祖国大家庭中的历史地位很不相称。当藏学、蒙学、满学等已经成为世界级显学的时候，"黎学"还处在刚刚起步的阶段，在她的身边到处都是有待开掘的文化宝藏。

　　从学术角度对黎族民族文化的研究，始于19世纪末20世纪初。并在20世纪50-60年代形成高潮。这期间有些学者做过一些调研，出版过数种著作。期间，标志性的研究成果是德国人类学家史图博1931年~1932年两次到海南黎区作田野调查，在1937年出版了德文著作《海南岛民族志》。其后，国际汉学界对黎族文化的研究，因各种原因陷入停滞状态。

　　建国后，广东省的一些民族研究学者，对海南黎族曾进行过规模比较大的综合考察。比较重要的有两次：一是中南民族学院调研组，在1954年7月至1955年1月间对海南22个黎族村点的调查，结集为《海南岛黎族社会调查》（广西民族出版社1992年版）；二是中国少数民族社会历史调查广东省课题组民族研究学者于1956年11月至1957年2月对海南黎族村落的调查，结集为《黎族社会历史调查》（民族出版社1986年版）。限于当时历史条件和学术视野，这些论著都有相当大的局限。

　　海南建省办经济特区后，原广东省的一些黎族研究学者陆续转向对其他民族的研究，中央的一些民族研究机构（如社会科学院下属民族研究所、中央民族大学），虽然也有黎族研究人员和课题，但大都处于个别和个案的研究状态，科研成果稀少。难以对黎族文化进行大规模和深入系统的研究考察工作。

　　对黎族文化的系统考察研究因此陷于长期停顿状态。随着现代化浪潮由城市推

向乡村，黎族的生存方式正在发生深刻的变化，许多传统生活方式和传统习俗正在加速从现实生活中退出。从保存祖国少数民族文化多样性的角度说，对黎族传统文化的抢救与挖掘整理已经到了刻不容缓的时候。1956年至1957年，广东黎族考察组在毛道乡调查时发现："纺织和制陶是女子的事情，凡14岁以上的女子，都能纺织花纹比较简单的桶，有15个中年以上的妇女会制陶器。"在2003年对黎族地区的考察中，我们了解到只有10%左右的妇女还懂得一些传统的手工纺织工艺，真正精通纺织技术的人更少，而民族制陶工艺已基本失传。

现代化的浪潮正在迅速改变黎区的面貌。五指山深处的水满乡——海南省最偏远贫困的乡镇之一，也在1986年开始接入电视信号；1997年初开通了长途直拨电话；2000年初中国移动电话开通；这个昔日封闭的山乡正在迅速与外面的世界连在一起。黎族传承了上千年的民族文化以及生产、生活方式正面临着严峻考验。其中很多物质民俗和文化民俗的遗产，如不加以抢救性挖掘与整理，必将永久消亡。比如：大量未记录的原生态的歌谣和音乐、各种传统节庆与宗教礼仪、抗风防震的"船形屋"、色彩绚烂的黎锦等等，都面临着永远消失的局面。这对中国民族文化多样性传承是不可弥补的损失。现在还保有文身的黎族妇女，大都在85岁以上，民间歌手、巫师、"鬼公"、织锦艺人等黎族传统文化的传承者也均处高龄。不断有人辞世。

60年前，黎族的典型建筑——"船形屋"基本消失；

50年前，黎族妇女不再文身；

40年前，黎族的制陶工艺失传；黎族的传统生产工具消失；

30年前，黎锦的印染工艺失传；黎族服饰退出生活领域；

20年前，黎族传统的生活用具消失；

正在消失的还有：黎族古歌，特别是记录黎族口传史的"祖先歌"；黎族的腰织机；黎族的传统音乐和乐器；黎族的传统纹饰；等等。

抢救保存黎族文化遗产，这不仅是在保留一个民族的历史记忆，更重要的是整固一个民族的精神家园。这项艰巨而重大的工程早一天启动，就会多一分民族文化研究的成果。黎族的主要聚居地是海南岛，中国的黎族研究在少数民族研究大背景中，也处在薄弱环节，对黎族的综合考察研究对中国乃至世界的文化人类学、民族识别学方面具有极高的理论价值；在学术史上更是具有填补当代民族学研究空白的意义。

借助海南大学进行重点学科建设的契机，我们组织了一批学者，从各个角度对黎族传统文化进行了深入的研究，大部分学者为此专门深入黎区进行田野考察，2012年编辑出版的《黎族研究大系》第一辑4种，就是他们研究成果的一部分。

在上海大学出版社和丛书作者的共同努力之下，《黎族研究大系》（1-4卷）先是列入上海市重点图书规划，后又获得国家出版基金项目资助。丛书出版后，2012年《黎族研究大系》（1-4卷）获得上海优秀图书一等奖；2013获"全国百种优秀民族图书"向全国人民推荐。同年，获第四届中华优秀出版物图书提名奖，这是我国国家级优秀图书的三大奖之一。这一系列荣誉鼓舞了我们学者的治学热情，海南大学亦决定继续资助《黎族研究大系》的出版工作，这是本丛书第二批书目得以顺利出版的重要推动力。我们希望这套丛书能够陆续出版下去，形成20-30卷的黎族传统文化研究系列成果。

感谢海南大学予以本丛书专项建设资金支持；感谢海南大学副校长胡新文教授对本丛书研究出版的大力支持；感谢各位作者富于创造力的研究工作；感谢上海大学出版社焦贵萍老师对本丛书倾注的极大热情和所付出的一切。本丛书历经数载，反复打磨、修改，终成正果。看着凝聚着大家心血、大气又雅致的《黎族研究大系》丛书，不能不有空谷足音之感。欣喜之余，略表衷心感谢。

是为序。

孙绍先
于海南新埠岛

目 录

导 言 / 1

一、问题的提出 / 1

二、艰难地跋涉：寻访黎峒峒主庙 / 4

（一）关于"峒" / 5

（二）关于黎峒 / 5

（三）关于峒主 / 7

（四）关于峒主庙 / 7

三、由"凡俗"走向"神圣" / 8

第一章 海南黎峒历史与现状 / 13

一、距今一万多年前黎族先民迁入海南岛，并创造了辉煌灿烂的民族文化 / 13

二、秦朝统一中国之后唐以前的王朝与海南岛原住民的关系 / 14

三、唐宋时期海南岛上的黎峒 / 18

（一）黎族先民在族群生活中的基本组织，称为峒 / 19

（二）宋代的黎峒生态环境进一步成熟 / 22

（三）黎峒土官制度开始设立 / 23

（四）建立土官制度与要求治琼官吏德政兼具 / 25

（五）宋代对黎峒尚未形成统一的治理系统 / 27

（六）苏过对宋代黎峒管理的进策 / 28

四、元朝对海南黎峒的措施和策略 / 32

（一）元代加强对海南控制的军事制度 / 32

（二）元代海南黎峒遍布各郡县，也未能进行准确的统计 / 34

（三）在王朝大军镇压下，黎峒反抗活动更加激烈 / 36

（四）元代对土兵的利用 / 38

五、明朝实行"以峒管黎"制度，黎峒被视为乡村社会组织的行政建制 / 39

（一）明朝在行政组织上对黎峒给予名正言顺的定位 / 40

（二）明朝对黎峒所采取的安抚态度 / 47

（三）建立黎族土官制度管理黎峒，以峒管黎 / 49

（四）明朝的黎峒，被土官所管辖 / 52

（五）设土舍黎兵 / 54

（六）土官、土舍的设立作为明代政权的两重管理体制 / 57

（七）明朝的"平黎策"与"统黎策" / 60

六、清代黎峒的布局及"治黎"策 / 65

（一）清代黎族村峒的发展及其变化 / 66

（二）清朝对黎峒的管辖与改土归流 / 81

（三）清朝对黎峒的镇压，出现了新的状态 / 87

（四）黎汉杂居后的黎峒变化 / 93

（五）美国传教士香便文到黎峒调查 / 96

七、民国时期的海南黎峒 / 96

（一）美国传教士劳瑞博士等著《棕榈之岛》中的黎峒见闻 / 98

（二）法国萨维纳到黎峒所作的调查 / 99

（三）美国记者克拉克拍摄的黎峒生活照片 / 103

（四）黄强访问五指山黎区 / 108

（五）史图博到海南岛进行人类学调查 / 110

（六）冈田谦、尾高邦雄三峒调查 / 111

八、新中国成立后，对黎族实行民族自治政治制度 / 112

（一）毛道乡黎峒 / 113

（二）毛枝乡黎峒 / 115

（三）雅袁乡黎峒 / 117

（四）番阳乡黎峒 / 118

（五）毛贵乡黎峒 / 124

第二章 现存峒主庙考察实录 / 133

一、昌江十月田塘坊村峒主庙 / 135

二、十月田镇保平村公德庙 / 136

三、昌江县乌烈镇峨港村境主庙 / 139

四、昌化镇峻灵明王庙 / 139

五、东方市新街昆仑神庙（峒主庙）/ 142

六、东方市四更镇四而村日月民庙 / 144

七、白沙县牙叉镇营盘村什道跃村公庙 / 145

八、符氏永明祠堂 / 146

九、琼中县红毛镇番响管区村南美村峒庙 / 147

十、茅坡峒主庙 / 147

十一、琼中红毛镇罗解村什向村罗解峒主庙 / 148

十二、红毛镇罗虾村毛西村罗虾峒主庙 / 149

十三、保亭县新星农场万峒队石峒公庙 / 150

十四、陵水县都林城东村委会老丰村陵阳古庙 / 150

十五、陵水椰城镇东华中学内东区古庙 / 151

十六、陵水都林镇华北村北市古庙 / 153

十七、陵水县椰林镇华东村下港岭水口庙 / 153

十八、陵水椰林镇卓戴村西黎峒主万圣帝君庙 / 156

十九、陵水椰林镇华东村委会大庙村西黎峒主庙 / 158

二十、陵水椰林镇里村村上溪村村主庙 / 159

二十一、陵水新村镇盐尽村浅尾村浅水西黎峒主庙 / 159

二十二、陵水县新村镇桐海村灶仔村龙门七爷庙 / 160

二十三、陵水新村镇桐海村同村和灶仔之间南天陈村圣娘庙 / 161

二十四、陵水新村镇新村港码头三江庙 / 162

二十五、陵水黎安中科路龙王庙、天后圣母庙、南天圣娘庙、黎峒主庙 / 162

二十六、琼中县和平镇堑对村大礼大帝庙 / 163

二十七、琼海椰子寨小学内椰子寨峒主庙 / 164

二十八、琼海县岭口镇三加村南建石磜峒主庙 / 167

二十九、屯昌县城镇屯新村新安村和深田村交界处深水田峒主庙 / 172

三十、屯昌市境主庙 / 174

三十一、澄迈县路上保安堂 / 178

三十二、澄迈县文儒镇文丰村排坡园村南林峒庙 / 178

三十三、澄迈县加乐镇加乐峒 / 181

三十四、昌化加茂村昌化老爷庙 / 182

三十五、昌化加乐村乐昌庙 / 184

三十六、澄迈县金江镇关圣庙 / 184

三十七、澄迈金江镇富朗镇东神庙 / 185

三十八、临高县博厚镇龙驾村祖婆庙 / 186

三十九、临高县博原镇龙驾村楞严庙 / 190

四十、琼海石壁墟石壁峒主庙（俗名圣娘庙）/ 192

四十一、琼海市跃进人民路南端南堀村南堀庙 / 192

四十二、琼海中原镇大锡管区大锡村大锡峒主庙 / 193

四十三、屯昌县屯城镇良史村良史峒主庙 / 193

四十四、屯昌县屯城镇良史村合格山村合格山峒主庙 / 194

四十五、屯昌县坡心镇白石村白石帅主娘娘庙 / 195

四十六、屯昌县屯城镇屯昌村加丁村加丁公庙 / 195

四十七、屯昌县屯城镇加宝村加宝峒主庙（保德堂）/ 195

四十八、屯昌县屯城镇屯昌村奇石峒主庙 / 196

四十九、屯昌县南凯旧市墟南凯墟婆祖庙 / 197

五十、屯昌县坡心镇南凯村南凯境主庙 / 198

五十一、琼中县黎母山镇新林村公江村公江峒主公庙 / 199

五十二、屯昌县枫木镇枫木墟枫木峒主庙 / 199

五十三、琼中县湾岭镇罗马村罗马婆庙 / 200

五十四、琼中县红毛镇罗担村黎凑村黎凑婆庙 / 201

五十五、定安县黄竹墟黄竹公庙 / 201

五十六、定安县龙何镇鸭塘村荷塘境主庙 / 202

五十七、定安县龙门镇大山村大山庙 / 202

五十八、琼海市长坡镇孟文村显赫侯王庙 / 203

五十九、万宁市龙滚镇龙楼村博雅村温州海主侯王庙 / 204

六十、儋州和舍镇和舍墟真武庙 / 205

六十一、乐东县九所镇乐三村乐罗东坊乐罗村主庙（现为乐罗敬老院）/ 205

第三章 峒主庙文化的田野调查及评述 / 207

一、祖先崇拜的信仰习俗与峒主庙起源 / 209

二、峒主庙在黎区的地位与作用 / 212

三、峒主庙孕藏着黎族古老的历史变迁 / 214

四、峒主庙信仰与汉族道教的影响 / 218

五、峒主庙是海南革命斗争时期的会议室、补给站和指挥所 / 221

  （一）琼海市椰子寨小学内的椰子寨峒主庙 / 221

  （二）陵水县椰城镇东华中学内的东区古庙 / 223

  （三）红毛镇罗解村什向村罗解峒主庙和毛西村罗虾村峒主庙 / 224

六、峒主庙神灵，足证历史上黎族人民向来祭祀冼夫人 / 227

  （一）关于冼夫人的族裔 / 228

  （二）历史的误解：冼夫人镇压黎族 / 229

  （三）冼夫人的封号 / 231

七、峒主庙文化中的对联 / 233

  （一）祈求本峒主庙所辖地区黎汉和谐、黎民生活美满、平安吉庆 / 233

  （二）赞颂先祖及峒主功德共存 / 234

  （三）赞扬峒主（或称境主）的功德无双，神通广大 / 235

  （四）历史与当代结合的教育功能 / 237

  （五）赋予峒主庙现代色彩 / 238

  （六）庙神的歌颂与庙宇自然环境相结合，描绘出一幅自然山水的美丽景色 / 238

  （七）峒主治峒的业绩和今人对峒主的怀念 / 239

  （八）追溯历史，从对联中显示这座庙宇的历史故事 / 240

八、峒主庙文化特征一瞥 / 241

九、从《左有文总管事略碑》看峒主庙在移风易俗中的作用 / 245

结　语 / 249

一、黎峒有促进黎族社会进步和发展的作用 / 249

二、黎峒显示黎族五种方言的体格人类学区别 / 250

三、黎峒将五种方言的社会习俗区分开来 / 253

后　记 / 259

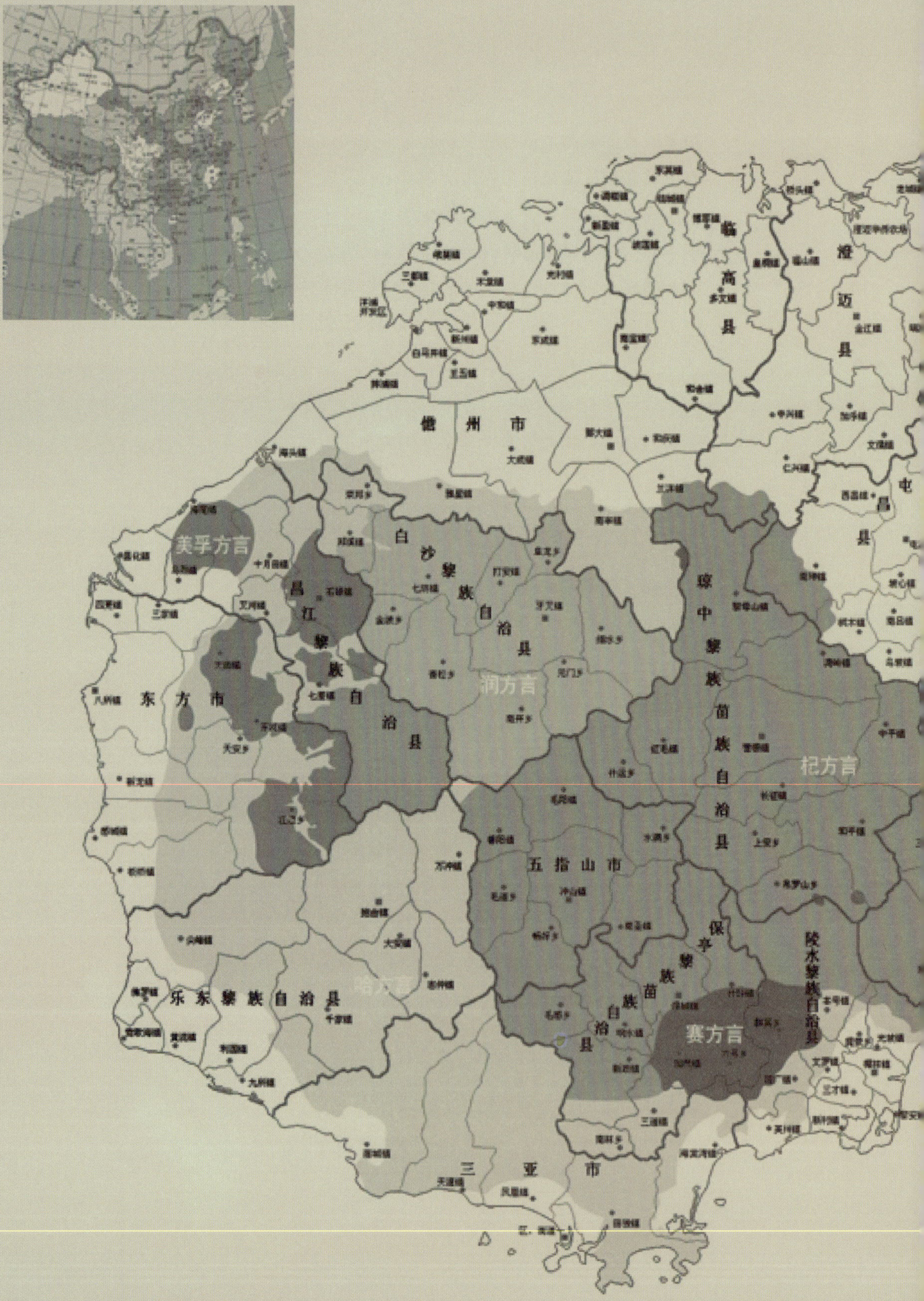

海南岛黎语方言分布图

美孚方言

白沙黎族自治县

昌江黎族自治县

儋州市

临高县

澄迈县

琼中黎族苗族自治县

杞方言

洞方言

东方市

五指山市

陵水黎族自治县

保亭黎族苗族自治县

赛方言

乐东黎族自治县

三亚市

海南岛黎族方言分布示意图

- 哈方言区
- 润方言区
- 杞方言区
- 美孚方言区
- 赛方言区

远眺五指山

2009年2月29日上午黎族大殿专家组一行五人到选址征地准备打茅草结（插星）的前期工作（从左至右：高泽强、董元培、林开耀、王国全、邢关英）

参加选址人员在五指山上考察

从左至右，符炳信、周文珍、王学萍、卓其德、符启源在黎族大殿选址打结仪式结束后合影

黎族大殿选址民间打结仪式由黎族民俗专家王国全同志主持

打茅草结仪式结束后合影

依黎族习俗，五种方言代表打的茅草结

海南省民宗委政法处处长王建成同志在参加黎族大殿选址打结后仪式归途

王学萍同志在五指山上

欢迎日本专家

陵水县西黎峒主庙

琼海市椰林寨峒主庙

屯昌县深水田峒主庙

石玉冼太夫人文化园

黎族润方言衣裳中的大力神纹

凡俗与神圣——海南黎峒习俗考略

黎祖雕像

导 言

黎族的崇高声誉，来自传统，也来自发展。传统和发展，是相互包容并且是互动的，其中的过程和内容极其复杂，梳理它的头绪，有多种途径和方法。了解历史上关于黎峒的记载和黎峒的峒主庙是一个极其新鲜又极具挑战性的工作。做好这项工作，就是从学术上支撑黎峒文化园建设，意义重大！

一、问题的提出

这个问题的提出，是十年前报上的一则消息和2013年的一次田野考察启迪，两者互相碰撞迸发结果。

前者是十年前的2004年，时任海南省人大常委副主任、全国人大常委王学萍同志在向全国十届人大二次会议提交的一项建议：

设黎峒大观园　　展示黎族文化

陈成智　姚莉莉

本报北京3月9日电（特派记者陈成智、姚莉莉）：眼看身边优秀的民族民间文化日渐消亡，黎族代表王学萍向十届全国人大二次会议提交建议：请求国家支持保护海南民族民间传统文化。昨天上午，他向记者描绘了关于黎峒大观园的设想。

黎族的居住、服饰、生活方式、生产方式正逐步消失；许多传统技能和工艺缺乏传承人；熟练掌握黎族语言的人越来越少，大量的黎族代表性实物和资料难以得到妥善保护，这些令人心痛的现实，是王学萍提出这一建议的初衷。

关于建立黎峒大观园，王学萍的理想地是在五指山市水满乡。黎峒大观园由政府主导，企业投资运营。园中可建立黎族五大方言区的五个模拟小村落，五大方言区的居民按照传统方式生产生活。园中还可建立一座博物馆，通过实物、图片、石刻等展示黎族历史和文化的全貌。同时，在村落周围种植各种海南本土珍贵树种及本土植物，使黎峒大观园不仅成为传承民族传统文化的旅游景点，又能成为一座热带雨林大花园。

王学萍还建议：确立五指山、乐东、保亭、白沙、东方五市县的一乡四村为黎族传统文化保护乡（村）；确定黎族的织锦、龙被、鼻箫，汉族的调声、人偶剧为精品保护项目；设立海南省民族织锦工艺研究所，全面开展对黎锦的研究保护工作。

这则消息，内容十分丰富，其中的"黎峒"是关键词！至于"大观园"，后来改为"文化园"，更加通俗易懂。

黎峒的内涵是什么？中国历史上黎峒一词起源于何时，后来的历朝历代又怎样发展的？黎峒怎样自然消亡？等等，一时不容易说清楚，需要作深入地研究。于是，笔者对海南岛黎峒的历史面貌作了一番文献学上的梳理，是为书中的黎峒考。

这仅仅是问题的一方面。

作为一种文化，黎峒传承久远，它的精神寄托在什么地方？这种精神文

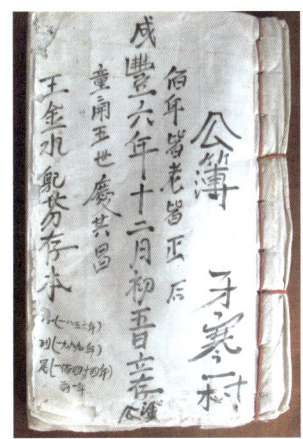

化现象，在笔者脑海缭绕了10年！

很幸运！学术朋友科大卫教授（英国人、香港中文大学历史学系讲座教授）偕同他的学生、副教授张瑞威博士和助理教授贺喜博士再次到海南岛

作田野调查。这次调查也是笔者陪同一周时间。

2013年2月27日,王恩带领一行数人到琼中黎族苗族自治县毛阳村,这也是王恩的老家,在毛阳村看到一个家庭中供奉峒主。

接着村长王祥润带到罗虾神庙,这是七方峒的峒主庙。然后又到茅坡看一个峒主庙。

看了这几个峒主庙以后,忽然醒悟:黎峒的精神家园即是峒主庙。于是引起了对峒主庙的田野调查。

二、艰难地跋涉:寻访黎峒峒主庙

经过一段时间的筹备,笔者在冯健英、冯所海两位的大力协助下,出发探访峒主庙。他们两位因为此前长期作省内冼太庙的田野调查,很有经验。这对我们的工作,事半功倍。但还是艰难!

前前后后经过几次下田野,共调查了100多座庙宇,其中有61个峒主庙。这些峒主庙,有些是称为境主庙,实际上是黎族的峒主庙。

田野工作的过程,首先是对六个黎族聚居的市县,第二步才到这六个市县的邻近市县,第三步才选择有代表性的市县。这样,田野工作大抵上覆盖全省,也颇具代表性。

所到的市县,有不少民族宗教部门领导对这项工作理解得全面,支持也得力。陵水县人大民宗委主任黄权同志,他过去领导了一个小队伍作过一项全县的庙宇调查,让我们的工作得到线索,顺利进行。白沙县民宗委派王少姑全程陪同,为我们提供了许多方便。昌江县符天明、林春妮同志邀请十月田镇人大副主任林文军同志陪同等,该感谢的远不止这些!

但也有些市县,我们工作觉得还不够深入时,就据冯健英、冯所海的经验,到老爸茶店与大众一道喝老爸茶,用聊天的方式探访。结果,茶客们都将茶端过来,大家你一言我一语,好不热闹!在这里找到了线索。有好心人还自告奋勇、充当向导,令我们十分感激!

路途是很艰难的,天天"车是一身泥,人是一身汗"!田野工作真有料想不到的遭遇!2013年8月25日一大早起床,直奔琼中县。从陵水县向北行走。开始的路段还顺利,车子继续向北,出了本号镇驻地后路上开始泥泞起来。到南富村附近再向北,在小妹水库的东侧公路上,道路正在改建,又遇连续大雨,车子正要驶向700米的大小岭时,路面泥水相混,到处是洼坑,我们的车子陷在泥水洼地里动弹不得!请拖拉机拉了半天,全不奏效!后来请一辆大混装货车才拖出泥洼。到达目的地长征镇时已经是午后了。

这种境况虽然不是常态,但程度不同,亦非罕见。

田野调查的目的,从一开始就定得很明确:1.将文献记载与现实的状况结合,将不同的历史概念区分明白。2.为研究海南本土文化注入新的学术视野及研究的分支方向,将黎族信仰中的人文精神与海南社会文化的互动关系弄清楚。

在历史上,黎族有峒、峒主及峒主庙,它们的内涵怎样界定?

(一)关于"峒"

中国历史上的"峒",有一个漫长而复杂的过程,到了宋代,峒是羁縻州辖属的行政单位。大者称州,小者称县,又小者称峒。

"壮族人民在未受外来统治之前,地方组织叫峒。明人邝露的《赤雅》说'峒中酋长生子者,铸铜为鼓'。峒中酋长即壮族酋长。"(引自黄现璠等著《铜鼓制造及其花纹的探讨》)

中华人民共和国成立以前,"峒"是我国西南地区部分少数民族聚居地的泛称。如苗族的苗峒,侗族的十月峒,壮族的黄峒。后来这一称谓逐渐演变为今天的侗族。

(二)关于黎峒

黎峒是20世纪50年代前黎族地区大部分地方存在的社会组织,黎语原意是人们共同居住的一定地域,由有血缘关系的若干家庭组成村落,由若干村落组合成峒。

黎族地区还有一种社会组织是合亩制。合亩制地区就不设黎峒或少设黎峒。

合亩制主要分布在今五指山市一带,是黎族特有的生产和社会组织。合亩制属于原始社会末期的一种生产方式。"合亩"是进行农业生产的基本单位，由若干户有血缘关系的父系小家庭组成，有些还接受非血缘的外来户参加，"亩头"由父系长辈担任。生产资料归全亩统一使用。合亩共耕种收获的产品，扣除留作公共开支和亩头提取少量稻谷外，其余平均分配。

在历史上合亩制的五指山市，市委常委、宣传部长王楚媒同志花了大力气，我们又找了设在五指山的民族研究所几位资深研究员研讨以及到老爸茶座作调查，都没有找到峒主庙。这样，田野调查印证了合亩制地区的社会制度。

除"合亩"制地区以外，黎族的社会组织，据文献记载结合这次田野调查，黎族地区最大的社会集团为峒。但是，黎族中的美孚黎，只在美孚黎内部通婚。侾黎也有只与侾黎通婚的习惯。说其他方言的人，他们也与本峒以外的说相同方言的人交往并通婚。但方言一级的行政组织却是不存在的。在日常生产和生活中最大的社会组织仍是"峒"。如果峒不同，即使相同方言之间也会发生争斗。过去的重合峒、七叉峒与峨沟峒之间的冲突即是例证。当时，在同为美孚黎的重合老村与峨沟村之间，曾发生战争。尤其值得注意的是，自清朝以来中国政府一直将峒作为黎族的行政单位，这使得黎族以峒为中心的生活，得到了进一步强化。

峒与峒之间，往往以山岭或河流为界，划分为不同的各自区分的封闭的集团，即峒。对于领域内的山地、森林、河流，峒内的成员均可以自由利用，而峒外的人若想使用，则需附加相当苛刻的条件。此外，人们对峒内成员的违规或犯罪，也表现得相当宽容；但对于非本峒成员的违规或犯罪则往往采取严厉的惩罚措施。峒内发生的事件或峒与峒之间的事情，由峒内各村的长老参加的长老会议负责处理。

黎族的峒由若干村落组成，这些村落构成了更为牢固的集团。黎族的村落，大多是由相同方言的成员组成，具有很强的连带性。由于村落既是敌人袭击的目标，又是防御外敌的根据地，所以村民们往往在村落周围，栽种带刺的竹篱作为屏障。在村落内，村民们密集而居、相依相助，形成非常牢固的集团。村落的内、外事务，由长老负责处理。

每个村落由若干个父系氏族构成。当然，氏族的范围绝不仅仅局限于村落内部，有时也会延展到峒或峒外。但毫无疑问，较之村外的氏族成员，村落内部的氏族成员之间具有更强的连带关系。

氏族多由若干个家庭组成,家庭是黎族日常生活的基本单位。

(三)关于峒主

据《黎族三峒调查》所记,黎族的家庭,多少不一,聚居在一个村落里面。黎峒就是由这样一些村落聚集而成的。村落内部的事情,一般由各户的家长聚集在一起共同商议处理。但在家长中也有几名年长者,他们经验丰富、明晓事理且行事公正,很受人们的尊重。人们称他们为"长老"。无论家庭琐事还是村落大事,都要征求他们的意见,而且大多会按照他们的意见去做。另外,长老对外还可以代表村落处理公务,峒的事情便由代表各个村落的长老们组成的长老会来处理。从这个意义上讲,黎族的村落和峒是由长老们统治的。①长老们办事时往往公推一位代表,这位代表人物,人们就称为峒主。史图博在《海南岛民族志·村长职务》中说:"村长职务在一定程度上是世袭的,村长逝世后一般是他的长子做继承人。"这是润方言地区的习俗。笔者在田野调查中,在白沙县牙叉镇营盘村委会的什道跃村的峒主庙,时年50岁的符国清道公正在念经。道公说:"峒主是父传子,子传孙。"所以,《黎族三峒调查》指责史图博的说法,是不对的!②不同方言地区是完全不一样的。红毛镇罗虾村毛西村委会的罗虾村峒主庙保留一口光绪二十三年春铸造的大钟,是王国兴的爷爷王建邦、父亲王文新捐献,祖、父、子三代均为峒主。琼海市岭口镇三加村委会的南建石磷峒主庙所记,王官12代都是峒主。

(四)关于峒主庙

峒主庙是黎峒内最为神圣的地方,它的性质,是黎族文化传承延续的重要载体,是凝聚黎族人民的软实力。在科学发展的时代,不少年轻人对峒主庙越来越不熟悉,如果把峒主庙文化载体遗弃了,黎族文化就会有断层的危险。但是,仍有不少黎区,年青人也敬奉峒主庙。

---

① 参见冈田谦、尾高邦雄:《黎族三峒调查》,民族出版社2009年版,第50页。
② 参见冈田谦、尾高邦雄:《黎族三峒调查》,民族出版社2009年版,第55页。

这次田野调查，让笔者深刻地认识到，峒主庙的信仰，在黎区有着广泛的群众基础。

三、由"凡俗"走向"神圣"

以上所述峒主，本来是几个村落组成的峒里面的长老们公推的一位代表，在黎村里他们跟村民们都一样，通过自己的劳动而生存。他的身份，在处理村落事务以外，跟普通的村民是没有分别的，是凡俗中的一个。

黎区建立了庙，庙内供奉的神祇首先是峒主。峒主进入峒主庙，可大大不同了！最显著的不同，就是由于这个峒主庙。这个庙除了供奉神像以外，它在黎区，还是一处不同于老百姓们居处那样是凡俗的空间，一下子变成了极其神圣的空间。

笔者这次田野调查，看到一些峒主庙的碑刻，记载了若干事件，证明历代的黎族和汉族的一些长者或智者，为了让峒主庙达到最具神圣价值，让它产生信仰的效力而付出了聪明才智。

这个过程，是用一系列的文化手段进行包装来夯实庙的象征意义的。

第一，借助于一些在当地广为人知的民间传说，将庙宇建筑神圣化。

在这次田野调查中看到，在黎区，近年富裕起来的村、镇，新修或重建的峒主庙都是显得富丽堂皇。这属于少数，而原先建的庙都极其一般。多数是如下图所示的形态：

在一个村镇里，这样的一座处于街道或村落的边缘地段，根本不起眼，

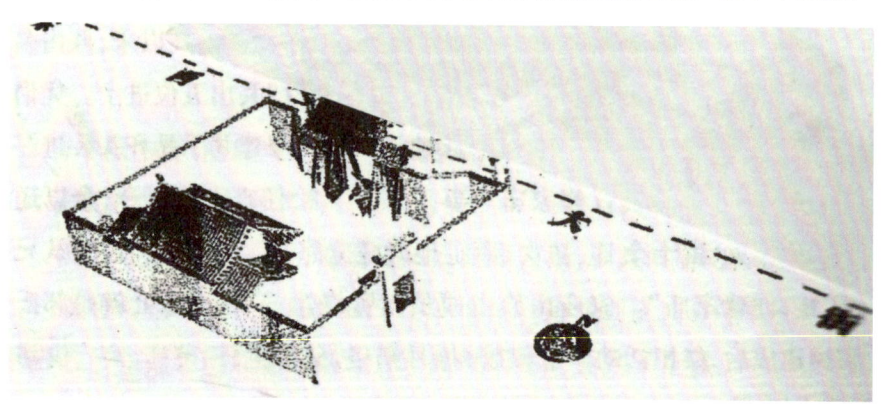

是一座十分凡俗的建构。而要将这个凡俗空间转化成神圣空间，不是自然而然便能达到的，而是要想方设法，将这个建构的空间意义转化，即将凡俗的小庙转换成有神圣的象征特性！这个转换过程，首选是将当地某个或某些广为人知的传说，附会在庙宇上面。

试看东方市八所镇的新街昆仑神庙。

庙门的北侧壁有《昆仑神山爷史志碑》一通。碑文的主体部分说这座古庙建设的由来：

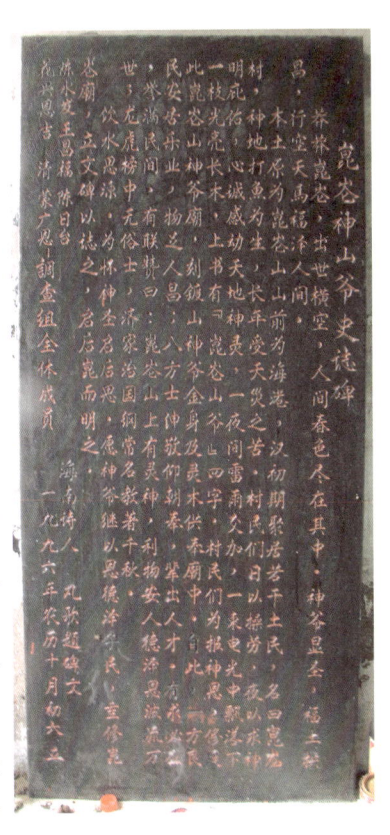

> 本土原为昆仑山，山前为海港，汉初期聚居若干土民，名曰昆仑村，种地打鱼为生，长年受天灾之苦。村民们日以操劳，夜以求神明庇佑，心诚感动天地神灵，一夜间雷雨交加，一束电光中飘落下一枝光亮长木，上书有"昆仑山神"四字，村民们为报神恩，修建此昆仑山神爷庙，刻镀山神爷金身及灵木供奉庙中，自此一方良民安居乐业，物足人昌，八方士绅敬仰朝奉，辈出人才，有求必应，誉满人间。有联赞曰：昆仑山上有神灵，利物安人德添恩。波流万世龙庭榜中无俗士，济家治国纲常名教著千秋。

建庙选址，此地面对海港，视野开阔，背靠一座小山，地势很好。但如果说此处是张三李四所选定的，这当然是个人的凡俗见解；但一旦附上了"天地神灵"，就完全不一样了！这"一夜间雷雨交加，一束电光中飘落一枝光亮神木"，那么此处是神灵的显灵，而且神灵赐"昆仑山神"四字，这就为建庙有了名称根据！经过这一番技术操作以后，这座小庙就完全与当地周围的空间超脱出来，成为一个神圣的空间！

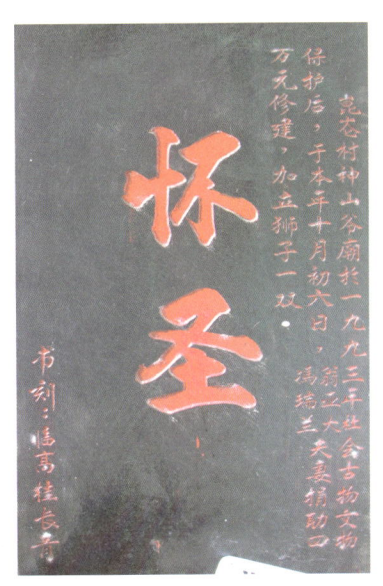

这类附会民间传说建庙的峒主庙不少，有些庙里是在楹联中表述出来的。

第二，将远处的一个具有神圣特性的事件，顺当地移植过来，附会到本土。这样，将此处本来凡俗的空间得到了神

"凡俗"与"神圣"——海南黎峒习俗考略

"巨人冠帽"的峻灵王

圣化的宣示。

最突出的例子是昌江县昌化镇峻灵明王庙。

这座庙，民间普遍认为是峒主庙。门牌上大书"峻灵明王庙"，是说明王即峒主。

宋苏轼写了《峻灵王庙碑》。说是上帝皆赐宝物以安抚人民。他贬海南，"自徐闻渡海，历琼至儋耳，又西至昌化县西北二十里。有山秀峙，海上石峰，巉然若巨人冠帽。西南向而坐者……"

这座石峰，后世传说很多，儋州本地的清朝进士王云清在《重解真经》里有《明王出世纪略》，记载甚详。又据康熙《昌化县志》载，这座山广袤100多里，东至黎峒100里，西至海10里，当年昌化，遍布黎峒，皆有峒长、峒主。

这座峻灵明王庙的建设，就是将远处的好像是"巨人冠帽"的神圣特性移植过来。这样，一座普通的峒主庙，几经重修，因附会远处的峻灵王而让庙宇神圣化，达到"威振琼南"而众人拜谒的神灵！

第三，建构起一种天与地之间最卓越的连接，让庙宇能上穷碧落下黄泉，但人间又两地茫茫皆不见，庙宇就由凡俗变得神圣起来。

靠传说，用外地移植，在信众眼里，这种非同凡俗，还是地面上的事，不足以神圣到不可企及的地步。于是又有人想出了天与地之间连接起来，这种神圣化更有莫测高深的境界。

如果说昌江县乌烈镇峨港村的境主庙是因为"万天雷员熚火拼令那天师"（神像旁边的神位所示）而显圣那样，太过渺茫，那么陵水县椰林镇华东村委会下港岭的水口庙则十分具体。

庙里的石碑刻《水口庙历史简介》，介绍这庙在建庙之前，村民在港口祭拜时，忽然穴地出现飞炉神光闪烁，神鸟鸣叫，村民定睛瞧见，有一神明头戴状元盔，身穿龙袍，手拿宝扇。后来村民根据看到的神明显灵形象，雕刻出"侯王神像"，在大孤石处安炉

水口庙历史简介

水口庙始建于乾隆五十年（公元1785年），迄今已有226年之久。历史悠久，是非物质文化遗产的圣地，传颂至今。

水口庙位于陵河出海的北口岸，神塘岭之南侧。陵水四大风水名景之一，名曰："打叮石"自古以来有飞炉之传说。水口港是保亭陵水内河通往外海独有江海通商聚集的"河埠"胜地。百峰耸然而立，幽谷窈然而深藏，清泉潺然溢出、繁花点点、草木蕴藏。礁石林立，神榕穿岩而出，令人神往！铭记着似水流年的蛮荒与辉煌，庙内冬暖夏凉、撞钟雷鸣，香火旺盛。虽说庙与大海近在咫尺，但人在庙里都听不到一点波涛声，这就是风水的特点。

传说古时：当地村民常遭洪灾，出海捕鱼者更是风险重重，而为祷祈上天的风调雨顺，出海的平安，村民们把心中的寄托自然放在神明之上。其间村民在港口祭拜时，忽然穴地出现飞炉神光闪烁，神鸟鸣叫，村民定睛瞧见，有一神明头戴状元盔，身穿龙袍，手拿宝扇。后来村民根据看到神明显灵的形像，雕刻出"侯王神像"，在大孤石处安炉祭拜，才免遭受其害。之后以多半村为主，联合毗邻村庄、城乡，经过自发，便在距水口港几十米处的穴地建起了这一座水口庙。

祭拜。

这是天神下凡。

那么，琼海市岭口镇三加村委会（这里与定安县交界，原属定安县）的南建石磷峒主庙，又有一番景象。

这个古老的峒主庙有一段元朝文宗（图帖睦尔）流放海南后的爱情故事。故事结局是文宗回京当了皇帝要娶青梅姑娘，青梅因病死了。演绎了一个缠绵悱恻的新《长恨歌》。这样，两地茫茫皆不见又给南建石磷峒主庙添上了一层神秘色彩。

连同以上说到的水口峒主庙，就把上天入地的事都联系到峒主庙。峒主庙于是建构了天与地之间最卓越的连接，上面是天空的宫宇，下面一直延伸到"阴间"，这样，峒主庙这个小小的建筑空间，就完全具备沟通三界的功能，到这里来拜祭，当然是"有求必应"了！

综上所述，峒主庙由凡俗空间变成神圣空间，有一个比较复杂的过程。这个过程中主要是一系列的技术性操作。当然，这些技术性操作，是有意无意间完成的，就因为这个，在黎区的信众眼里，这些被神圣意义建构过的空间，就是自己的精神家园，是自己精神寄托之所在。

第一章

海南黎峒历史与现状

黎峒，在海南岛的历史上作为黎族聚居地区老百姓约定俗成的民间建置。最早见于正史记载的是《北史·谯国夫人冼氏传》延续的时代相当久远；1950年全岛解放，海南岛的行政区划也按照全国的规定执行。黎峒于是进入历史。

历史上的黎峒状况如何？

一、距今一万多年前黎族先民迁入海南岛，并创造了辉煌灿烂的民族文化

根据最新的DNA科学测定，黎族先民迁徙到海南岛是距今约1万8千年至2万6千年之间。即是地质学的最后一次冰川期——大理冰期（1.2万至1.8万年前），由于水平面的下降，海南岛与大陆相连，在这之前的历史时期，便于黎族群体通过陆桥顺利进入海南岛；这个冰川期在至今1万2千年左右结束，冰川融化，水平面上升，形成了琼州海峡。至今一万年左右，黎族稳定在海岛上，形成为一个非常好的隔离群。[1]

海南岛的考古发掘说明，海南岛上先民在岛上创造了辉煌灿烂的文化。

《考古学报》1960年第2期上载：在五指山市冲山镇海榆中路通什大桥东北50米冲山遗址处，采集到新石器时代的陶纺轮。《广东文博》1978年第2期，也报道了在陵水县英州镇什项村西北1千米什项遗址处，也采集到新石器时代的夹砂红陶纺轮。海南地下文物陶质纺轮的出现，显示了在新石器时代岛上的原住民已具有制造纺织工具的生产实践能力。而战国时代留下的著作《尚书》中的《禹贡》篇，记载了一段话："岛夷卉服，厥能织贝。厥篚橘柚锡贡，沿于江海，达于淮泗。"据《辞海》解释：《禹贡》是"用自然

---

[1] 李冬那等：《Y-染色体单核苷酸多态性对中国黎族起源的研究》，载《中国热带医学》2007年第七卷第九期。又：张亚军等发表在2011年2月15日《生物医学中心——进化生物学》。

分类方法，记述当时我国地理情况，把全国分为九州，假托为夏禹治水以后的政区制度，对黄河流域的山岭、河流、薮泽、土壤、物产、贡赋、交通等记载较详；长江、淮河等流域的记载相对粗略。把治水传说发展成为一篇珍贵的古代地理著作。

后世研究校释《禹贡》的书很多，著名的有宋代程大昌《禹贡论》及《禹贡山川地理图》，傅寅《禹贡说断》等。清代胡渭的《禹贡锥指》，更是一部具有总结性的著作。从《禹贡》这篇著名文章中所提到的"岛夷卉服，厥篚织贝"这两句话，开启了我们对海南岛先民历史的思考。

所谓"岛夷卉服"，汉代孔安国传《尚书·正义》中说："南海岛夷草服葛越"。唐代孔颖达疏曰："传南海至葛越。《正义》曰：上传海曲谓之岛，知此岛夷是南方海岛上之夷地。释草云：卉草，舍人曰，凡百草一名卉，知卉服是草服葛越也。葛越，南方布名，用葛为之。左思《吴都赋》云：蕉葛升越，弱于罗纨是也。"这里所解释的是：《尚书·禹贡》中所说的"岛夷卉服"，孔安国解释为"南海岛夷，草服葛越"。孔颖达进一步说"此岛夷是南海岛上之岛夷也。""岛夷"即指海南岛的先民，不过在"禹贡时代"，海南岛上的先民尚未有"黎族"的称呼。至于"厥篚织贝"，"篚"，盛物之竹器，"厥篚织贝"，孔颖达疏："纤细纻"，"以篚盛之，为衣服之用，知是细纻，为细纻布也，……郑玄云：贝，锦名。《诗》云：萋兮斐兮，成是贝锦，凡为织者，先染其丝，乃织之则文成矣。"这里的释文，告诉人们一段历史事实，在战国时代，远在南方的海南岛上的土人，已经有用竹筐盛吉贝的习俗。而当年的所谓"朝贡"制度，是从"禹贡九州"时的"四方献令"开始，是部落首领觐见中原皇朝的礼物。这里之所以要解释《禹贡》中"岛夷卉服，厥能织贝"这两句话中的源头，目的是说明在秦朝统一中国之前，海南岛上先民的文化聚落中纺织活动已很发达。海南岛这一片荒野岛屿，已引起春秋战国时代割据各地的统治者的注意。《尚书》中的记载传达了这一文化信息。

二、秦朝统一中国之后唐以前的王朝与海南岛原住民的关系

秦王嬴政最终兼并韩、赵、魏、楚、燕、齐六个诸侯国，结束了春秋战

国时期长期割据混战的局面，建立了中央集权的政治制度，奠定了中国两千多年封建政治体制的基本模式。秦朝国祚不长，汉朝取代秦朝以后，继续采用封建制。这个时期海南岛的农业、手工业、纺织业已有一定的进展。《史记·货殖列传》记载："楚越之地，地广人希，饭稻羹鱼，或火耕而水耨，果隋蠃蛤，不待贾而足，地埶饶食，无饥馑之患，……"①当时的纺织业，能以楮、桑丝以及竹藤，织出"文布"、"班布"、"广幅布"等。也已经开始使用铁器。

秦始皇统一中国以后，对于边境地区的少数民族，是如何管辖呢？公元前214年，秦在岭南设置桂林、南海、象三郡，"置南海尉以典之，所谓东南一尉也"。而南海郡"惟设尉以掌兵，监以察事，而无守与丞"。②南海郡有尉无守，实行了有别于内地的特殊政策，对于南蛮百粤文身地，又实行移民措施，秦始皇三十三年（前212年），"发诸尝逋亡人、赘婿、贾人略取陆梁地，为桂林、象郡、南海，以適遣戍。"③后来，南海尉赵佗又上书"求女无夫家者一万五千人，为士卒衣补。"④秦朝已开始迁徙中原汉人到今两广地区生活。

这时候的海南岛，尚未直接进入秦朝所设置的郡县，不过秦朝先后设立的边远地区的郡辖范围，有南海、象郡、桂林、九原……等，这一级建制，海南岛尚未列入其中。

《古今图书集成·职方典》卷1373《琼州府建置沿革考》："府志：本府。琼在唐虞三代为扬越荒徼，秦为越郡外境。《旧志》：秦皇略定，始属中国。然秦于越置桂林、南海、象三郡。"⑤由此，秦以前海南岛为边徼的蛮荒之地，尚未列入中国的版图。海岛上的先住民，从史前到秦朝，一直处于原始的赤子状态；从夏、商、周、春秋战国一直至秦朝，当中原地区的汉族族群已经在金戈铁马中争夺土地、建立国家秩序的时代，海南岛的先民仍然生活在无人管辖的、自由自在的原始部落状态之中。故王懋曾有《古珠崖》诗句："珠崖谁启土，周秦在南荒。"⑥

---

① 〔汉〕司马迁：《史记》卷129《货殖列传》，中华书局1973年版，第十册第3270页。
② 顾炎武撰：《天下郡国利病书》，上海古籍出版社2012年版，第3150页。
③ 〔汉〕司马迁：《史记·秦始皇本纪》卷六，中华书局1959年版，第一册第253页。
④ 〔清〕梁廷枏：《南越五主传》卷一《先主传》，广东人民出版社2011年版，第216页。
⑤ 乐史等编著：《地理志·海南》（六种），海南出版社2006年版，第127页。
⑥ 〔清〕王懋曾：《松溪小草》诗《古珠崖》，出自《北泉草堂遗稿》一书，海南出版社2004年版，第118页。

汉武帝元封元年（公元前110年）在海南建置珠崖、儋耳郡，海南在史籍中开始列入中国版图，进入中国封建王朝的正式统治。但是自此开始，中央王朝是否能够对海南岛进行直接的统一政策的统治呢？答案曰：否！

中央政权对边疆地区少数民族的统治，历代实行政策上的双轨制。由于南方少数民族所处地区以及其语言、风俗的特殊性，朝廷对于汉民和少数民族的政策是有区别的，各个时期的政权对海南的统治，名义大于实际。中国历代皇朝从来没有承认过海南岛上的原住民的独立地位，但是他们在把海南岛整合到王朝的政治版图以后，由于原住民的社会组织与汉民族的社会组织完全不同，所以只能在"夷汉分治"的框架之下，采取"因俗而治"的办法，以二重管理体制的复合制政治结构，来统治海南岛。

汉武帝元封元年（公元前110年）"略以为儋耳、珠崖郡"①之后，虽然海南岛正式开始列入中国的版图，但是，汉王朝无法对海南岛直接进行统治，只能"且以其故俗治"②，虽然开头曾试图派官吏依仗武力前来统治，但是，自建郡至昭帝始元元年（公元前86年）二十余年间凡六反叛，无法对原住民进行统治，其中原因，固然是由于立法不严，法制松懈，"九甸之外，长吏之选，类不精黟。汉时法宽，多自放恣，故数反违法。"③其根本原因，在于入岛官吏不了解岛内先民的生活习俗，官吏的强暴盘剥，令先民不堪其扰，《汉书·地理志》载："自初为郡县，吏卒中国人多侵陵之，故率数岁一反。"④《汉书·贾捐之传》载："自以阻绝数犯吏禁，吏亦酷之，故率数岁一反。"⑤如薛综所说的："珠崖之废，起于长吏睹其好发，髡取为髢。"⑥由于黎族妇女有一头美丽的头发，所以他们把黎族妇女美发剃下来，作为自己的装饰品。"武帝末，珠崖太守会稽孙幸调广幅布献之，蛮不堪役，遂攻郡杀幸。"⑦在海南的原住民，不堪官吏的横征暴敛，引起了先住民的反抗，正如薛综所说："长吏之设，虽有若无"。王佐总结得失经验时说："汉之失郡，由于任用非人，当守边之寄。"⑧

---

① 班固：《汉书》卷二十八《地理志》下，上海古籍出版社1995年版，第524页。
② 〔汉〕司马迁：《史记》卷三十《平準书》，上海古籍出版社1995年版，第180页。
③ 陈寿：《三国志·薛综传》，上海古籍出版社1995年版，第1217页。
④ 班固：《汉书》卷二十八《地理志》下，上海古籍出版社1995年版，第524页。
⑤ 班固：《汉书》卷六十四下《贾捐之传》，上海古籍出版社1995年版，第626页。
⑥ 陈寿：《三国志》卷八《吴志·薛综传》，上海古籍出版社1995年版，第1217页。
⑦ 范晔：《后汉书》卷一一六《南蛮西南夷传》，上海古籍出版社1995年版，第1049页。
⑧ 王佐：《鸡肋集》卷四《进珠崖奏》，海南出版社2004年版，第116页。

官吏的横暴是一方面的原因，而其根本原因则在于汉代官吏不了解黎族人民的风俗习惯，正如王佐所指出的："汉不择守者，因鄙夷其民，治之不以道，遂致郡县陷没，复为裔土。"①他们"咸其民譬犹鱼鳖"，用汉制的一套来统治岛上先住民，因此，在海南岛上置郡县之举，必然宣告失败。

汉元帝初元三年（公元前46年），终于批准了贾捐之"弃朱崖"的建议，罢朱崖郡。

虽然，在《后汉书·明帝纪》中，曾载及永平十七年（公元74年）三月，"是岁甘露仍降，树枝内附，芝草生殿前，神雀五色翔集，京师西南夷哀牢、儋耳、僬侥、槃木、白狼、动黏诸种，前后慕义贡献。"②点出是时儋耳黎族先民已开始向汉王朝"贡献"，但此后史书记载又是长时间的空白。

汉王朝治黎失败的教训，给历代朝廷以警示。

三国时代孙权派聂友、陆凯进军海南，也未能在海南岛上直接统治，最后只能在雷州半岛上另立朱庐、朱官两县，遥领海南。在魏晋南北朝的宋、齐、梁、陈时代，海南的政权的建置或置或罢，反复无常，形同虚设。

梁、隋年间，有"儋耳归附者千余峒"之说。康熙《琼州府志》载："儋州黎视诸处最蕃。昔梁、隋间，儋耳归附者千余峒"。③这里所说的"千余峒"，应源自《北史·谯国夫人冼氏传》中，当年冼夫人因其兄"南梁州刺史挺恃其富强，侵掠傍郡，岭表苦之。夫人多所规谏，由是怨隙止息，海南儋耳归附者千余洞。"④道光《琼州府志》载："梁大同中，就废儋耳郡地置崖州，统于广州。时儋耳归附冯冼氏千余峒，请命于朝，故置州。"⑤隋书《谯国夫人传》载："时番州总管赵讷贪虐，诸俚僚多有亡叛，夫人遣长吏张融上封事，论安抚之宜，并言纳罪状，不可以招怀远人，上遣推讷，得其脏贿，竟致于法。降敕委夫人招慰亡叛，夫人亲载诏书，自称使者，历十余州，宣述上意，谕诸俚獠，所至皆降。高祖嘉之，赐夫人临振县汤沐邑一千五百户，赠仆为崖州总管、平原郡公。"⑥

---

① 王佐：《鸡肋集》，海南出版社2004年版，第111页。
② 《后汉书》卷二《明帝纪》，上海古籍出版社1995年版，第774页。
③〔清〕焦映汉修、贾棠纂：康熙《琼州府志》卷八，海南出版社2006年版，下册第755页。
④〔唐〕李延寿：《北史》卷九一《列女传·谯国夫人冼氏》，上海古籍出版社1995年版，第3211页。
⑤〔清〕明谊修、张岳崧：道光《琼州府志》卷首《历代沿革表》，海南出版社2006年版，第11页。
⑥〔唐〕孙无忌等：《隋书》卷八〇《列女传·谯国夫人》，上海古籍出版社1995年版，第216页。

中古时代的海南岛，黎族先民的基层组织"峒"，在海岛上统领各地，即使汉族移民已经逐渐进入海南岛，但人数不多，海岛各地，遍布黎峒。各代王朝对海南黎峒无法干预。中央政策难以控制海南各黎峒。一直到了唐朝，当宰相李德裕贬官海南岛时，见到的是一派"桄榔椰叶暗蛮溪"①的情景，黎峒在岛上仍占主导地位。

三、唐宋时期海南岛上的黎峒

"黎"这个族称见于文献记载是在唐代后期。《新唐书·杜佑传》有"朱厓黎民三世保险不宾，佑讨平之"②的记载，这是唐德宗年间（公元780—805年）的事，至宋代，黎族这个专用名称才固定下来，后来，乐史的《太平寰宇记》、范成大的《桂海虞衡志》、周去非的《岭外代答》、赵汝适的《诸蕃志》等宋代文献都正式以"黎"代替过去用过的"俚"、"僚"等名称，一直至今都专指海南的黎族。

"唐置羁縻诸州，皆傍塞外，或寓名于夷落。"③在唐朝创设羁縻州制度。所谓"羁縻"，《史记》"索隐"中的解释说："羁，马络头也。縻，牛缰也。《汉官仪》'马云羁，牛云縻'。言制四夷如牛马之受羁縻也。"这是强调中央王朝对周边少数民族之间的控制与被控制的关系。对于海南黎族来说，这种羁縻州峒，是在王朝都督府所能管辖的范围内，因"人物犷悍，风俗荒怪，不可尽以中国教法绳治，姑羁縻之而已"。④

万历《儋州志》载："崖、振等州，黎獠各有首领"。朝廷的法令无法直达黎峒，黎峒皆由峒主自行管辖，峒主拥有最高权力。所以对黎族实行二重管理体现，羁縻制度是过去王朝的"以其故俗治"的统治政策的延续，即名义上黎区已纳入朝廷的势力范围，成为中央王朝的一部分，而实际上是进行族群之间各峒主的自治。所以，羁縻政策是中央王朝通过各种政治、经济手段对黎族上层人物进行笼络和怀柔，以换取他们对中央王朝形式上的臣服。

---
① 李德裕《谪崖州司马道中作》，载《全唐诗》卷四十五"李德裕条"。
② 〔宋〕欧阳修、宋祁：《新唐书》卷一百六十六《杜佑传》，中华书局1975年版，第5087页。
③ 〔宋〕欧阳修、宋祁：《新唐书》卷四十三下《地理志下》，中华书局1975年版，第1146页。
④ 〔宋〕范成大撰、孔凡礼点校：《桂海虞衡志·志蛮》，出自《范成大笔记六种》，中华书局2002年版，第134页。

（一）黎族先民在族群生活中的基本组织，称为峒

如果说，黎族聚居地区在冼夫人时代出现"峒"，那么，黎族先民在族群的生活习俗中，已自然形成了比较稳定的族群之间的基本组织，称为峒。

黎峒有几个特点：

首先，峒是一个地域概念。

"峒"，黎语称为"Kom55"，原意是指"人们共同居住的一定地域"，因此，峒是一个地理概念，每一个峒都有固定的地域。峒有大小，有几丘水田的地方就可以称之为峒，一个包括若干个村镇及周围盆地的地域也可称为峒，有的峒是以河流或山岭为界线。一个个的峒，就是一个个独立的生态环境，不同峒之间在语言、习惯、生产、生活都含有不同程度的差异。范成大说："广西经略，使所领二十五郡，其外则西南诸蛮。蛮之区落，不可悉记。姑即其声相接、帅司常有事于其地者数种：曰羁縻州洞，曰猺，曰獠，曰蛮，曰黎，曰蜑，通谓之蛮。"①

张庆长说："黎地多以峒名，峒内散处各村并附一峒，明所属也，惟崖州曰村，陵水曰弓，其散处各村并附于一村一弓，亦如峒制。"②这里，指出黎族族群聚集地曰峒。周去非说："昔崇宁中，王祖道经略广西，抚定黎贼九百七峒，结丁口六万四千，开通道路一千二百余里。"③

马端临在《文献通考》中说："黎峒，唐故琼管之地，在大海南，距雷州泛海一日而至。其地有黎母山，黎人居焉。"④《宋史·蛮夷列传》记当时有首领王邦佐等人是"乐会县白沙峒黎人"，又有"今儋、崖、万安皆与黎为境"⑤的记载。王存《元丰九域志》中载："万安军，西至黎夷洞穴，五十里"，"朱崖军，北至黎峒，五十里"⑥等。又《宋史·王祖道》"使莊奏言海南一千二十峒皆已团结，所未得者百七十峒，今黎人款化，则未得

---

① 〔宋〕范成大撰、孔凡礼点校：《桂海虞衡志·志蛮》，出自《范成大笔记六种》，中华书局2002年版，第134页。
② 〔清〕张庆长：《黎岐纪闻》。
③ 〔宋〕周去非著、杨武泉校注：《岭外代答》卷二《海外黎蛮》，中华书局1999年版，第70页。
④ 〔元〕马端临：《文献通考》卷三百三十一《四裔考八》。
⑤ 《宋史》卷四九五《蛮夷列传三》，上海古籍出版社1995年版，第1611页。
⑥ 乐史等编著：《地理志·海南》，海南出版社2006年版，第21—22页。

者才十之一耳。"①在唐宋时期，黎族的峒遍布于海南岛上。

这种状况一直延伸到明代，黎峒仍然是黎族的一统天下，明代海瑞说："峒乃黎村总名，每峒皆有数十村。图所载村乃村之大者。其中村分属土舍管者为熟黎，不属土舍管者为生黎。其生熟亦不定，有旧熟而今反生者，有旧生而今反向化为熟者；有居傍内层山而熟者，有居傍外层山而生者。"②

黎族族群在部落迁徙过程中，因从征至者利其山水、田地，占食其间，开险阻，置村峒。村峒之间有固定的地域，每一个峒中的土地、水田、山林、水源等都归各峒所有。"峒"是黎族最基层的社会组织。

其次，峒具有血缘性的特点。一个峒包括一个大的宗族和若干小的家族，峒内各宗族之间大多有血缘或亲缘关系。范成大《桂海虞衡志》中说："举洞纯一姓者，婚姻不以为嫌。"③不过峒有大峒和小峒之分，大峒之下往往包括几个小峒，每个小峒最初是由同一血缘集团的人居住在一起，小峒内部则严禁通婚。

第三，每一个峒都有一套较为完整的行为准则。凡同住一个峒内的人，都被认为是峒的一个成员，他们都以世代祖先的传统习惯为一切行动的准则。如对峒的疆界的保卫责任；峒内成员间相互援助和保护的义务，特别是受到外峒人欺侮时必须帮助复仇；共同负担械斗时向外请援兵的费用；以至峒头（又叫峒首或峒主）的选举、罢免和继承等，大家都按传统习惯行事。峒内的社会秩序主要靠这些习惯法来维持。④

黎峒的自治情况又因地域关系或习俗各异而相对独立，峒与峒之间是平等的关系，峒主只能管理自己领地上的峒民，举凡生活上产生的纠纷、格斗或习俗上的婚丧各事，都由峒主全权解决，外人无法介入。因为一个个的峒，就是一个个独立的生态环境，不同峒之间的族群，其语言、习惯、生活都各有不同程度的差异。所以说，"峒"是黎族族群中最基层的社会组织，他们之间是相对独立的。赵汝适说："生黎所居，不啻数百峒。""黎之峒落日以繁滋，不知其几千百也，咸无统属，峒自为雄长。"⑤不同的族群又

---

① 《宋史》卷三四八《王祖道传》，中华书局1985年版，第11041页。
② 〔明〕海瑞：《海瑞集》卷之一《奏疏·上兵部图说》，海南出版社2003年版，第149页。
③ 〔宋〕范成大撰、孔凡礼点校：《范成大笔记六种·桂海虞衡志》，中华书局2002年版，第135页。
④ 高和曦：《黎族峒的组织及其历史作用》，出自《越过山顶的铜锣声》，云南民族出版社2006年版，第113页。
⑤ 〔宋〕赵汝适著、杨博文校释：《诸蕃志校释》卷下《海南》，中华书局2000年版，第219—220页。

各有不同的族群符号，这方面在现今黎族的文身及黎锦的纹样中可以窥见其痕迹。

屈大均《广东新语》载："黎，汉所谓俚也。俚亦曰里，《汉书》曰：'九真蛮里'，又曰：'归汉里君'。是也。熟岐稍驯善，其巢居火种者为乾脚岐，与熟黎同俗，半生半熟者次之。计黎岐疆围，凡一千二百余里，绝长补短，可四百有奇，山势盘旋若赢然。黎举种尽落居其外，岐居其中。二三十里间辄有一峒，峒有数十村，土沃烟稠，与在外民乡无异。第层峰叠巘，林竹丛深，水毒山岚，氛翳四塞，外人不能恒入，故诸獠得以负固为患。诚能抚绥有道，守御有所，敷教有塾，则民黎熙熙，自可相安于无事，正不必以用兵为务耳。"①这一段话说明了黎峒的状况，各王朝的政权以及官吏很难进入黎峒。因此，用二重管理法采取分而治之的政策，让黎人自己管理自己，相互之间可相安无事。

唐代初期，武德五年（公元622年），唐高祖李渊以高、罗、春、白、崖、儋、林、振八州，授冼夫人冯盎为上柱国高州总管，封赵国公。用"以夷制夷"的方法来进行统治，政局相对安定。中宗时（公元684年）宋庆礼被充任"岭南采访使，时崖、振等五州首领更相侵掠，荒俗不安。从前使者至，辄苦瘴疠，莫敢往。庆礼躬至其境，询问风俗，谕首领以大义，皆释仇相亲，州土于是安堵，遂罢镇兵五千人。"②

乾封初（公元666年），琼东南诸乡设于山峒蛮，至德宗贞元（公元785—804年），凡124年，岭南节度使李复统兵收复。德宗时，珠崖黎民三世保险不宾，遣岭南节度使杜佑讨平之。③

唐朝官吏对黎峒采取宽抚政策。当王义方被贬为儋州安丞时，"吉安介蛮夷，梗悍不驯，义方召首领，稍选生徒，为开陈经书，行释奠礼，清歌吹籥，登降跪立，人人悦顺。"④元和二年（公元807年）四月，"岭南节度使赵昌进琼管儋、振、万安六州六十二洞归降图"。⑤"咸通五年（公元864年），命辛、傅、李、赵四将部兵擒黎峒蒋璘等，于琼山南境（今定安西南

---

① [清]屈大均：《广东新语》卷七256《黎人》，中华书局1985年版，第241页。
② [清]明谊修、张岳崧：道光《琼州府志》卷二十九《官师志》，海南出版社2006年版，第1326—1328页。又《新唐书》卷一三〇《宋庆礼传》。
③ [清]陈坤：《治黎辑要》卷五。
④ [宋]欧阳修、宋祁：《新唐书》卷一百一十二《王义方传》，中华书局1975年版，第十三册，第4160页。
⑤ [后晋]刘昫等：《旧唐书》卷十四《宪宗本纪》上，中华书局1987年版，第二册，第421页。

峒中）置忠州。"①

这些例子说明，唐朝以"绥抚"的策略治黎，当各黎峒内部矛盾互相仇杀的时候，官员或则统兵收复，或则以"因俗而治"的策略，从旁劝谕。这样，得到了社会状况比较稳定的政治效果。

宋代对于黎峒的记述，在史籍及文人笔记中，详细、真实地反映了有宋一代黎峒的生活以及社会发展状况。

（二）宋代的黎峒生态环境进一步成熟

《宋会要辑稿》载："黎峒，唐故琼管之地，在大海南，去雷州岸泛海一日，其地有黎母山，黎人居焉。旧说云，五岭之南人亲夷獠，朱崖环海，豪富兼并，役属贫弱，妇人服缌绖，绩木皮为布，陶土为釜，器用瓠瓢，人饮石沫又有酒椒，以安石榴花着甕中，即成酒。俗呼山岭为黎，居其间者号曰黎人，弓刀未尝离手，弓以竹为弦。今儋崖、万安皆与黎为境，其服属州县者为熟黎，其居山峒无征徭者为生黎，亦时出与郡人互市焉。"②罗曰褧对黎峒的描述也十分详细："黎，今儋、崖、琼、万州坞上蛮也。坞之中有黎母山，诸蛮环居四旁，号黎人。内为生黎，外为熟黎。山极高，常在雾霭中。久晴，海氛清廓，黎人时见翠尖，如浮空中然。山水分流四州。熟黎分隶诸州，耕作省地，供税役。生黎所居绝远，外人不能迹，不供税役。至于黎母之巅，则虽生黎亦不能至。相传其上有人，寿考逸乐，不与世接，虎豹为之守险，无路可攀，但觉水泉香美绝异云。"③宋时，海南岛上黎族的分布十分广泛，"儋崖、万安皆与黎为境。"④"昌化军，'东南至黎峒，一百四十里。'"⑤"万安军，'西至黎夷峒穴，五十里。'"⑥"朱崖军，'北至黎峒，五十里。'"⑦在《宋史·蛮夷列传》中，有"琼山'诸峒'黎人"，"乐会县、白沙洞黎人"，"今儋、万安皆黎境"等记载，由

---

① 〔清〕明谊修、张岳崧：道光《琼州府志》卷二十二《海黎志·平黎》，海南出版社2006年版，第903页。
② 〔清〕徐松辑：《宋会要辑稿》第一百九十八册《蕃夷五之四三》，中华书局1957年版，第7788页。
③ 〔明〕罗曰褧著、余思黎点校：《咸宾录·黎人》，中华书局2000年版，第227页。
④ 〔元〕脱脱等：《宋史》卷四九五《蛮夷列传》三，中华书局1985年版，第四十册第14219页。
⑤ 〔宋〕王存：《元丰九域志·广南西路》卷九，中华书局1984年版，第438页。
⑥ 〔宋〕王存：《元丰九域志·广南西路》卷九，中华书局1984年版，第438页。
⑦ 〔宋〕王存：《元丰九域志·广南西路》卷九，中华书局1984年版，第439页。

此可见,宋代的海南岛,遍布黎峒。这既表明这一地域组织逐渐成熟,同时也证明黎族族群是岛上的原住民,也是海南岛的主人。

(三)黎峒土官制度开始设立

虽然,在宋代汉族移民的人数已日益增加,唐、宋贬至海南的官吏已在海南大地传播中原文化,农工商业也有一定程度的发展,但是宋王朝仍然无法以国家统一的法令来对黎族进行统治,朝廷所采用的仍然是二重管理体制。

宋王朝所采取的策略,比前朝略胜一筹。首先,在黎区建立土官制度,用"以夷制夷"的办法来控制黎族的活动。

以下列事例为证:

宋代将广南分为东、西两路,海南属广西路,分为琼州、昌化军、万安军和朱崖军。《续资治通鉴长编》载:

> 初平岭南,命太子中允周仁浚知琼州,以儋、崖、振、万四州属焉。上谓宰相曰:遐荒炎瘴,不必别命正官,且令仁浚择伪官因其俗治之。乙卯仁浚列上骆崇璨等四人。上曰:各授检校官,俾知州事,徐观其效可也。

事在开宝四年(公元971年)三月。宋太祖与宰相的这一番对话,代表了宋代最高统治阶层对海南的看法。他们提出的治理海南的政策——因其俗治之,则影响了有宋一代。所谓"因其俗治之",其实质就是尊重海南当地的风俗习惯,变通治理。对海南的黎人来说,则是一种羁縻招抚的政策。

1. 太平兴国年间(公元976—983年),李崇矩为琼、崖、儋、万四州都巡检使,"崇矩悉抵其洞穴抚慰,以己财遗其酋长,众皆怀附。"①

2. 大中祥符二年(1009年),琼、崖等州同巡检王钊言:"黎母山蛮递相仇刼,臣即移牒委首领捕送为恶者,悉还剽夺货及偿命之物,饮血为誓,放归溪洞,皆已平静。上曰:朕常戒边臣无得侵扰外夷,若自杀伤但用

---

① 〔元〕脱脱等:《宋史》卷二五七《李崇矩传》中华书局1985年版,第二十六册,第8954页。

本土之法；苟以国法绳之则必致生事，羁縻之道正在此尔。"①

3. 熙宁中（1068—1077年），王祖道抚定黎人九百七峒，结丁口六万四千，并开通道路一千二百余里。"自以汉唐以来所不臣之地皆入版图。""其酋亦有补官，今其孙尚服锦袍束带，盖其先世所受赐而服之云。"②

4. 元丰三年（1080年），五峒首领陈被，受抚纳为牙校。③

5. 宣和间（1119—1125年），儋人陈大功招抚符元亨等三十余峒黎入贡，补元亨等承信郎，诰令其子孙各以官名承袭，世为峒首。大功亦补下班，只应官至融州巡辖。④

6. 绍兴间（1131—1162年），琼山民许益为乱，黎人王日存母黄氏抚谕诸峒，无敢从乱者，以功封宜人。

7. 乾道二年（1166年），广西经略转运司言："当说谕黎人，示以朝廷德意威命，使之自新，退复省地。能说谕收复者量功立赏，内有侵犯省地或逃失省民亦重责罚。其先省民逃居黎峒之人，守臣招诱还乡，蠲其逋税。"诏从之。六年（1170年），黎人王用休犯边万安，权守巡检孙诰等招谕之。乾道九年（1173年），乐昌县黎贼劫省民，焚官舍。黎人王用存、王承福、陈颜等招降复砦有功，宋授以官职，俾之控制黎人。⑤

8. 淳熙元年（1174年），五指山生黎洞首王仲期，率其傍八十洞，丁口千八百二十归化。仲期与诸洞首王仲文等81人诣琼管公参，就显应庙研石歃血约誓改过，不复抄掠，犒赐遣归。琼守图其形状衣裘上经略司，髻露者以绛帛约髻根，或以彩帛包髻，或戴小花笠，皆簪二银篦，亦有着短织花裙者，惟王仲期青巾红锦袍束带。自云祖父宣和（1119—1125年）中尝纳土补官，赐锦袍云。⑥

9. 淳熙元年（1174年），诏承节郎王日存子孙许袭职。⑦

10. 淳熙八年（1181年）六月，诏三十六峒都统领王氏女袭封宜人。初，王氏居化外，累世立功边陲，皆受封爵。绍兴间，琼山民许益为乱，王

---

① 李焘：《续资治通鉴长编》卷七十二之十七。
② 〔宋〕周去非著、杨武泉校注：《岭外代答校注》，中华书局1999年版，第71页。
③ 李焘：《续资治通鉴长编》卷三〇九。
④ 〔清〕明谊修、张岳崧：道光《琼州府志》卷二十二《海黎志·防黎》，海南出版社2006年版，第886页。
⑤ 〔明〕罗日褧、余思黎点校：《咸宾录·黎人》，中华书局2000年版，第228页。
⑥ 〔宋〕赵汝适、杨博文校释：《诸蕃志校释》，中华书局2000年版，第221页。
⑦ 〔元〕脱脱等：《宋史》卷四九四《蛮夷三》，中华书局1985年版，第四〇册，第14219页。

母黄氏抚谕诸峒,无敢从乱者,以功封宜人。至是,黄氏年老无子,请以其女袭封,朝廷从之。①

11. 淳熙十二年(1185年)正月,乐会县白沙峒黎人王邦佐等率贼众五百为寇,杀掠官军,保义郎陈升之抚降其众,俘获林智福等。琼管司上其功,招减升之三年磨勘。淳熙十六年(1189年)诏,以大宁砦黄弼补承信郎,弹压本界黎峒。琼管司言弼沉鸷有谋,为远近推服,故用之。弼,宜人黄氏侄也。②

12. 嘉定九年(1216年)五月四日,诏宜人王氏女吴氏承袭三十六洞统领职事。以广西经略琼管司言,据澄迈县谭官村父老谢汝贤等称,大宁寨与权承袭宜人吴氏并邻。于嘉泰二年(1202年)宜人王氏年老,乞将邑号及三十六洞统领职事与嫡女吴氏承袭,弹压经管一十余年,管干边面肃静,黎氏安居。吴氏缴到母亲王氏告命及保官委保,实系故王氏嫡女,向上别无合行承袭之人,系在条限之内,故有是命。③

13. 由于入贡意味着对朝廷的效忠,贡使沿途也受到政府的优待,宋徽宗政和七年诏:"黎人久为琼管边患,今其入贡,颇有慕义之心,沿途券马请给。可令所部监司守臣,加等给赐。所到州犒设,务令丰备。授衣月近,特赐钱五百贯,令置寒服。候到畿甸,先具数申尚书省于榷货务支幞头、帽子、公服、腰带给赐"。④

以上所举例,可以了解宋代如何利用土官来控制黎峒。宋朝统治海南岛之后,非常重视对海南岛的抚绥政策的实施以及经济上的开发,并在政治上扼制官吏对黎区的骚扰,加强贯彻收服黎峒的政策。让历代很难驯服的黎族群体,归附宋王朝!

(四)建立土官制度与要求治琼官吏德政兼具

北宋建立的土官制度;这项治黎策略比起唐代的治黎策略更加具体化了!朝廷以赐官厚赏来笼络黎族上层人物的心,并利用他们来收服或镇压反抗的黎

---

① 〔元〕脱脱等:《宋史》卷四九四《蛮夷三》,中华书局1985年版,第四〇册,第14220页。
② 〔元〕脱脱等:《宋史》卷四九四《蛮夷三》,中华书局1985年版,第四〇册,第14220页。
③ 〔清〕徐松辑:《宋会要辑稿》,第一百九十八册蕃夷五之五〇,中华书局1957年版,第八册第7791页。
④ 〔清〕徐松辑:《宋会要辑稿》,第一百九十八册蕃夷五之四四,中华书局1957年第1版,第八册第7788页。

峒。除上列所举事例外，在宋徽宗的诏令中也说得十分明白。如大观元年（1107年）宋徽宗曾下诏书曰："十一月二十五日诏，镇州国家际天所覆，悉主悉臣，薄海之南增置郡县，凡前世羁縻而弗可隶属者，莫不稽颡蹞蹴，顺附王化。奄有夷峒，殆千余所，怀保丁民，逾十万计。锡多列壤，中直黎山，控扼六州，为一都会，顾惟形胜，实据上游。俾升督府之雄，庸示节旄之寄，式昭丈德，永载舆图，可以靖海军为额。"①北宋末年，王朝曾在海南岛上以黎母山为中心增置镇州，位置在海南西部黎峒中间，以此为据点加强对黎峒的控制，宋徽宗对可以在黎族地区建立直接的统治表示乐观。不过事与愿违，要以王朝制度来直接置州统治黎峒是极端困难的，因此，镇州之设，于政和元年（1111年）弃置。朝廷只能用招抚策略，对黎峒的上层人物赐以官职礼服，利用他们去收服人心。宋徽宗政和七年（1117年）八月十六日诏："黎人久为琼管边患，今其入贡，颇有慕义之心，沿路券马请给，可令所部监司守臣，加等给赐。所到州犒设，务令丰备。授衣月近，特赐钱五百贯，令置寒服。候到畿甸，先具数申尚书省于榷货务支幞头、帽子、公服、腰带给赐。"②

这是宋徽宗收抚黎峒的态度，一些明智的官吏，也多执行招抚策略，收服黎峒。如万历《琼州府志》记载："淳熙末（1189年以前），崖守周郏遣熟黎入谕招抚，得五十余峒出城市贸易。"③"庆元初（1195年），通判刘汉修崇郡学，讲明道义，激劝生徒，延师训导。黎獠亦遣子就学，衣冠被服如制，踵至者十余人。"④他们或利用传播中原文化，或以德政使黎峒大众诚服出降纳贡。如"庆元初：（1105年以后），通判刘汉修崇郡学，讲明道要，激劝生徒，延师训导。黎獠犷悍，亦知遣子弟就学，衣裳其介鳞，踵至者十余人。"⑤又"端平初（1234年），刘椿知万安军，买扶诸洞黎闻风相率至琼纳款，愿随土贡献。陈德裕《黎顺亭记略》："公西山芳裔，我朝名将子也。琼黎侵陷临高、澄迈，占据昌江。公领兵深入不毛，不一月而有犁庭扫穴之举。王朝剡奏，我公出守万安。呼！万安为郡，僻在天涯，买扶诸峒梗化数百年矣，闻风拜命，相率至琼，纳款投降。逮公莅治，大小峒穴竟出参，随土贡宜，乐输皇利。我公以时减税宽役，

---

① 〔清〕徐松辑：《宋会要辑稿》，第一百八十九册方域七之二七，中华书局1957年版，第八册第7438页。
② 〔清〕徐松辑：《宋会要辑稿》，第一百九十八册，卷一千五百六十六，蕃夷五之四四，中华书局1957年版，第八册第7788页。
③ 〔明〕戴熺、欧阳灿总裁，蔡光前等纂修：万历《琼州府志》卷八《海黎志·抚黎》，海南出版社2003年版，第416页。
④ 〔清〕明谊修、张岳崧纂：道光《琼州府志》卷二十二《海黎志·防黎》，海南出版社2006年版，第887—888页。
⑤ 〔明〕戴熺、欧阳灿总裁，蔡光前等纂修：万历《琼州府志》卷八《海黎志·抚黎》，海南出版社2003年版，第416页。

劝勉农桑，遂令天生碑石耸然显于东山华封岩之西，万口欣传此石诚不偶出。虽镇安隐雾之石，何足伟哉！古人有曰：磨崖岩，歌石鼓，勒燕然、浯溪，以垂万世之功。矧我万郡有是贤守，有是碑石，敢不追古人之遗意乎？郡之生民感公之德深，乃建黎顺亭，刻天□之碑，作不朽之传云。端平元年。"①

（五）宋代对黎峒尚未形成统一的治理系统

即使如上述，但在宋代对黎峒尚未形成统一的治理系统，仍处于散乱状态。

黎峒是在四面环海的海南孤岛上自然生成的。据地方志载，相传黎母山有女自卵中出，适外来番男，与之偶，实为黎岐之始。有等熟黎，多王、符二姓，先世从征至此，利其土，乐其俗，留居不去，旋削蓁险阻，创为村峒，习俗渐染，久亦成黎矣。这一族群，不受欺侮，不服王化，亦不出为人患。黎境土地肥沃，户口无多，生活简陋，社会组织也极为简单，峒有峒首，村有头目，略如家族之有家长族长。这一族群散居于岛上的深山密林之间，无一定之区域，历时久远，经常有的小部落又移居他处。到了宋代，各地黎峒仍处于自然散乱的地理环境之中。当苏轼于绍圣四年（1097年）贬海南儋州的时候，其诗曰："四州环一岛，百峒蟠其中。"②王祖道命同伙张庄奏言："海南一千二十峒皆已团结。"③"黎之峒落日以繁滋，不知其几千百也。"④几千百黎峒，在当时无法统计，王朝政府也无法控制，更不可能通过各地政府的一级组织把各黎峒统一起来，以便归王朝的建置系统进行管理。所以，宋代的黎峒仍处于无法管制的一盘散沙的状态，地方官吏对黎峒部落难以制服。

宋朝也曾试图以武力征服黎峒。如靖康中（1126年）对王文满反抗的镇压。绍兴三十年（1160年），广西运判邓酢建生擒王运宾。淳熙初（1174年），万安军赵绛剿平王集结三峒。淳熙四年（1177年）知军汤鸢讨平万安南峒王利学。嘉定初（1208年）讨峒首王居起等军事行动。⑤由此看来，王

---
① 〔明〕戴熺、欧阳灿总裁，蔡光前等纂修：万历《琼州府志》卷八《海黎志·抚黎》，海南出版社2003年版，第416页。
② 〔宋〕苏轼："行琼、儋间，肩舆坐睡。梦中得句云：千山动鳞甲，万谷酣笙钟。觉而遇清风急雨，戏作此数句"，出自《苏轼诗集》卷四十一，中华书局1982年版，第七册第2246页。
③ 〔元〕脱脱等：《宋史》卷三四八《王祖道传》，中华书局1985年版，第三十二册第11041页。
④ 〔宋〕赵汝适著、杨博文校释：《诸蕃志校释》卷下《海南》，中华书局2000年版，第220页。
⑤ 〔清〕萧应植修、陈景埙纂：乾隆《琼州府志》卷八《海黎志·平黎》，海南出版社2006年版，第831—832页。

朝对朝贡者可封官赐物，对不投顺者则以武力征服。不过，宋代黎族的反抗活动，只是零星地进行，不能形成气候！因为当时海南黎峒散居各地，没有统一的号召，也没有形成统一的反抗力量；往往是因为王朝官吏盘剥太甚等特定原因，引发起用武力抗击王朝的事件。"琼守非才，激黎峒之变，乃劾去之。改辟能者代其任。"①对于黎峒的反抗斗争，宋王朝或则发兵镇压，或处理肇事官吏以平息黎乱。

从总体来看，宋王朝对于黎峒的措施，"从抚为多"，重"绥怀之德"。周去非《岭外代答》载："海南有黎母山，内为生黎，去州县远，不供赋役；外为熟黎，耕省地，供赋役，而各以所迩隶于四军州，生黎质直犷悍，不受欺觸，本不为人患。熟黎多湖广、福建之奸民也，狡悍祸贼，外虽供赋于官，而阴结生黎以侵省地，邀掠行旅、居民，官吏经由村峒，多舍其家。峒中有王二娘者，黎之酋也，夫之名不闻。家饶于财，善用其众，力能制服群黎，朝廷赐封宜人，琼管有令于黎峒，必下王宜人，无不帖然。二娘死，女亦能继其业。昔崇宁中，王祖道经略广西，抚定黎贼九百七峒，结丁口六万四千，开通道路一千二百余里，自以为汉唐以来所不臣之地，皆入版图，官僚皆受厚赏。淳熙元年，五指山生黎峒首王仲期，率其旁八十峒、丁口一千八百二十人归化。诸峒首王仲文等八十一人诣琼管公参，就显应庙斫石歃血，约誓改过，不复抄掠。琼管犒遣归峒。"②明人戴璟说："宋时，诸峒黎叛服不常，或剿或抚，而卒从抚为多。"③重抚政策的结果，使"海南帖然"，进而促使海南岛上黎族经济得以迅速发展。

（六）苏过对宋代黎峒管理的进策

绍圣四年（1097年），苏轼贬海南儋州，儿子苏过随父到海南。苏过说，他"侍亲海南，实编于民，所与游者，田父野老闾阎之民耳。道不足以相休戚，而言之者又忘其忌讳，故所得为最详。"由于他生活在民间，老百姓说话没有顾虑，因此他对周围黎峒活动了如指掌，他由此对宋王朝的治黎

---

① 〔元〕脱脱等：《宋史》卷三九二列传第一五一《赵汝愚传附子崇宪传》中华书局1985年版，第三十四册第1192页。
② 〔宋〕周去非著、杨武泉校注：《岭外代答校注》卷二《海外黎蛮》，中华书局1999年版，第70—71页。
③ 〔明〕戴璟修、张岳等纂：嘉靖《广东通志初稿》卷三十六《生黎》，海南出版社2006年版，第160页。

策，以"议者"及"父老"的对话进行评说，指出对黎峒的策略非武力所能解决，而应以其俗而治的羁縻策和平共处。苏过以"议者"之言，指出统治黎族四种错误主张，并以"父老"之言针锋相对地进行批驳，在此相互对话中，揭示宋代因俗而治的实质所在。

苏过所指的四种错误主张是：

一、以锐师出其不意，焚其聚落。

苏过写道：议者曰：黎人之居，非有重门击柝之固，甲盾剑戟之利，特若鸟兽聚散于山林谿谷之间耳。若以锐师出其不意，焚其聚落，一举可灭也。执事者以为信然，何则？按图观之，方寸之地耳，不过选士数千，一将可办也。对此论说，"父老"以黎峒的实际情况进行反驳："黎人之居，山林重复，鸟道上下，骑不能骋也，而健者常伏于其间以阻行旅。吾乃陈以待之，鼓而攻之，彼不吾角也，然必狼狈而走山林，以邀吾归。一夫鸱张，虽贲育无所施其勇，六师无所用其众。是岂一将可睥睨也哉？"

二、主张大师压境，以三年时间收服。

"议者"曰："贼闻吾之大举也，必尽族而来，兽穷则搏，无虏精兵万人。吾乃曳甲胄之士，践不测之域，以所短校所长，非三万人不可胜也，且不可以一举得之也，期以三岁取之。"反驳之则说："夫濒海瘠卤之地，屯三万人，且三岁粮，民何以堪之乎？且既得地，必郡县之也；而深山穷谷之中，豺狼魑魅之所凭，水土疾疫之为厉，岂华人之所能安也哉？不然，既得之而且复失之矣。"

三、屯师于境，强迫他们改革习俗，法令徭赋与全国统一。

"议者"曰："黎人所以慢边吏而侮吾民者，法不惩耳。今杀人者止于输牛羊，是何足创哉？若屯师于境而许以自新，易之衣冠，使之内属，法令徭赋一均吾民，则易治矣。执事者以为信然，何则？以其怖死而必从，吾又不血刃而得方千里之地；自是无疆场之患，省屯师之费矣。"苏过反驳说："夷狄之性如犬豕然，其服可变而性不可改也。其纾死听命，愿为吾民者，未知异日之患也。法令之烦苛，调敛之无时，官吏之贪求，能保其无乎？""父老"曰："往者罢庸而取直，吾民皆欲弃冠服而椎髻，舍坟墓而逃山林，此岂有他哉！趋所乐也。而欲使黎人弃彼取此，不亦难乎？譬之养虎狼于陷阱，置蝮虺于几席，谓其驯扰不螫，亦误矣。

四，断绝黎峒与外界交易，坚壁清野，令其自困。

"议者"曰："黎人处不毛之地，盐酪、谷帛斤斧、器用悉资之华人，特以沈香、吉贝易之耳。吾焉用此藉寇兵而资盗粮哉？宜饬边吏，谨视商贾之出入，彼自困矣。执事必以为信然。何则？以为真能困彼而不能困我也。"苏过反驳说，"濒海郡县所以能鸠民置吏，养兵聚财者，恃商人耳。商人轻风涛之虞，涉不测万里之险，而岁岁必集者，贪倍蓰之息尔。若绝黎人之欢，商人不来，我自困矣。关市之征，岁入不足，一困也；兵吏廪赐无所从出，二困也；衣食不足，饥寒从之，三困也。而黎人必将啮草木，饮血茹毛以求生生之理，又焉能困彼哉？医之治疾也，攻其所病之体，未有攻其未病者也。疽之生于首，则治其首；生于足，则治其足；未有疾在首而砭其背，在足而穴其胸也。今黎人特小小边盗耳，议者乃欲起争桑毁鉼之隙，忘一炬燎原之戒。岂非攻其所未病者哉？"正因此，"父老"提出几点治黎的方法：

1.从黎峒的组织情况看，"黎人虽众，不能入寇也。何则？非有君长酋豪为之谋，赏罚号令以一其众也。今聚百人之徒，具十日之粮，始可与边吏遇也；而彼府库发敛之资，十日之粮岂易办哉？富者不过椎牛飨士，一饱而奋，晨出而夕返也。我特清野以避其锋，使来无所获，得不偿费，彼何自苦以取憎于我乎？独有质劫之悉耳。然考其本则我曲而彼直。

2.从黎人的性格及习俗来分析："黎人之性，敦厚朴讷，无文书符契之用，刻木结绳而已。故华人欺其愚而夺其财，彼不敢诉之于吏。何则？吏不通其语言，而胥吏责其贿赂，忿而无告，惟有质人而取偿耳。吏足以直其忿，法足以禁其欺，彼若赤子之爱父母也，何惮一诉而质人也哉？"

3.治黎的上策是令其自治。苏过认为：宋朝执事者"上策莫如自治。当饬有司严约束，市黎人物而不与其直者，岁倍偿之，且籍其家而刑其人；吏敢取略者，不以常制论；而守令不举者，部使者按之以闻。又为之赏典以待能吏。如此则能者劝，慢者惩，贪胥猾商不敢肆其奸，边自宁矣。"如果朝廷能给予自治，严惩贪官猾商欺侮黎人，则黎区可以平静了。所以苏过又借父老之言："异时走朱崖者，东西二道，羁旅无虞，今七八百里悉为贼区，官吏文书、商贾往来皆道于海。此不可不治也。"苏过认为，"仆以为以力胜者，兵罢而复塞；以利啖者，贼贪而不叛也。朝廷若捐数官以使人，则贤于用师矣。今黎人盗边民之畜，巨室不过从十余隶，径入其族数其罪，取之不敢拒命者，信异其人也。仆以为此可许以官而用矣。使赍金帛，入喻诸黎，晓以利害，惧以祸福，若能开复故道，使行旅无壅，则籍其众所畏服者，请诸朝，假以一命而岁与其禄。不过总十余人，岁捐千缗耳。今朱崖屯师千人，岁不下万缗，若取十一以为黎人之禄，可以罢千师之屯矣。

4. 对黎峒用兵是最大的失策，应组织黎兵才是上策。苏过说："且夫兵之所在，耗于国而又以启边衅也。盖扞御之吏，皆用武夫；而卒伍之籍，多出无赖。所过聚落，鸡犬一空。来则捶暴其家，人去则坏弃其器具。昔日之道，未必不缘是而塞也。仆以为戍卒可省，民兵可用。何则？编户之家，家有武备，亲戚坟墓所在，人自为战；而又习其山川险阻，耐其风土瘴疠。吏若拊循其民，岁有以赏之，则吾藩篱不可窥矣。"①

苏过这篇《论海南黎事书》，是宋代文人留下的一篇完整的治黎策，由于他在漫长的三年时间里，与儋州黎民相处，了解黎区情况及朝廷所采取的手段，所以他能一一列举评说，并主张设立黎族土官这才是连接宋王朝之间的中间环节，对维护边陲安全，控制黎人诸峒会发挥重要作用。

宋朝利用黎族土官管理黎峒，使"琼管有令于黎峒，必下王宜人，无不帖然。"②

宋王朝对黎峒采取各项抚黎策略，通过黎族土官贯彻已见成效。《宋会要·黎峒》中载：乾道二年（1166年）十二月二十四日，广南西路经略转运司言："欲行下琼管，及三年守倅，多方措置，婉顺说谕黎人，示以朝廷德意。归命，使之自新，退复省地，如能说谕收复省地，黎人安帖，不引惹生事，量功效大小立为赏典，如任内有侵犯省地或失省民亦重责罚。其先省民逃亡，在黎峒之人，仰守臣措置，多出文榜，委曲招诱，令复乡业。自乾道元年（1165年）以前应欠官私税租债负并与除放，复业已后，田租科料，与依条减放五年，如无田可以归耕，许令指挥官中空闲地，从便耕垦，亦免五年税赋，省民既皆还业，黎人势自安帖，侵陷省民自然回复。诏从之。"③

"乾道六年（1170年），黎人王用休犯边万安，权守巡检孙浩等招谕

---

① 〔宋〕苏过著、舒大刚等校注：《斜川集校注》卷五，巴蜀书社1996年版，第491—495页。
② 〔宋〕周去非著、杨武泉校注：《岭外代答校注》卷二《海外黎蛮》，中华书局1999年版，第70页。
③ 〔清〕徐松辑：《宋会要辑稿》第一百九十八册《蕃夷五》之四七—四八，中华书局1957年版，第八册第7790页。

之。乾道九年（1173年）乐昌县黎贼劫省民，焚官舍。黎人王用存、王承福、陈颜等招降复砦有功，宋授以官职，俾之控制黎人。"①

黎族的土官还有继承权，《咸宾录》载："有黄二娘者，琼州熟黎酋之妻，家饶财，善用众，群黎畏之。宋淳熙初，封为宜人。二娘死，无男有一女，欲依例承袭。诏从之。顷之，生黎峒首王仲期率诸峒丁口一千八百余归化，仲期与诸峒首王仲文等八十一人诣琼管司。司受之，令歃血约誓，不复抄掠。诏各赐赏有差。"②

由于宋王朝对黎族的羁縻抚绥政策，通过黎峒的头领与被朝廷封赐的土官来实施，所以，宋代黎族的反抗活动相对减少，进而促进社会生产力的发展及黎、汉民族之间的融合。

四、元朝对海南黎峒的措施和策略

元朝是中国历史上蒙古族建立的统一王朝。元建都于燕京后十五年，至元朝结束，统治海南岛共90年。其对于黎峒的政策措施，是建立在武力统治的政策上。

（一）元代加强对海南控制的军事制度

元代的军事制度严密，军官不仅掌握军队，还兼管所在地区的民政，军官分等级，有万户、千户、百户，又分上中下三等，上万户府统兵七千人，中万户府五千人，下万户府三千人。万户府置达鲁花赤、万户、副万户各一员。上千户所统兵七百人，中千户所统兵五百人，下千户所统兵三百人；千户府置达鲁花赤、千户、副千户各一员。百户所只分上、下两等，上百户所统兵七十人，下百户所五十人，各置百户一至二员。百户之下，设牌子头，有时设"五十户"之职。此外，万户之下，还有总管、镇抚等军职；千户之下有总把，百户之下有弹压等职。③

---

① 〔明〕罗曰褧：《咸宾录·黎人》，中华书局2000年版，第228页。
② 〔明〕罗曰褧：《咸宾录·黎人》，中华书局2000年版，第228页。
③ 参见白寿彝总主编：《中国通史》，第八卷，上海人民出版社1997年版。

元朝对海南的军事镇戍和行政管辖颇为重视,在海南的设兵采取两种办法,一是设海北海南道宣慰使司都之帅府,派兵镇守,以军事形式管辖海南。海南岛的湖广行省镇戍军,每一万户,由一员统率,这些军队在海南三年一换。据《新元史》载:"元贞二年(1296年)九月,诏以两广海外四州城池戍兵,岁一更代,往来劳苦。给俸钱,选良医,往治其疾病者。使三二年一更代之。"①由于海南地处边陲,大海相隔,又地老天荒,军队的轮戍及生活都极端困难。元朝在琼州共置营二镇一寨四,即靖海营(在郡城外西隅),南蕃营(在海口浦),水军镇(在白沙),永靖寨(在澄迈西南七十里曾家都),保义寨(在澄迈新安都),八角案(在文昌八角岭下),万全寨(在乐会)。②

二是朝廷把黎兵编入其军事系统,特地设置"海南黎兵万户府"与"黎蛮海南海北屯田万户府",以加强对海南黎族聚居地的统治。所组织的所谓"乡军",主要是"号为兵官,守隘通道,于官有用"的"黎军"。任用黎人"峒首"为世袭土官,正德《琼台志》载:"至元二十八年(1291年),阔里吉思平黎,议敛土民为黎兵,用则为兵,散则为民。立五原、仁政、遵化、义丰、潭榄、文昌、奉化、会同、临高、澄迈、永兴、乐会十二翼。各立千百户所,隶万户府管领。大德二年(1298年),罢府,拨隶军民安抚司。至元统二年(1334年),省奏复置黎兵万户府,增万安翼为十三所。万、千、百户兼用土人。"③

元朝在清、万、南三所置土军,"元初,遣百户领汉军守镇,兼统土军。后万安、文昌各立翼,各领百户所八,隶黎兵万户府,寻罢,以兵还民。"④在儋州"于儋置黎兵奕。"⑤这样一来,黎人土官力量增强,朝廷不用土官难以维持对海南黎区的统治,文宗至顺三年(1332年)春夏,万安军王奴罗等集众五万人寇陵水县。⑥说明黎峒的反抗力量仍然十分炽烈,于是在元统二年(1334年)十月,又置黎兵万户府。《元史》载:"元统二年

---

① 〔清〕柯劭忞:《新史元》卷之九十九《兵志二·镇戍》,海南国际新闻出版中心1996年版,第827页。
② 〔清〕明谊修、张岳崧纂:道光《琼州府志》卷十七《政经志十三·兵制》,海南出版社2006年版,第733页。
③ 〔明〕唐胄:正德《琼台志》卷二十《兵防下·民壮》,海南出版社2006年版,上册第453页。
④ 〔明〕唐胄:正德《琼台志》卷十八《兵防上·兵制》,海南出版社2006年版,上册第403页。
⑤ 〔明〕唐胄:正德《琼台志》卷十八《兵防上·兵制》,海南出版社2006年版,上册第405页。
⑥ 〔明〕宋濂等:《元史》卷三十九《文宗五》,中华书局1976年第1版,第三册第800页。

（1334年）十月，湖广行省咨：'海南僻在极边，南接占城，西邻交趾，环海四千余里，中盘百洞，黎、獠杂居，宜立万户府以镇之。'中书省奏准，依广西屯田万户府例，置黎兵万户府。万户三员，正三品。千户所一十三处，正五品。每所领百户所八处，正七品。"①又《元史·顺帝一》所载："元统二年（1334年）冬十月丁卯，立湖广黎兵屯田万户府，统千户一十三所，每所兵千人，屯户五百，皆土人为之。"②

元朝一而再地以"土人"任万户、千户、百户等世袭官职，这些人大多是熟黎中的上层分子，元朝笼络收买他们充当统治海南广大黎峒人民的工具，这对于大面积地招揽黎人归皇朝的统治有利。不过，由于元朝土官并非与过去历代王朝一样仅给予虚衔，而是赋予掌握军队的实权，并世袭其职。这些土人官吏往往是割据一方，一旦王朝力量式微，土官就成为一支强大的反抗武装队伍。正如正德《琼台志》所记载的："万、千、百户兼用土人。至是冗滥，民甚苦之。"③嘉靖《广东通志》载："元设黎兵万户府，统十三翼，兼管民兵。黎峒万千百户俱以土人为之，致黎乱终元之世。"④

（二）元代海南黎峒遍布各郡县，也未能进行准确的统计

元代范德机《西黎歌》诗描写了当年海南岛上黎峒的情景：

> 一十三县海之州，四城结带相绸缪。
> 中有群黎集百峒，耕凿不知尧舜忧。
> 手扶长弓架钩箭，白马白似雪花片。
> 此又外黎渐汉习，仇杀从前如旅劝。
> 春花满山禾满皋，妇馈壶浆夫血战。
> 曾不如深居不识礼教人，又谁使之郡若县？
> 黎雾山高裹白云，哀猿惊鹿夜深闻。
> 下濑戈船今已远，行人犹说路将军。⑤

---

① 〔明〕宋濂等：《元史》卷九十一《百官八》，中华书局1976年第1版，第八册第2341页。
② 〔明〕宋濂等：《元史》卷三十八《顺帝一》，中华书局1976年第1版，第三册第824页。
③ 〔明〕唐胄：正德《琼台志》卷二十《兵防下·民壮》，海南出版社2006年版，第453—454页。
④ 〔明〕戴璟修、张岳等纂：嘉靖《广东通志·琼州府·外志》，海南出版社2006年版，第519页。
⑤ 〔元〕范梈：《范德机诗集》卷四《歌行曲类》。

又范德机的《琼州出郭》诗云:"自出琼州古郭门,更无平衍似中原。重重叶暗桄榔雨,知是黎人第几村。"

这些诗歌,都反映了元代海南岛在广袤的土地上,黎族的村寨遍布城郭之外的山山水水。

在元代,黎峒分散于各郡县的村落,政府并没有准确的统计;诸峒各自独立管理。

元世祖至元十六年(1279年),元朝军队征服海南岛之后,对黎族一边采用羁縻政策,一边采用血腥镇压。这一点,从朱国宝及陈仲达的平黎策及其军事行动中,都反映了这方面的情况。

据《元史》载:"至元十六年(1279年),朱国宝迁定远大将军,海北海南道宣慰使。……移琼州,立官程,更弊政,训兵息民,具有条制。南宁谢有奎负固不服,国宝开示信义,有奎感悟,以其属来归。于是黎民降者三千户,蛮洞降者三十所。十八年(1281年)破临高蛮寇五百人,招降居亥、番亳、铜鼓、博吐、桐油等十九峒,遣部将韩旺率兵略大黎、密塘、横山,诛首恶李实,火其巢,生致大钟、小钟诸部长十有八人,加镇国上将军、海北海南道宣慰使都元帅。"①

又据《招捕总录》载:"至元二十八年(1291年)琼州安抚使陈仲达上言乞招生、熟二黎,降旨许之。招到本州生黎大踢、小踢、端赵、麻山等四洞王氏十等出降。"②

在唐胄《传芳集》中,从顾亭林《天下郡国利病书》录出《节录平黎事以备后论》,其中述及陈仲达平黎经过:"元至元二十八年(1291年)琼州路安抚使陈仲达诣阙,陈平黎策,五月戊戌,授以海北海南道宣慰使都元帅,命同廉希恕等蒙古、汉军、顺化军七千二百人,十月丁丑渡海。益民兵一万四千,收诸黎所未附。将惊集而征调。十一月壬子,行湖广行省平章阔里吉思以分省督师至,令仲达子谦亨领万户,统诸兵。副元帅王信、伯颜于思,万户教化孙韩旺、杨显祖,副使林应瑞,副万户秦彪,千户蔡有闾,镇抚高祐,广西宣慰杨廷璧,分兵统剿。自本月庚午发师至,又明年癸

---

① 〔明〕宋濂等:《元史》卷一百六十五《朱国宝传》,中华书局1976年版,第一十三册第3877—3878页。
② 佚名著,金山钱熙祚锡之校:《招捕总录·海北海南》。

巳七月辛酉被召还朝。乃以余贼付都元帅朱斌，统兵深入人迹不到之处，黎巢尽空。明年甲午春，刻石五指黎婆而还。是役凡三历年，剿平各州县清水等峒，符十九、符察、陈萃、梁六秣、王郎、王嗣、陈子渊、黎福平等渠魁，降附者不可胜数，得峒六百，户口二万三千八百二十七，招收户口一万三千四百九十七。从省幕乌古孙泽议，立寨学训谕诸峒，奏置屯田府，立定安、会同二县，万全一寨。"①

从这两次军事行动中，朱国宝第一次出兵时就有"降者三千户，蛮峒降者三十所"，第二次出兵就招降"居亥、潘毫、铜鼓、博吐、桐油等十九峒"。而陈仲达及其子出兵则"得峒六百，户口二万三千八百二十七。"可知元朝统治海南之后，海南黎峒之多，使领军镇压的将领也无法统计。又世祖至元二十九年（1292年）六月壬午，"敕以海南新附四周洞寨五百一十九"。②又如元统二年（1334年）十月，湖广行省在奏文中说："海南僻在极边，南接占城，西邻交趾，环四千余里，中盘百峒，黎獠杂居。"③这里所说的"百峒"，是一个"概说"，"百"者"多"也，很难估计元代黎峒有多少，一定是超过多少个"百峒"之数。而元朝入主海南岛以后，要控制海南，首要之举必须控制黎峒，元朝大军采取压境之势，制服历次黎峒的反抗。

（三）在王朝大军镇压下，黎峒反抗活动更加激烈

上面已列举朱国宝及陈仲达、朱斌率领王朝军队对黎峒的镇压，"统兵深入人迹不到之处，黎巢皆空"。

又如嘉靖《广东通志》载："天历（1328—1329年）初，琼山黎多招引亡命为向道，时出行劫。主簿谭汝楫请于大府，敛乡兵，得五千人讨之。军次居缺峒，有贼二千突出欲战。以方树栅，令士卒皆解鞍纵马卧。贼疑，不敢进，乃引去。遣兵五百乘之，贼伏发，遮其后。复遣千人之，弗能前。乃自以兵击走贼，拔出其众，射中其酋腹，贼遂退。复征近地兵万五千人。贼

---

① 〔清〕唐胄：《传芳集·论》，海南出版社2006年版，第177—178页。
② 〔明〕宋濂等：《元史》卷十七《世祖十四》，中华书局1976年版，第二册第363页。
③ 〔清〕明谊修、张岳崧纂：道光《琼州府志》卷二十二《海黎志八·防黎》，海南出版社2006年版，第888页。

有九峒，而居野、居中为最大，周回百二十里，草木蒙密，不可入。汝楫先令万人除道，周其山。暮，复以万二千人衔枚围之。夜，树栅三重为壁，壁外布竹钉，以防奔突。内五步编竹为屏，伏卒以避流矢。明日，出万人堵其山，布阵以待，渐移栅近之。十日，围逼居野止三十里，八峒之蛮尽入据之。复益栅数十重以守。贼穷蹙，不知为计。乃纵兵夷之，得其酋六十一人以归。①

这场残酷的围剿，以1.5万人兵力，在10个昼夜里，围逼九峒黎民，纵兵夷为平地，被俘峒首61人。战斗极其惨烈。

元统元年（1333年）秋七月，诏行参知政事完泽，会诸道兵进讨琼黎。初，至顺元年（1330年）黎贼王、马同反，陷会同、乐会、文昌；王六具寇临高、澄迈，王观福据定安。东西诸黎皆应，仅存琼。州民王用纠亦率十九峒作乱。二年秋七月，乃命湖广行省右丞刘耳剌领江西、湖广二省兵，九月，复调广东、福建兵，共讨之。以耳剌武功未集而卒，至是始命泽督诸道兵及广西僮兵讨之。谭汝楫请先死战，以绝其根株。②

这场死战，官兵对黎峒是"以绝其根株"为目的的来镇压十九峒的反抗活动。

《招捕总录》载：至元元年（1335年）九月，黎贼犯茶洞，烧民居。至元二年（1336年），黎人王火烧攻劫百姓，捕获其党蒙毡甘佛龙、彭瘦等，火烧劫狱夺去。又陷南偏峒、砦，杀夯采等。③

元代黎族率众反抗元朝廷的武装活动，有19次之多，元朝廷虽然对黎族也实行羁縻政策，但另一方面，又利用土官镇压黎族的反抗，使用黎族峒首率兵追捕起义的黎峒百姓，以自己人打杀自己人，这一手更加毒辣。如万州峒首王丽珠率民壮平复黎族的武装反抗，然后自己当万州尹，元朝官兵，可以不费一兵一卒而令黎峒归复。如"至正十三年（1353年），文昌土酋陈子瑚构乱，寇乾宁，州县皆为所有。子瑚死，弟有庆踵其势，与逆党伪万户袁元贵，镇抚潘荫、经历吴绍先、千户洪秉义等屯据琼城。至正二十四年（1364年），万州土酋符奴达、陈俊甥等窃掠居民。峒首王丽珠既平陈子

---

① 〔明〕黄佐纂修：嘉靖《广东通志·黎峒》，海南出版社2006年版，第520—521页。
② 〔明〕黄佐纂修：嘉靖《广东通志·黎峒》，海南出版社2006年版，第522—523页。
③ 佚名著，金山钱熙祚锡之校：《招捕总录》。

瑚兄弟等,又自备鞍马、兵器抵巢,奴达、俊甥悉平。至正二十六年(1366年)三月,五原都人张贤与弟德等倡举义兵,斩袁元贵等,恢复郡城及万州,峒首王丽珠率民兵复万州。"①

像利用王丽珠收复黎峒的这种做法,是元朝以前的各朝代所未能做到的。但元朝这一狡黠的策略,却难以每次奏效,为什么呢?因为不是所有土官都忠于朝廷,一旦时机成熟,或遇到某种矛盾,他们就会联系其他黎峒人民群起反抗。明朝王佐在《珠崖得失论》中说:"元用土酋之策,分割兵民,建置黎兵十三翼,翼置官千、百户,而设兵屯万户府。统属皆土酋,而世其官,联合州县豪酋峒长通为一家,争立主势以相逞,而视州县为外客,威权既夺,政令难行,州县日轻,兵屯日重,于是大种主势复起如汉世焉。卒乘元之季世,挟贼以乱。呜呼,此势不可长也!"②王佐此语,说明了元朝廷虽运用"以夷制夷"的办法,还未能在海南岛上奏效。元代后期,统治阶层矛盾尖锐,土官们与各路起义者联合,所以反抗力量日益炽热。

(四)元代对土兵的利用

元朝的土兵制度与屯田制紧密联系在一起。屯田制的建立是以黎兵为基础的。据正德《琼台志》载:"《世祖纪》十五年(1278年)十二月,南宁、万安内附,开城路,置屯田总管府。至三十年,以平章阔里吉思平黎,括勘叛贼田土为屯田。官给牛、种,召民耕佃,设立提领二员以领之。岁征佃户田粮纳仓,俱有定额。后奏立屯田万户府以董之。元贞元年(1295年),以其地多瘴疠,纵屯田军半还各翼,留半与召募民之屯种。大德三年(1299年),罢屯田万户府,屯军悉令还役,止令民户屯田。琼州路凡五千一十一户,为田二百九十二顷九十八亩。"③元统二年(1334年)冬十月丁卯,"立湖广黎兵屯田万户府,统千户一十三所,每所兵千人,屯户五百,皆土人为之,官给田土、牛、种、农器,免其差徭。"④"皆土人为之",充分说明王朝"置黎兵万户府"的目的,是以黎兵作为屯田的主力军。

---

① 〔清〕金光祖纂修: 康熙《广东通志》卷二十九《峒獠》,海南出版社2006年版,第324页。
② 〔明〕戴璟、欧阳灿总裁,蔡光前等纂修: 万历《琼州府志》卷八《海黎志·议黎》,海南出版社2003年版,第433页。
③ 〔明〕唐胄纂: 正德《琼台志》卷二十《兵防下·屯田》,海南出版社2006年版,第447页。
④ 〔明〕宋濂等撰: 《元史》卷三十八《顺帝一》,中华书局1976年版,第三册第824页。

同时，元朝还组织黎兵参加对日本、交趾的对外扩张战役，《元史》载：至元二十年（1283年）八月壬戌，"调黎兵同征日本"。①至元二十四年（1287年）春正月辛卯，"诏发江淮、江西、湖广三省蒙古、汉券军，及云南兵，及海外四州黎兵，命海道运粮万户张文虎等运粮十七万石，分道以讨交趾。"又九月己亥，湖广省臣言：海南琼州路安抚使陈仲达，南宁军总管谢有奎，延栏总管苻庇成，以其私船百二十艘，黎兵千七百余人助，征交趾。诏以仲达仍为安抚使，佩虎符，有奎、庇成亦仍为沿海管军总管，佩金符。②是时，元朝军队已把黎兵纳入正规军的一支，利用海南地理、习俗之便，命令黎兵参加其对外扩张的军事行动。

五、明朝实行"以峒管黎"制度，黎峒被视为乡村社会组织的行政建制

如何把握黎峒之间的历史，可以从黎峒与政权统治者之间互动这个角度，探究到海南岛具体的历史脉络中。

与过去历代统治者不同的是，明太祖朱元璋统治海南之后，对海南岛释放善意，他一改过去皇家视海南为蛮荒流放罪人之地的蔑视态度。

洪武三年（1370年）正月壬寅，吏部奏，凡庶官有罪被黜者，宜除广东儋、崖等处。上曰："前代谓儋、崖为化外，以处罪人。朕今天下一家，何用如此？若其风俗未淳，更宜择良吏以化导之，岂宜以有罪人居耶。"③他称海南岛为"南溟奇甸"。而这"南溟奇甸"中的主要人民，除了从北方移民而来的汉族外，世世代代生活在海岛土地上的黎族，是处于"内黎峒而外省地"的状态，海南岛的腹地，是黎人生活的家园。在永乐十年的人口记载中，全岛民总数七万一千二百十二人，其中黎族有一万七千三百九十四人。在西部地区，如崖州民四千三百七十四人，其中黎族有四千二十人。宁远民二千七百八十五人，而黎族有二千二十五人。感恩民六千四百一十四人，黎

---

① 〔明〕宋濂等：《元史》卷十二《世祖九》，中华书局1976年版，第一册第257页。
② 〔明〕宋濂等：《元史》卷十四《世祖十二》，中华书局1976年版，第二册第295、300页。
③ 《明实录·大明太祖高皇帝实录》卷48，第265页，载自《明清〈实录〉中的海南》，海南出版社2006年版，第8页。

族则七千八百七十五人。① 由此可见，在明代，虽然北来移民已经"转客为主"，已经成为海南发展的主力，但黎族先民在岛上所处的地位，仍然令明皇朝不敢忽视。要把海南岛整合到王朝的政治版图中，仍然是一个复杂的政治议题。

明朝政府无法直接统治黎民，因为黎人的社会组织与一般汉民的社会组织完全不同，所以也只好在"黎汉分治"的框架下"因俗而治"。这种二重管理体制，继续在海南岛上的政治实体中延续下去。

顾炎武《天下郡国利病书》载："洪武初，尽革元人之弊，土酋主郡者元帅陈乾富以降免罪，徙为广西平乐通判，州县各另除官，不用土人，兵屯子孙，尽革为民，以峒管黎。"

当明朝军队进入海南之后，在洪武六年（1373年）、洪武十年（1377年）、洪武二十八年（1395年）、洪武二十九年（1396年）均有黎峒群起反抗。因此洪武三十三年（1400年）庚辰三月壬辰，"广东公差大理寺丞彭舆民等奏言：琼州府所属周围俱大海，内包黎峒，民少黎多，其熟黎虽是顺化，上纳秋粮，各项差役俱系民当。其生黎时常出没劫掠，连年出镇征剿，为害不息。今询访各处熟黎，俱有峒首，凡遇公差役，征纳秋粮，有司俱凭峒首催办，官军征捕，亦凭峒首指引，今所属各有防黎及备倭巡检司，如将各处峒首，选其素能抚服黎人者，授以巡检司职事，其弓兵就于黎人内签点应当，令其镇抚熟黎当差，招抚生黎向化，如此则黎民帖服，军民安息矣。诏为所请。明年（1401年）五月十一日，琼州府宁远县、藤县巡检司添设副巡检，黄旗、通远巡检司添设副巡检黎让。十月十一日，万宁、莲塘巡检司添设副巡检王钱，陵水县苗山巡检司添设副巡检符森，其后永乐中虽设洪武官制，独两广及荆南土人为副巡检者，仍权留云。"②

不过，统治者的政治行为较之历代王朝有所发展，而其中关键的问题还是如何对待黎峒的社会组织。

（一）明朝在行政组织上对黎峒给予名正言顺的定位

在各类地方志书籍中，已记录下黎峒的数字及村名，如嘉靖《广东通

---

① 〔明〕唐胄纂：正德《琼台志》卷十《户口》，海南出版社2006年版，第220—221页。
② 〔清〕顾炎武：《天下郡国利病书》广东备录下，上海古籍出版社2012年版，第六册，第3392—3393页。

志初稿》载：

琼山村峒凡一百二十六处：居碌村，居林村，居碌南廪村，牛坡三家村，加品村，新芋村，加卯村，新寨村，加西抵灰百村，死蛇村，南吉平兆村，南蛇村，篱竹村，南记村，黄绿村，林雷村，烧鹿周敦村，湾头村，三家村，苓芋村，水尾村，加地村，力莫典村，平丢村，岭倍村，上下沿冈村，南细村，加林村，黄昏村，三家村，孙喝村，始社大社村，番陀村，包没村，低灰村，长秀村，多雷村，黎东村，勘寨村，墨湾村，鹿牡村，南盈村，南犀村，南岐峒，盘苔村，南炉居敦村，居敦居丁村，下水坡村，大岭村，南般村，卢迪田头村，黎琼村，藤寨村，南坤峒，南陀村，白头迎绕村，塘心村，居完村，头平峒，岭平峒，荔枝村，陶良村，黄坭村，莫村，茅坡村，白岭村，木绵根村，番错村，寻村，大塘村，木械根村，埔岭村，罗村，山田村，猫舌村，北岸村，苦藤村，沙件村，泄铁村，荔枝椰扶南村，鸭塘村，笃牛村，瓦屋村，石并村，藤村，沙坡村，槛埇村，龙教村，独田村，曹村，东衡村，坡廉村，塘田村，迈葛村，南耶村，尖岭村、张村，龙天村，石化村，鸭塘村，岭上村，水泡白石村，山口村，张村，大木根村，加凯村，宋寨村，胡换村，墨芋，江边加般村，深梵村，番欠村，居癸村，田边新村，山口村，山深村，坡尾村．黄竹村，岑村，六窝村，冯家丁寨村，周村，多剌村，李瓜村，南敲多加村，黄家大峒村。

澄迈村峒凡一百三十七处：探都村，浦吕村，新村，陶弄村大小白石村，居透村，琼锁村，上田村，居出村，居坎村，田尾村，山坡村，求地里村；黑脸村，相思根村，白水母村，东青岭村，甘韬村，加忽村，毯村，旧村，浦冻村，大岭村，落峒村，穷诣村，石榴村，居白村，落咀村，泰鲁石岭村，大田村，檀木村，浦罗村，居润村，求执村，泉眼村，居眼村，下水村，坡养村，牛窝村，内绞村，茅波村，岸村，落血村，藩径村，居凤村，居鹤村，求池村，观远村，八温村，南绞村，大塘村，脚猫村，十五寨一村，浦初村，毛巴村，透龙村，浦坑村，宋訫村，宋訫新村，大江村，竹根里村，北乖村，居岸村，穷兰村，北绞中廪村，大小居垒村，黎献村，下水村，居洪村，浦崛村，南茂村，浅石村，岭下衬，大小岭村，判瓮村，大小居蔽村，荔枝根村，庄罕村，山吕村，山尾村，花岭岸村，枇杷村，石岭上村，湳滥上水村，细岭村，耀迓村，黎村，道眼村，上贾村，南艺村，加俸村，岭边村，南突村，溪口村，擎洒小村，大鹄坡村，及崖村，和句村，提湳村，充遥村，番缦村，从初村，重薄村，杰和村，麻恋其村，栖存村，那郎村，冲潮村，枕罚村，番大村，催村，番乍村，番那村，番奴村，雅崖村，番多罗村，雅包村，雅义村，潭汉村，雅近村，谭湳上下村，义县旧村，屯后村，反阵村，波路村，黎祭村，番寨村，番缦乍田村，番佛村，从记村，番定村，大那永村，绩缦江村，居湳村，甘痛村，高岭村，居润柞村。

临高村峒凡二百三十九处：南逢大村，南逢小村，姑提村，南逢村，坟败大村，婆贝村，坟败小村，石若村，谭章村，罗便江头村，提把村，南顺村，提南村，番任村，番奠村，从绕村，捕投村，重加村，杰和村，番缦村，麻恋其村，番奴村，慢提村，罗随村，番凯村，牙眼村，牙眼上村，牙眼下村，牙眼小村，罗轩骞村，仆盛村，居缔村，叫梗村，多坦村，顿也村，长随村，居软村，谭揽村，罗杰上村，罗杰下村，瓦闰村，略高村，武黄村，公姑村，武顺村，罗轩村，湳庄村，带马村，买凑村，讨怜村，武漓村，武庞村，头全村，罗轩下村，东田村，甘黎村，居樽村，郎敛村，武笼村，林蛇村，滴浊村，湳经村，皮白村，罗檐村，罗绕村，郎墨村，番缦罗村，南暴大村，南暴小村，姑提奴村，居岩大村，居岩小村，番郎麻床大村，番郎床小村，番郎床上村，番郎床下村，番住村，仆头东村，仆头西村，那轩龙古村，背腰村，白若村，南暴小村，罗穴村，擅白村，番盎村，滔爹大村，滔爹小村，番袜村，仆头缦村，虫窑村，李弱村，那活村，坟台村，祼赖村，那崔上村，那崔下村，那崔大村，那崔中村，那崔小村，番奥村，湳杂村，番乱村，那附律村，江高村，买愁村，婆杰村，湳又村，略闪村，迁栲村，番浊村，那丢村，番又滴村，番忍村，番吾村，番油亚村，那搦村，符效村，罗勇村，白胆村，南甫村，推峰村，茶谈大村，茶谈小村，推方大村，推方小村，潜藏村，低流村，高地村，罗峰村，坟峒村，郎秋村，南暴村，郎忌村，郎墨村，道贪坟郎游村，番京村，武打村，敦木村，郎来村，坎首村，初呼村，武戴村即武顿，武小、武左村，郎蓝村，多舍村，罗屯村，讨央远史村，周白村，武丁村，打洽村，郎岩村，郎怜村，坟诞村，重罗村，提桑村，罗便村，南恨村，张义村，符具村，重白村，罗编坟台村，那打符图村，那打重而村，那打甲衣村，武陈村，武述村，那打道罗村，我然缦村，坟曹缦村，那否村，曹缦小村，番衙陈村，缦那赖村，坟曹缦小村，茶蓝村，番佛村，武曹村，插胡村，滴军村，番满村，那邑村，那铺村，番又村，番缦红边村，南谋村，白华村，郎管村，神白村，番缦村，买杰村，屯建村，番缦打蛇村，略屯村，道探村，低褛村，道图村，坟曹村，道寿村，罗也村，亥迦屯墨村，番缦王周小村，大安村，南善村，居著村，神白小村，武顽小村，郎管小村，罗盆村，武银村，郎贯村，具沙村，道搜村，大江坎村，居门岭低村，恒南村，郎岩番闪村，番佐桥良环村，居投番在村，番打崇村，陈受村，从贺路奏村，波没村，夹具村，番迤村，番轴村，那客村，白麻村，白牛村，栖簪村，夏炎村，番移岭背村，番抱陈村，夏江炉村，番玄大村，番玄小村，居芋村。

定安村峒凡一百一十二处：胡换村，茅夹村，山村，沙湾村，山廖村，麻根村，南墩村，大木村，南峰村，新扫村，对岸村，居匪村，穷栏村，金救村，居伦村，新廖村，下泥村，惊介村，外匪村，沙田村，高台村，沙坡村，坡村，岭掘村，峒奏村，石岭村，间浪村，榕木村，下水村，下容木村，万延村，那凑村，坎村，婆村，奴计村，坡村，苏量村，李寒村，居谷村，竹投村，居启村，居烈村，李鸡村，客木村，居蓼村，离竹村，长塘村，居阶村，山村，林遍村，居堕村，麻根村，岭村，列口村，石麻村，纷云村，王奴村，蛇寨村，今抱村，郎戍村，黄茅村，黄口村，蓼头村，墨揆村，水表村，罗旦村，南号村，山村，岭脚村，居章村，丹腊村，大火村，透冷村，南迤村，居邓村，樵木村，斩彩村，高岭村，潘透村，山心村，上塘村，郎戍村，长弯村，黄绿村，黄坭村，岭背村，大郎村，北滕村，叫降村，敛万村，黑石村，中心村，南吞村，坤骨村，黎秋村，曹掘村，梦细村，保加村，崖陀村，南汶村，南川村，长安村，居坐村，马透村，大坡村，大付村，大水村，黎计村，平山村，山村，水平村，居马村。

文昌村峒凡三十五处：坡底村，雷珠村，白坛村，荔枝村，黄草除玫村，麻坡村，爽寨村，斩脚村，拐根爽村，山乌村，斩脚尾村，沙埇曹家爽村，多习村，多容庠村，多余村，杨村，郭村，苦竹村，白沙村，大蛹村，㴇陂长田村，买车村，水西大陂村，杵村，何严村，黄家埇村，榆狗村，唐来村，大寨村，李村，荔枝莫寨村，马岭寨脚村，坟樟村，买陂村，下寨苦滕村。

乐会村峒凡五十三处：纵横上村，罗云前村，罗云后村，葵根上村，葵根下村，石桥村，上坡村，下坡村，加略上村，加略下村，三令村，贺赖南村，贺赖北村，小郎村，坡尾村，坡头村，黎新村，石盘东村，石盘南村，秤溪村，油海村，新寨东村，新寨西村，露怀村，南盃村，官梅村，竹根小村，大郎村，纵横大村，墨石村，竹根大村，皮沙村，清安村，皮英村，罗环村，岭抵村，罗梅村，上摇村，下摇村，新寨大村，新寨小村，炉云村，上石朴村，下石朴村，南茅村，大水村，小水村，加历村，苍呆村，斩对东村，斩对西村，加石上村，加石下村，黎磨村，水口村。

儋州村峒凡二百九处：烟峨峒，途何村，峨郎峒，过甘峒，过吟村，大罗村，牛头村，水尾村，峨好村，过洋村，那江村，坤雄村，和桥村，甘根村，儿桥村，落祸村，苗村，那瓦村，峨郎村，峨娘村，峨楼峒，过茫村，差泮村，婆包村，罗不村，考确村，打金村，可卜村，系抱村，婆谋村，峨邦村，峨南村，峨加村，峨爹村，可妙村，可邦村，上过谭峒，下过谭峒，途邦峒，蓬莱峒，同横峒，山口峒，过邦峒，大底峒，新洋峒，遇谭大剌村，火落窑峒，富盈村，差番村，落隶村，徒板村，落勿村，落闭村，英豪村，桃华村，徒杂村，大小落蔓村，墟坊村，逢邦村，富双村，落台村，喃村，那罗村，和奉村，遇陀村，徒邦村，徒钦村，南丹村，浮峨村，落苗村，落深村，大落贺村，小落窑村，差横村，甘将村，坟碍村，南华峒，那版峒，潺白峒，那横村，云渠峒，那檐村，鞋皮那边村，那喃村，番真村，罗条村，那横窑村，那顺村，坟横村，那父爹村，南新村，小坟旦村，陀横大村，陀横小村，怀窠村，催志村，副濯村，择催村，曹奴那纽村，曹奴那劝村，曹奴那累村，曹奴那分村，曹奴那续村，催风上村，催风下村，催风中村，曹缦上村，曹缦中村，曹缦下村，那劳大村，那劳村，南绢州村，催勿村，富浊上村，富浊下村，富浊中村，富贤大村，富贤小村，富宁村，甘弓村，那茶村，富孚村，波孚村，从加重伯那针村，从加重伯那六村，从加重伯那等村，从加重伯那论村，从加重伯那白吾村，从加重伯那机村，从加重伯那赏村，禽赞村，富居村，踞忍村，白吾大村，白吾小村，番查大村，番查小村，坟该村，银村，抱嵩村，落条村，条贫村，那忻村，那崩村，南统村，南劳村，茅密村，喉白村，峨勾村，峨律村，小头小尾村，婆眉村，磨凌村，过仰村，峨那夏村，峨雅村，车同村，过邦村，峨横村，浮荣村，峨玉村，坚沽村，浩不吼村，那当峒，蓬峨村，保平峒，富催村，横村，布曹村，那讷白沙村，投逢打村，多坤村，白姑村，番轻村，贪瑶村，那吉村，那洒村，牙西村，牙番村，牙历村，晚吉村，石村，惟图村，白勿村，牙成村，白平村，坎陶村，白风村，浦鹿村，逢陀村，绝滴村，弟茶村，牙秋村，牙麻村，坟不勾村，通三村，婆骨村，南劳村，正颜落乍村，番洋村，妻抱催查村，落横村，落便村，落闲村，乌鹤村，妻玉村，坟臻村，簇歇村，那便村。

昌化村峒凡三十三处：峨高村，峨掠峒，居炭村，陀外村，磨庵村，居律夺村，那边村，陀蛮村，峨淡村，居喝村，包泊村，盘嫌村，那伶村，包桥村，峨吟村，峨娘村，陀查村，哥炭村，徒药村，无飘村，南保村，峨义村，初血村，郡白村，峨表村，余雍村，峨俺村，广香村，峨旺村，峨哥村，上下协村，峨爹村，峨玉村。

万州村峒凡九十三处：龙湾村，居劳村，黄篱村，仙家村，坡头村，四马村，番根村，芭芒村，催臻村，参寨村，妻蛮村，白包上村，白包下村，孚陀村，孚陀小村，坟旦村，牙密村，牙巴村，坟尽村，番郎白村，那根村，白包村，番花村，那打调机村，那坚村，浮徒村，白包村，符花村，番贡村，千敲村，那爹村，番奴村，番陈村，富孝村，牙南村，甫贪番闰村，那甫白村，麻江坏村，坟余村，小曹慢村，落乍村，那班村，番佀村，那班白村，从化村，磨思印村，贪具村，番蓉村，峨沙村，番文村，番论村，牙杀村，闰侬村，牙坊村，那随村，遐贪闭村，刚华村，千斩村，那甫村，富群村，小富群村，符番村，那喃村,卑孕村,平石村,穷头村,居引村,南头村,加小村,卑休村,郭村,陈婆家村,青塘村,居秋村,加村,桥头村,北大水村,菩提村,高石寨村,北岭脚村,番凤村,加扶村,南对村,排捕村,水尾村,西大水村,买猛村,大翁村,新村,石水村,西岭村,晋礼村。

陵水村峒凡三十处:多龙村,港薐村,多艾村,港莫村,罗渺村,滴侯村,艾村,多旺村,加钱村,多贤村,湳油村,正站村,多丽村,草宇村,低富村,多莫村,加除村,加皂村,多昧村,七带村,到奏村,五指村,保坎村,保白村,罗信村,钞锅村,典随村,北罗村,低岐村,湳鼎村。

崖州村峒凡九十二处:罗活村,龙湾村,鹧鸪啼村,大薐村,下薐村,长沙村,南丘村,黎看村,唐村,木棉被村,太平村,提底村,大虫村,罗村,胡南村,水表村,良姜村,盐服村,罗围村,加拜村,正站村,多累村,罗宇村,黑梅村,多梅村,加间村,加训村,提托村,婆信村,顶对村,抱班村,石松村,抱劝村,抱好村,多并村,金契村,多间村,湳淫村,抱井村,抱霸村,抱怀村,枕横村,抱毫村,盈邻村,抱也村,抱贫村,大拥糠村,黄侯村,节落刀村,抱耶村,小拥糠村,多爹村,抱祚村,佛栖村,侯到村,返歆村,抱到村,大抱侯村,小龙村,多杰村,多于村,多凿村,抱改村,抱继村,多港一村,迁家一村,湳略布打村,龙村,浮村,岭村,日村,透村,税村,躯村,砍村,讲绀村,翁棒村,布那上村,多头村,讲学村,而盈村,布那下村,瑟体村,罗缦村,薐祯村,猪母村,多近村,那打村,足亲村,多来村,岭头村,碍吾村。

感恩村峒凡四十一处:峨茶村,拂显村,峨显村,那边村,峨陆村,陀皓村,雅也村,陀宁村,抱道村,也皓村,皓白村,抱白村,大定村,抱透村,陀牙村,罗横村,峨诈村,峨动村,抱蔓村,陀横村,抱陀村,比鲜村,比言村,也逆村,陀累村,北道村,抱万村,抱匪村,大道解村,陀赖村,符若村,陀逵村,湳涨村,陀浅村,曹咬村,陀烈村,也道村,小抱解村,峨倾村,峨浅一村,抱道村。①

---

① 〔明〕戴璟修、张岳等纂:嘉靖《广东通志初稿》,海南出版社2006年版,第163—172页。

各类地方志都留下这一份材料，这是历史的记录，太重要了。在明代，海南岛上的黎峒有1200个，这仅仅是官书能够写上的，其他在深山老林里人迹难至的地方还有多少黎峒呢？就无法知道了。这些黎峒，处于高山大岭之中，山岭千层万叠，可耕之土少，正如顾岕所说的："黎人散则不多，聚则不少，且水土极恶，外人轻入，便染瘴疠，即其地险恶之势，以长黎人奔窜逃匿之习，兵吏乌能制之，此外华内夷之判隔，非人为之，地势使之然也。"①

黎族所处的自然生态，自汉至明，变化不大。其中，自宋朝开始，有生黎、熟黎之分，实际上，生黎是深居黎寨的世世代代的原住民，熟黎的成分就复杂了。《明史》载："琼州黎人，居五指山中者为生黎，不与州人交。其外为熟黎，杂耕州地。原姓黎，后多姓王及符。熟黎之产，半为湖广、福建奸民亡命，及南、恩、藤、梧、高、化之征夫，利其土，占居之，各称酋首。"②由此可知，在这1200个黎峒中，也有夹杂着"熟黎"的成分。

（二）明朝对黎峒所采取的安抚态度

明朝历代皇帝对黎峒的措施，多采取安抚政策，利用黎族峒首带头归化，使"黎人顺服"。《明史》载："永乐三年（1405年），广东都司言：'琼州所属七县八洞生黎八千五百人，崖州抱有等18村一千余户，俱已向化，惟罗活诸洞生黎尚未归附。'帝命遣通判刘铭赍敕抚谕之。御史汪俊民言：'琼州周围皆海，中有大、小五指、黎母等山，皆生熟黎人所居。比岁军民有逃入黎洞者，甚且引诱生黎，侵扰居民。朝廷屡使招谕，黎性顽狠，未见信从。又山水峻恶，风气亦异，罹其瘴毒，鲜能全活。近访宜伦县熟黎峒首王贤祐，尝奉命招谕黎民，归化者多。请仍诏贤祐，量授以官，俾招谕未服，戒约诸峒，无纳逋逃。其熟黎则令随产纳税，悉免差徭；其生黎归化者，免税三年；峒首则量所招民数多寡授以职。如此庶几黎人顺服。'"③汪俊民的奏议，永乐帝马上接受，并派遣知县潘隆本赍敕抚谕。

由于朝廷采取安抚政策，于是各个黎峒纷纷归顺，仅以永乐年间为例，

---

① 〔明〕顾岕：《海槎余录》，台湾学生书局，第398页。
② 〔清〕张廷玉等：《明史》卷三百十九《广西土司》，中华书局1974年版，第二十七册第8276—8277页。
③ 〔清〕张廷玉等：《明史》卷三百十九《广西土司三》，中华书局1974年版，第二十七册第8272页。

黎峒对明朝归顺者甚众。据《明史》所载，永乐四年（1406年），"琼州属县生黎峒首罗显、许志广、陈忠等三十三人来朝。初以生黎多未向化，遣铭招抚。至是向化者万余户，显等从铭来朝，且乞以铭抚其众。帝遂授铭琼州知府，专职抚黎，仍授显等知县、县丞、巡检等官，赐冠带钞币，遣还。自是诸黎感悦，相继来归。琼山、临高诸县生黎峒首王罚、钟异、王琳等来朝，命为主簿、巡检。六年（1408年），铭复率土黎峒首王贤祐、王惠、王存礼等来朝，贡马。命贤祐为儋州同知，惠、存礼为万宁主簿。八年（1410年），文昌县斩脚寨黎首周振生等来归，赐以钞币，俾仍往招诸峒。九年（1411年），临高县典史王寄扶奉命招至生黎二千余户，而以峒首王乃等来朝。命寄扶为县主簿，并赐王乃等钞。十一年（1413年），琼山县东洋都民周孔洙招谕包黎等村黎人王观巧等二百三十户，愿附籍为民。从之。临高民黄茂奉命招抚深峒、那呆等二十四峒生黎，率黎首王聚、符喜等来朝贡马，黎民来归者户四百有奇。通计前后所抚诸黎共千六百七十处，户三万有奇，盖皆本庙算云。"

永乐十四年（1416年），王贤祐率生黎峒首王撒、黎佛金等来朝贡，帝嘉纳之。命礼部曰："黎人远处海南，慕义来归，若朝贡频繁，非存抚意。自今生黎土官峒首俱三年一贡，著为令。"永乐十六年（1418年），感恩土知县楼吉禄率峒首贡马。永乐十九年（1421年），宁远土县丞邢京率峒首罗淋朝贡。时崖州民以私忿相战斗，卫将利渔所欲，发兵剿之。琼州知州王伯贞执不可，曰："彼自相仇杀耳，非有寇城邑杀良民之恶，不足烦官军。"卫将不从，伯贞乃遣宁远县丞黄童按视。果仇杀，逮治数人，黎人遂安。①

永乐年间黎峒归附朝贡的实例，比历届皇朝多，其原因在于永乐皇帝的安抚政策，与过去各朝比较，温和得多。永乐三年（1405年）敕谕：皇帝谕黎峒民人：朕奉天明命，嗣守太祖皇帝洪业，四夷万国悉来朝贡。尚念尔等以蕞尔之地，远处海南州郡之中，仰慕声教盖亦有年，第因有司不能招抚，无由自达。今特遣知县潘隆、土人邢万胜、陈胤、符添成、蒲干、符添庆、王歪头赍往谕。尔等体朕广爱之心，共相议让数人同使臣来朝，朕即颁给赏赐，俾回田里，以安尔众，使尔子子孙孙永享太平之福。故谕。

① 〔清〕张廷玉等撰：《明史》卷三百十九《广西土司三》，中华书局1974年版，第二十七册第8272—8273页。

永乐四年（1406年），南歧黎峒主陈忠等归顺的时候，永乐帝又谕曰："恁每都是好百姓，比先只为军卫有司官吏不才，苦害恁上头，恁每害怕了，不肯出来。如今听得朝廷差人来招谕，便都一心向化，出来朝见。都赏赐了回去！今后恁村峒人民都不要供应，差拨从便，安心乐业，享太平的福。但是军卫有司官吏军民人等非法生事，扰害恁的，便将着这敕谕直到京城来说，我将大法度治他。故谕。"①这种圣谕的口吻，是以前历代统治者所未曾见到的。对于归顺的黎峒，可以"不要供应，差拨从便"，让黎峒人民可以安心乐业，享太平的福。但是，现实并非如此，皇帝的圣谕，哪能达到远隔万水千山的海南岛，虽有贤吏，却杯水车薪。管理海南的官吏，多数苛暴因循，贪残私敛，大失黎心。官吏的苛捐杂税，汉族商人的欺诈，对黎族的欺骗掠夺，引起黎人的愤怒，他们处于深山箐谷之中，如何能到达京师上诉呢！因此，只能奋起抗争。

（三）建立黎族土官制度管理黎峒，以峒管黎

土官制度，至明朝最盛。但海南的土官称号与西南各少数民族又不相同，各地称为土司，而海南则称为土官。土司与土官，都是封建王朝对边疆民族地区所采取的统治措施，但是为何像云南、贵州、广西、湖北……各地的少数民族地区设土司，而海南则不设土司仅设土官呢？这是明朝统治者所采用的两面手法。

《明史》卷三百十《土司》传谓："西南诸蛮，有虞氏之苗，商之鬼方，西汉之夜郎、靡莫、邛、莋、僰、爨之属皆是也。自巴、夔以东及湖、湘、岭峤，盘踞数千里，种类殊别。历代以来，自相君长。原其为王朝役使，自周武王时孟津大会，而庸、蜀、羌、髳、微、卢、彭、濮诸蛮皆与焉。及楚庄蹻王滇，而秦开五尺道，置吏，沿及汉武，置都尉县属，仍令自保，此即土官、土吏之所始欤。"②这一段话，说明土官的历史渊源。到了明代，土官名称又称为土司者，《明史》中说："尝考洪武初，西南夷来

---

① 〔明〕戴熺、欧阳灿总裁，蔡光前等纂修：万历《琼州府志》卷八《海黎志》，海南出版社2003年版，第419页。又〔清〕明谊修、张岳崧纂：道光《琼州府志》卷二十二《海黎志》，海南出版社2006年版，第891页。
② 〔清〕张廷玉等撰：《明史》卷三百十《土司》，中华书局1974年版，第二十六册第7981页。

归者，即用原官授之。其土官衔号曰宣慰司，曰宣抚司，曰招讨司，曰安抚司，曰长官司。以劳绩之多寡，分尊卑之等差，而府州县之名亦往往有之。袭替必奉朝命，虽在万里外，皆赴阙受职。天顺末，许土官缴呈勘奏，则威柄渐弛。成化中，令纳粟备振，则规取日陋。孝宗虽发愤厘革，而因循未改。嘉靖九年始复旧制，以府州县等官隶验封，宣慰、招讨等官隶武选。隶验封者，布政司领之；隶武选者，都指挥领之。于是文武相维，比于中土矣。"①

这里所阐述的，有土司与土官的分别，因土司的职位权力与土官不一样，所谓宣慰司，据《元史·百官志》载："宣慰司，掌军民之务，分道以总郡县，行省有政令则布于下，郡县有请则为之达于省。有边陲军旅之事，则兼都元帅府，其次则止为元帅府。其在远服，又有招讨、安抚、宣慰等使，品秩员数，各有等差。"②说明宣慰司的职权，不限于少数民族族群之间，而是指介于行省郡县之间的政权机构，掌握地方军政大权。在明中叶之后，嘉靖年间，"以府、州、县等官隶验封（吏部验封司），宣慰、招讨等官隶武选（兵部武选司），文职属布政司，武职属都指挥管辖，这样一来，官职就'比于中土'，与全国的官职一致了。而土官则没有这般大的权限了。土官一般指设置于府、州、县的土职官员，如土知府、土知州、土知县、土县丞、土典吏等，这些人的职权，仅限于管理自己族群中的事务。正如《天下郡国利病书》中所指出的："土舍之先僭名土官，实与两广、云贵羁縻者事体不同。矧洪武旧制，革去元弊，土酋主郡如陈乾富犹降徙远郡通判，兵屯子孙尽复民役，或为峒首，仅授副巡检，州县得以制之。今之土舍峒首，岂敢复如昔日土官之僭，与有司分庭抗礼哉？"③这段话说得很明白，设土官而设土司，是为了限制土官的权力。

不过，"土司"与"土官"，经常在称呼及述说中混淆不清，如《辞源》在"土官"条释文中有一说："统称土官，也叫土司"，认为土官与土司都是一样的官位。于是，在土司与土官的称呼上，常让读者莫衷一是。

而实际上，明朝在海南岛上不能与云南、广西等省土司制度相比，而是

---

① 〔清〕张廷玉等：《明史》郑三百十《土司》，中华书局1974年版，第7982页。
② 〔明〕宋濂等：《元史》卷九十一，中华书局1976年版，第八册第2308页。
③ 〔清〕顾炎武、黄珅等校点：《天下郡国利病书》卷一百四广东备录下，上海古籍出版社2012年版，第六册第3418页。

设土官。嘉靖《广东通志》载："土舍之先僭名土官，实与西广云贵羁縻者事体不同。"①究其原因，在于较之云南、广西等地区，黎族首领力量薄弱，并未形成一股强大的政治力量。其次是海南的地理位置及社会环境所使然，海南岛孤悬海外，如设土司，就可能成为一个独立王国，这是统治者最避忌的，所以只能设土官。由中央政府直接统治。

明王朝不让黎族头人掌握更高的权力，仅设土官专门管辖黎民。吴玉章在《中南民族关系史》中分析道："抚黎土官，仅限于在海南岛黎族中设置，名称亦繁多，有抚黎土官、抚黎通判、土官、土舍、粮长、长帅、峒首、头目、总管、黎总、哨管、峒长等等。而抚黎土官，由来已久。元代有黎兵万户府，明裁而改设抚黎官，类如土舍，'上按知府，下受巡检，爵虽不同，其职专以抚黎为事，不得与民事焉'"。②其实际内容，是防止土司之职权力过于强大，而设土官制，把权力范围局限于黎人一族而已。

王佐在《珠崖得失论》中也论及此事，他说："元用土酋之策，分割兵民，建置黎兵十三翼，翼置官千、百户，而设兵屯万户府。统属皆土酋，而世其官，联合州县豪酋峒长通为一家，争立主势以相逞，而视州县为外客，威权既夺，政令难行，州县日轻，兵屯日重，于是大种主势复起如汉世焉。卒乘元之季世，挟贼以乱。呜呼，此势不可长也！国朝洪武扫除元弊，土酋主郡者仅以降免徙远郡佐贰兵屯子孙尽复民役，或为峒首，州县得以制之。三十年间，转乱为治。"③这里王佐所言及的，是把明朝的平黎策与元朝相比，因元朝的"土酋之策"给予黎峒主的权力太大，无法驾驭，所以明朝要"扫除元弊"，不设土司，限制黎峒首领的权力，仅设土官，让主黎酋自己管理自己，权力范围就缩小多了。克服了元朝存在的"彼主而我宾"④的状态。唐胄也指出历朝的经验教训，他说，由于海南岛的特殊环境，即"盖地颛岛无援，其势彼高而我下，彼内而我外，大海之险我与共之，桐乡所谓常与我为主宾是也。"也即是在"夷汉分治"的框架之下，朝廷所采取的二重管理体制的复合制政治结构，在统治海南岛的过程中，朝廷的力量与岛上黎峒的势力往往处于力量消长起伏的状况，他指出在元朝是"彼主而我宾，唐

---

① 〔明〕黄佐纂修：嘉靖《广东通志》卷六八《外志五》，海南出版社2006年版，第546页。
② 吴永章主编：《中南民族关系史》，民族出版社1992年版，第408页。
③ 〔明〕戴熺、欧阳灿总裁，蔡光前等纂修：万历《琼州府志》卷八《海黎志》，海南出版社2003年版，第433页。
④ 〔明〕唐胄：《平黎论》，出自万历《琼州府志》卷八《海黎志》，海南出版社2003年版，第434页。

宋则彼宾而我主，南朝主宾势敌，汉则彼全主而无宾矣"。这样历数上去，在汉代由于黎峒遍布全岛，王朝官吏的势力很难树立，再加上吏治贪污腐败无度，所以黎峒黎民群起而攻之，一年三叛，势在必然，而造成所谓"彼全主而无宾"的局面，汉王朝的政权无法在海南岛立足，而有贾捐之之议，政权退出海南岛达五百多年之久。所以从汉朝到明朝一千多年的岁月里，王朝的力量与黎峒的力量消长过程中，明朝吸取了历史的教训，统治者不会给予黎族过高的权力，采用与其他西南少数民族不同的政策，只在海南黎区设立土官而不设土司，目的在于削弱黎族土官管理的权力，力图通过土官的环节，让黎峒黎民俯首帖服。

由此看来，明朝在海南岛不设土司而仅设土官，与"土司制度根本不同，仅为协助地方之职"①，其意图就十分明显了。

明朝在黎区设立土官制度之后，利用土官为中介来控制或疏通黎峒。政府通过各处峒首，"凡遇公差役，征纳秋粮，有司俱凭峒首催办，官军征捕亦凭峒首指引。"②这是明朝对黎峒的定位，实际上，明朝也与历代皇朝一样，从来没有承认过黎族这一族群在功能上有何独立之处，更没有以特许证的形式来赐给黎族的独立地位。所以如果有人收藏永乐皇帝的敕谕来与长吏对抗或争分土地的话，这些地方官吏就加以镇压。万历《琼州府志》载："因土人建议，本土招黎授官，有司吏民之中，以复一辈桀黠者应例兴起。果有收藏敕谕窃柄之事，遂致不逞之徒借职名以与长吏抗，甚至争分土地人民，尤甚无弊。"③

（四）明朝的黎峒，被土官所管辖

土官向朝廷进贡，并得到朝廷的承认，土官因此而获得特殊待遇。以《明实录》中所载为例，永乐三年（1405年），巡按广东监察御史汪俊民说："峒首则量所招民数多寡授以职事"。④

---

① 吴永章主编：《中南民族关系史》，民族出版社1992年版，第408页。
② 〔清〕明谊修、张岳崧纂：道光《琼州府志》卷二十二《海黎志》，海南出版社2006年版，第二册第888—889页。
③ 〔明〕戴熺、欧阳灿总裁，蔡光前等纂修：万历《琼州府志》卷八《海黎志》，海南出版社2003年版，上册第433—434页。
④ 《明实录》卷44，第1146页，载《明清〈实录〉中的海南》，海南出版社2006年版，第14—15页。

永乐四年（1406年），"授黎峒首罗显等知县、县丞、巡检等官，赐冠带钞币遣还。"①

永乐六年（1408年），"命生黎峒首王贤祐为儋州同知，王惠、王存礼为万宁县主簿，赐冠带钞币，俾专抚黎民。"②第二年作为土官主簿的王惠等人，又招谕生黎四百二十四户，率其峒首王曹等来朝。赐之钞币。③

永乐八年（1410年），文昌县斩脚黎峒首周振生等来朝，赐以钞币，俾仍往招诸峒生黎。④

永乐九年（1411年），临高峒首王乃等来朝，赐王乃等钞有差。⑤

永乐十二年（1414年），澄迈峒首王观监等各遣子贡马，悉赐钞币。

永乐十三年（1415年），琼州府生黎峒首罗广寿等来朝，赐广寿等钞币有差。

永乐十四年（1416年），儋州土官同知王贤祐率生黎峒首王撒、黎佛金等来朝贡马，赐钞币遣还。上谓行在礼部臣曰："黎人远处海南，素不沾王化，今慕来归，而朝贡频繁，殆将困乏，非存恤抚之意。自今生黎土官、峒首俱三年一朝，著为令。"⑥

永乐十六年（1418年），感恩土官知县楼吉福等率生黎峒首来朝贡马及方物。赐之钞币。⑦

永乐十九年（1421年），宁远县土官县丞邢京率生黎峒首罗淋等来朝贡方物。赐钞及文绮有差。⑧

永乐二十年（1422年），琼州府土官县丞符添庆等率诸峒黎首来朝贡方物，赐钞币有差。⑨

永乐年间，是黎峒朝贡归顺最频繁的年代，一共有14次，以后洪熙年间有6次，宣德年间有16次，正统年间有9次，景泰年间有3次，天顺年间有2次。⑩弘治年间有2次。之后朝贡行为越来越少。

---

① 《明实录》卷52，第1167页，载《明清〈实录〉中的海南》，海南出版社2006年版，第15页。
② 《明实录》卷76，第1232页，载《明清〈实录〉中的海南》，海南出版社2006年版，第15页。
③ 《明实录》卷96，第1291页，载《明清〈实录〉中的海南》，海南出版社2006年版，第15页。
④ 《明实录》卷111，第1326页，载《明清〈实录〉中的海南》，海南出版社2006年版，第15—16页。
⑤ 《明实录》卷122，第1357页，载《明清〈实录〉中的海南》，海南出版社2006年版，第16页。
⑥ 《明实录》卷177，第1457页，载《明清〈实录〉中的海南》，海南出版社2006年版，第17页。
⑦ 《明实录》卷203，第1498页，载《明清〈实录〉中的海南》，海南出版社2006年版，第18页。
⑧ 《明实录》卷233，第1536页，载《明清〈实录〉中的海南》，海南出版社2006年版，第18—19页。
⑨ 《明实录》卷256，第1565页，载《明清〈实录〉中的海南》，海南出版社2006年版，第19页。
⑩ 以上朝贡次数，据《明实录》统计。

土官率众向朝廷朝贡，获得了赐品及官职，官府利用土官管辖黎峒。明朝实行土官、土舍制度，开始给这些峒首以较高的政治权力，"将各处峒首，选其素能抚服黎人者，授以巡检司职事，其弓兵就于黎人内签点应当，令其镇抚熟黎当差，招抚生黎向化。"①

（五）设土舍黎兵

海南岛上设土舍41所，辖黎兵多寡不等。一方面，遇有调发，随军征进，专为前锋，另一方面，无事则派守各营，听管营官调度。实际上，设立土舍的目的，是以土舍峒首以管辖黎民。明代土舍制度，是作为地方民族武装的组织，其军事职能，在于平时防黎，战时攻黎。由于土舍是黎族内部的成员，他们了解黎族的内部情况，可以利用他们招抚或分化黎峒的反抗活动。

茅一桂《黎兵议》曰："复黎兵而以峒口民熟习弓箭者充当，有五便焉。盖原额黎粮约募兵八十名，今革募兵，即以编充黎兵之饷，则募兵一名之工食，可养黎兵二名，是得兵一百六十名矣。更以思马、卑纽、卑凹、普礼四图乡勇，选取一百二十名为之翼助，并统于州调度。尽革哨官名色，永不得以他哨钻谋代管，则上无科索，而下乐为用。其便一。且募兵皆异棍惰民，挂名为守，本官之差役，本兵之闲游，不可稽查。若黎兵各有家室常业，无迁徙闲游之虑，而食官粮以自卫，身家乐守而守必固。其便二。又往年之土舍，即土官也，专督黎兵，彼得借兵威以弹压黎岐，故缓急可用。今不必别设官哨，选近黎民户有身家、识黎情、少有勇异者二人，立为正副土舍，稍假以冠带宠异之，总辖二峒，不必分任，以恣其推诿。仍于蒲苓南头咽喉处所各设一营，以扼其冲。其长沙等处，存为浮铺，以游兵往来巡逻哨探。且令切近居民联属守护，有事即兵，无事即农，此与募兵名存而实不足用者相去远矣，其便三。又黎兵苦于他哨之统辖，情不相安。兹以其所出之粮银，卫其所居之土地，以其素所信之人，推为土舍以统驭之，更稍免其排门之差以鼓舞之，则近黎兵之民乐为兵，无不朝令而夕赴者。其便四。自

---

① 〔清〕明谊修、张岳崧纂：道光《琼州府志》卷二十二《海黎志》，海南出版社2006年版，第二册第889页。

乡老黎兵之名革，而近黎诸村无所联属倚籍以自卫，是以居民逃亡，黎田荒芜，而粮多空赔。今复黎兵，则有可耕之地，无侵盗之扰，昔之逃散者，将渐复故土，而墟市可立，营堡益固，永无可黎患矣。其便五。此虽一得之见，实亦万全之策，主计详之。"①

明代设土舍41所，辖黎兵多寡不等。例如：

琼山土舍三。东黎土舍一，兵五十余名。西黎土舍二，黎兵共一百八十名。以粮编者率四石二斗出兵一名，募当者月钱七百五十，近日广、浙流徒多应募役。

澄迈土舍三。有西黎、南黎二都黎兵，派守定全、买玉二营。近亦募兵五十名，于西黎排门给食。

临高土舍四。黎兵把守屯建、独木等营。近亦以逃民假黎者三百名，编兵轮守。

定安土舍四。黎米每五丁石，敛兵一名，共募兵一百十名，与土舍兵协守大坡、五岭等营。

文昌土舍一。黎兵五十名，土舍林桂督守白峙港。

乐会土舍二。王天挺部下黎兵一百名。近调守万州，惟林朝阳黎兵与保甲兵防守猪母。

儋州土舍七。黎兵二百四十名，分守南巢八营。

昌化土舍二。

万州土舍三。黎兵二百八十名，防守南头营。嘉靖间黎乱，土舍多被杀死，乃调乐会土舍黎兵防守沙牛坝营。

附万州黎兵。自嘉靖丁亥，副使范嵩议免多辉等九图民壮，编为黎兵三百七十二名，复选骁勇乡兵三百六十一名，并统以小甲四十一名，乡总甲各九名，令州巡捕官督同旗军兼守贡田、张家市营，后率为常。隆庆壬申，比照民壮编兵一百三十一名半，裁扣五十名半解府充饷，余八十一名存州守营。

陵水土舍一。

崖州土舍九。知州郑瑞星招谕罗活、抱由等村黎人，出官输纳衣帽，本

---

① 〔清〕李琰纂修：康熙《万州志》卷四《条陈条议杂说附·兵农条议》，海南出版社2004年版，第205—206页。

州黎兵远不调发，惟征剿本处，乃征用之。万历四十四年，奉部复革去，易以粮长。

感恩土舍二。①

各州县的土舍，分布在黎区各地，朝廷自以为"设立土舍，调度防御，黎岐患息"。《天下郡国利病书》论及儋州黎时也说：儋州黎一分为三，"东黎属土舍峒首部领，南黎属州部属，其余自耕食，不属州"。土舍在各地以文、武两线互相配合，作为明朝政府在黎区的统治力量。土官上任之后，世代相传，世袭其职，而土官的子弟，也有机会进入学堂读书，甚而升入太学。儋州符添庆授为土官，其孙符节，应世其官，被选入昌化县学校读书，符节考试中举，例该升进太学，但他却辞去回乡继承土官一职，世世相引，丘濬曾写一篇《世引堂记》记述此事，现录于此，可见世袭土官是黎族上层人物引以为荣的事。

世引堂记　明大学士丘　濬琼山人

古儋大姓符氏，世居其乡之大里。里环其居，数十里间皆山菁溪洞，其中居民咸依焉以居。符氏之先系根紫贝，在胜国时，曾授符印为守土官。国朝永乐初，符添庆者，率其人朝阙庭。文皇帝嘉其功，授宜伦县令，以抚其人，世袭其职。及宗孙符节，应世其官，以俊选人昌化县庠为弟子员。今有司以充贡上春官，既引赴奉天门，试中，例该升进太学，循资出身。节叹曰："环我家村，总总之人，恃吾家以有生。吾一旦名系仕籍，游宦中州，吾之身荣矣，此数十百家，何以依乎？今幸朝廷有太学生不愿仕者赐冠带、授散官之比，盍归乎哉，以终我祖父之惠。"乃以其情言于天官。天官卿为请于朝，上曰"如比"。节将归，谒予而言曰："节自幼有志世用，潜心经史，而专门于《春秋》。初志固欲出一奋，以光大我宗祊也。但以祖父来官乡土，节忝为宗子，当继其职，而为一坊人所附。土俗，非其宗不属也。不得已，舍己之所业，以缔先世之所基。恒念先考无恙时，为屋数楹，中有黄堂，为祖宗栖托之地，傍有列馆，为会友读书之所。他日仕归，将为终老之计。今

---

① 〔明〕戴熺、欧阳灿总裁，蔡光前等纂修：万历《琼州府志》卷七《兵防志》，海南出版社2003年版，第332—333页。

幸蒙圣恩，未老而荣归故里，将终焉于其中。伏请大人先生赐以一名，上述祖宗，下示子孙，以为不朽之托。非但符氏一族为幸，凡吾一方之山林草木，亦与有光焉。"予于节之大父元春有一面之雅，知其家世为详，乃名其堂曰"世引"，盖有取尔也。既而节请所以名之义。予曰："父子相继为世。引之为言，延也，长也，世世而引之，由一世而至千万世。自义章祖引而上之往者，曰以过；自仁章亲引而下之来者，曰以续。往者如水之归海，愈积愈深；来者如泉之出山，愈出愈有。引之又引，曷即农者躬耕，稼穑以为养，仕者膺爵禄以为荣。稽乃祖乃父，世袭其官，不出其土，荣矣，养矣。汝今奉恩归旋，则所以荣而养者，不又引于无既耶？汝尚懋乃德，延师儒教汝之子弟，广圣化以率汝之氓庶，使汝子若孙，若曾、若玄、云、来，世世相引，敬承先志，丕振家声，善而继之，光而大之，引而申之，延而长之，永永勿替，以供汝祖宗之祀事，岂不伟欤？"节再拜，曰："敢不服膺至训，以诒厥孙谋？请持归刻之石，置之家祠，以垂示久远。"①

（六）土官、土舍的设立作为明代政权的两重管理体制

土官、土舍的设立，作为明代政权的两重管理体制，也很难收到实效。

设立土官、土舍，明王朝是作为其政治体制中二元管理体制的良策，希望以此管辖峒首，转乱为治。但是，当土官、土舍势力不断增强之后，"事久玩愒反以黎岐为利"。②顾炎武《天下郡国利病书》曰："初以熟黎为藩篱，有土舍峒首以管束之，事久玩愒，反以黎岐为利。"其中详细指出：其一，弘治年间符南蛇的反抗活动，损失官军，糜费钱粮巨万。其二，永乐四年（1406年），峒首赴京朝见，蒙赏，仍敕各黎首归峒，安生乐业。时招主见敕谕全不需己，乃谓生黎归取敕书，各家收畜以为己物，因而窃柄。其三，土舍利用管理黎人的权柄，扩张自己势力，仗货以利肥家，"黩货者反倚之以干囊箧"。有子孙如临高王绍祖因袭不得，乃假官坐县，立万人屯，截路禁行，欲谋不轨。自立土舍数十年来，贪横之心，非独革官子孙，聿起

---

① 彭元藻、曾友文修，王国宪总纂：民国《儋县志》卷九《金石志》，海南出版社2004年版，第522—524页。
② 此为《世引堂记》注，出自〔清〕龙朝翊主修、陈所能等纂修：光绪《澄迈县志》卷五《海黎志》，海南出版社2004年版，第273页。

奸刁，见土舍间有衰弱，窃据数黎，遂自立号角敌；有本峒首，今乘盛欺压而争雄长者，有本奴隶，今背主自立而称峒首者；或黎首附籍州县，而所主积恨异己者，以此互相侵夺，或引诱出没，使其罪坐所主；或左道仇杀，俾其利致旁收。这一切，皆因土舍之辈乘机嫁祸，侵渔黎利所致。① 土舍之弊丛生。而且，在官军镇压黎峒反抗的时候，有时土舍泄露给黎峒，而致大败而归。如《琼州府志》载："正德七年（1512年），万州鹧鸪、龙吟等峒黎郑那忠等复出。先于弘治甲子杀督备指挥谷泰，后愈构乐会纵横、陵水黎亭等黎会应，势日昌炽。督府因被害民王昕等奏闻，始委兵备副使詹玺统官军兵约五千征剿。三月癸未，遣指挥王琥等四路分进，期癸亥会哨于中地草唱。为土舍泄机，贼多屯匿纵横峒大连山麓。西哨指挥赵槃曳兵走出熟黎长沙村，逗留不进。东南二哨指挥高焕、周世英，千户王韶等，是日亦止远营于太平村。随征指挥陈振入觅空村，见数贼，先驰归，倩随旗军皆遇害。既夕，贼乘劫民兵等营，杀伤数多。焕等遂掣往南山路出，惟北哨指挥王琥抵会所，见贼空巢，焚之。时玺驻扎于张牙市，闻太平营为贼劫，遂散师而归。黔驴技露，猛虎愈肆，是役之谓矣。"② 因此，韩俊奏稿主张革去土舍峒首，他说："为今之计，莫若革去土舍峒首，立以州县屯所，量拨在外军民，杂处于中防引。开辟五指山十字道路，均通四处往来，遍立地方更甲，严为法制禁约。除军与余丁外，余人有持弓矢者，就更甲擒拿赴官，问边远充军。夫然，数年之后，老者弃弓不持，少者忘弓不习，武艺自废，礼乐方兴，虽有官吏生事克剥，亦得如州县小民隐忍甘受，谁敢倡为乱阶哉！今土舍峒首全仗货利肥家，逢迎府县，闻欲建立州县屯所，彼愀然不乐，或又妄生异议。然以事理观之，必如是而后可。"③ 韩俊这篇奏稿，可以了解到当时地方官吏对土舍的意见，主张革去土舍峒首，也即废除政治上的二重管理制度，把对黎族的统治纳入州、县、屯、所的政治结构之中，让山外军民与黎峒人杂处在一起，逐渐进行汉化工作。另一方面，严禁黎族拥有弓矢武器，违者问边远充军。这样一

---

① 〔清〕顾炎武撰、黄珅等校点：《天下郡国利病书》，广东备录下，上海古籍出版社2012年版，第六册，第3417—3418页。
② 《古今图书集成·广东黎人岐人部》，出自《地理志·海南》，海南出版社2006年版，第513—514页。
③ 〔明〕戴熺、欧阳灿总裁，蔡光前等纂修：万历《琼州府志》卷八《海黎志》，海南出版社2003年版，上册第436页。

来，黎族就无法反抗了，即使官吏对他们生事克剥，也无法作乱了。这是明朝汉族官吏力图改变二重管理制度的理念。他们主张以里、甲长的与汉族同样的制度来管理黎峒，如两广总督张鸣冈题"平黎善后事宜"中，也提出在黎区立里长的问题，他认为，"往时黎岐不见官，须土舍为通，土舍代收钱粮，侵而不纳，官黎两病。须令黎自立里长，轮流出见官府，不用土舍。"①而且在政府镇压黎族反抗的军事行动中，土舍起到通风报信的作用。杨理《上卢兵备书》中说：在武力镇压时，"盖彼乃逋逃土舍为之探听事情消息，有事，官司未举，黎峒先知，而土舍峒首探报尤切，更当严制"。②如此，土舍之设，更成为政府镇压黎族的障碍。

由此看来，明代土官、土舍制度的设立，也很难收到实效，原因在于土舍之设，往往是官府利用土舍去盘剥黎峒，而土舍又凭官府的势力货利肥家。他们"纠敛以肥身家，刻削以媚官府"。③这样一来，土官、土舍制度，成为政府与黎峒之间的又一层势力。王佐在《珠崖得失论》一文中说："国朝洪武扫除元弊，土酋主郡者仅以降免徙远郡，佐贰兵屯子孙尽复民役，或为峒首，州县得以制之。三十年间，转乱为治。④

在另一方面，这些土官、土舍有的又成为剥削黎民的首害人物，他们一方面倚赖皇帝的招安敕谕黎例旧章为避罪之地，一方面利用熟黎出没黎峒以图私利。再者黎民纳粮给土舍，土舍再输于官，土舍随便夺黎民的土地，明乡官王贞卿、韦贤卿在《评黎岐》一文中写道："用彼统领乎，遂使峒豪窃辔授柄，酿成巨孽，藉备御之职，自作小朝廷。每放衙出入，旗帜蔽天，鼓炮震动山谷。乘其权势，外交当路，内挟群黎，藏亡匿死而吏不敢问，劫掠分赃而人莫敢谁何。甚至用军与法，走十数健卒，越境组系良民，扼其吭以分其家，虎而翼矣。其次者，亦复爪牙犀利，顾盼自雄，邀一名色之赏，遂余偃然居管辖之上，负固作贼，征调不行，皆土舍失权之所致也。"因此，土官、土舍之害，往往也是黎族抗争的原因之一。明朝对于抗争的黎族队伍，屡讨屡叛。而对于废除土官、土舍制度，在整个明代的政治生活中，屡

---

① 《明实录·神宗实录》卷537，第12763页，载《明清〈实录〉中的海南》，海南出版社2006年版，第97页。
② 〔明〕戴熺、欧阳灿总裁，蔡光前等纂修：万历《琼州府志》卷八《海黎志》，海南出版社2003年版，上册第436—437页。
③ 〔清〕林子兰、程秉慥等纂修：康熙《乐会县志》卷四《评黎岐》，海南出版社2006年版，第221页。
④ 〔明〕戴熺、欧阳灿总裁，蔡光前等纂修：万历《琼州府志》卷八《海黎志》，海南出版社2003年版，上册第433页。

革屡复,无法彻底革除。

(七)明朝"平黎策"与"统黎策"

"平黎策"与"统黎策",虽有一字之差,实质上是同一回事,目的在以不同的手段使黎峒驯服,便于统治。先说"平黎策"。明代弘治年间,儋州七坊峒符南蛇的反抗活动,震动了全岛,且以儋州为例,据万历《儋州志》载:

> 洪武元年朱亮祖南征,遣使开谕南宁军土酋陈荐观等,望风降附。惟乐会酋长王观泰屯兵不散,亮祖统军抵其地,始败走。
>
> 洪武二年官附籍,认供租税。惟深峒生黎尚恃险阻未归,继而各州县熟黎复反。广东都司及海南官旗节次领军收捕。
>
> 洪武六年本州黎乱,州亦随陷。指挥张信收捕黎酋符那钦,削平大村、七坊、峨底、落梅、新洋等峒。
>
> 洪武二十七年新洋等峒复乱。指挥牛铭、曹源等讨平之。
>
> 洪武间黎贼仇杀,卫以反闻。王伯贞保其无他,果捕仇杀者数人,遂定。
>
> 成化五年七坊黎符那南与土舍王赋构乱,指挥王琏讨平。初,赋欲逐出弟弼居,诸黎蓄恨,乘赋往临高,截杀。赋败走。十一月,琏统军征剿,屡败。相持月余,后乘雨夜夹击,平之。
>
> 成化十一年落窑峒黎符那推乱,兵备副使涂棐统汉达官军及黎兵机快进讨。十一月壬戌,攻破巢穴。明年二月,平之。时涂架军法严整,土舍赵泷领兵来迟,斩之。王道乾漏机,绑出将斩,赖州所卫力辨释。先是,涂使熟地林克让、王观苟等暗相势机为图画,熟度犁庭之功,此其试剑。惜乎文浧之运未终,而营中之星遽殒,可慨也夫。
>
> 弘治十四年辛酉七月,七坊峒符南蛇、落窑峒符那揽反,三州十县生熟黎应之。闰七月丙申,拥众万余围儋。指挥周远撄城固守;本府同知邓概寓临高,发船数百,多设疑兵,大振军威,络绎登岸,夺贼险要,覆其巢穴。三日,贼围自解。八月丙辰,围昌化。千户王韶开门

受敌，贼不敢入。九月丙戌，那揽等分兵万余攻临高。指挥张诩、知县林彦修孤守危甚。丁亥，指挥湛钺以兵二千，由间道兼程先捣贼营，绕回奋击邀杀而出其半。贼大败，诸党丧气。未几，卒复肆出。十一月庚子，兵备胡富，参议刘信，海南道方良永统军兵至。都指挥何清主扎于州之保吉孤营，无备。甲辰，为贼所劫，未成列而败，刘信死之。自是贼威益炽。撼动海外三千里。十二月壬戌，伏羌伯毛锐以两广总兵统汉达官军狼士兵十万至。甲子，严令誓师，参将马澄等用命，分军进击，破其中坚。丙寅，南蛇独拥精锐出敌。指挥周远奋战，斩贼将先锋二人，气夺小却。南蛇中箭赴水死，余党以次削平。先，成化初，土舍王赋欲并七坊，致符那南之乱。官军平后，其侄符那月率南蛇父族定钦等诸黎皆告出州供徭役。吞并者裔恶其异己，且惧所部效之，十四年七月，以官役繁，唆南蛇等仇杀那月，占其地方不获，因劫杀致乱。

嘉靖二年符南蛇从子崇仁、文龙、卓立仇杀，诸黎阴助。副使胡训命州同顾玠抚之。

嘉靖九年招服修途、打松、番洋、下台、那伟、大落、影打、爽水头八处。

嘉靖十一年知州萧弘鲁招高眼等千六百家，立黎附、顺化都。

嘉靖二十一年增立来格、来王二都。

万历四年黎首王忠作乱。知州王克家起本州黎兵收捕之。

万历十六年临高黎人符黑三作乱，害及儋民。知县林立等统兵削平。

万历二十五年定安黎贼黎马屎反，本州黎人乘机聚众，指称马屎余党，劫村。

万历三十年可森、可誓生黎捉人入峒，匿取财畜。督备百户林栋奉州牌开匿，被黎杀死，及军兵数十人。副总兵邓钟同抚黎通判吴倎督汉兵、黎兵剿平。

万历四十一年崖州抱由、罗活作乱。儋州土舍符起凤以调征，死之。①

---

① 〔明〕曾邦泰等纂修：万历《儋州志·地集》，海南出版社2004年版，第187—189页。

这里《儋州志》所记载的比较简略，其他如万历《琼州府志》、道光《琼州府志》等志书，记录黎峒的反抗活动更多。明朝廷面对黎族在地方官府盘剥下奋起反抗的局面，以及力图设立土舍后出现的各种弊端，也从多方面提出平黎的策略。如陈策的《平黎策》中，分析历年镇压黎族反抗活动的过程，指出：洪武初年，未设土官，熟黎已先附籍，生黎毫不宾服。永乐三年，统设土官，专招生黎向化，不能。设法奏借熟黎作眼，专一招引生黎下山向化，服籍粮差。四十余年，绝无成效。正统年间，七方粮黎符那南苦于科害，构众谋反，流劫乡村。符那南被生擒，符那英枭首。成化十三年，符南蛇递箭生熟黎峒，生死不渝进行反抗，大村一峒，王道乾、周昌等有精兵七八百，打康抢驿、海边等村，各有精兵三五百，大约千有余兵。在落窑峒符那揽，并各峒黎，皆因土舍恃其世袭，根深蒂固，肆意科害。如甲之黎，被科已甚，转投于乙，乙则受之。他们伪为抚恤之道，殆过一二年来，科害渐加，则又转于甲。

黎峒的反抗此起彼伏，不乱儋则乱崖，不乱崖则乱万，更迭出没。明朝出兵镇压，先七方八峒，次英豪峒、打爽峒、次洛窑峒、保吉峒等，东南各峒，都以武力平定。陈策认为，洛窑峒，古为洛阳县地，七坊又是累代反峒，因此建议将镇南巡检司迁立于洛窑峒，安海巡检司迁立于七坊峒，又于黎村人烟凑集去处，立堡二所，将本州千户所每年分守崖州、感恩官军以守之。同时开辟官道，把黎峒编作里甲，公选一人充里长，由此，一则豪强不得以欺官，二则里书不得以妄扰。如此，里甲即异姓父子，岂肯相残？如先七坊村符那日，不服符那月，而服里长吴环乌；洛窑符侬蛮不服王世伟而服里长李续坚。因为里长粮差有限，土豪科害无穷之故。同时，琼对崖，儋对万，可开十字路，以通往来，琼崖就可平安无事了。①

至于"统黎"，是王朝以招抚的办法，派官吏招黎入贡授以官职为诱饵，以黎管黎，使各黎峒不起来反抗。还是以永乐年间为例：永乐二年（1404年），崖州监生潘隆建议招黎，授以知县职名，赍檄来谕。永乐三年（1405年），差梧州府起复通判刘铭，遥授县丞欧可诚，继以儋州黎首王贤佑为同知，持敕亲临招抚，并陆续派遣各黎首宜伦符添庆等招到桃花等生黎村峒，相率入朝。各验其招抚多寡受赏，给予官职。专一抚黎，不管其他事

---

① 陈策《平黎策》见于万历《儋州志·地集》，海南出版社2004年版，第190—194页。

务。本州土人除王贤佑外,仅永乐四年(1406年)有黄侬狗招主授土官知县,符添庆招主授土官主簿,刘衍福,招主授土官县丞,赵源先招主授土官主簿,符贤外,招主授土官巡检,符承佐招主授土官巡检等。

抚黎官权力大了,就以权谋私,危害更大,如刘铭欲谋分府权,私计奏讨近黎都分,作眼招抚生黎,扩大自己管辖范围。他以不当差役,多增所属部伍,与邻近州县匹敌为诱饵,让黎人离开本府去投抚黎知府下躲差。永乐十年造册,他又将熟黎各户未报丁口报作新招归附黎户。并在籍册内暗分去本府州县人民,立作二万余户,四万九千余口。更名唤作"梗化黎人",不伏差使,邀恩惠奸,希望列土,永远抚黎。后刘铭卒于官。永乐十年,仍以刑部郎中黄重继为知府,不久奸弊显露,累经奏闻。宣德年间,革去抚黎流官。正统五年(1440年),革去抚黎土官。经六十年,有革官子孙仍比广西、云南,有土儿男称为土舍,谋管土地人民。上司急于安静地方,失于详审,称洪武旧制,熟黎土官所管,将前项百姓拨与革官子孙。嗣后,革官子孙威权愈重,名曰土舍,实则土官。这些人物抢占乡村,莫敢与抗。又有一种豪强,计服二三黎村,辄称"报效土舍",官司误给印帖,遂执为据,因而抢占民黎。万历四十四年(1616年),知州曾邦泰奉旨革除土舍,令黎峒自立里长,着乡民陈应雷等往黎招抚,分派黎粮。革去土舍应龙等,不许仍充土舍。①

明朝参将俞大猷,认为用武力剿黎之后,费用之多,杀戮之惨,元气之伤,是势所必然。因此他提出统治黎峒的措施,"如罗活峒,宜立参将府,迁崖州千户所于其内;抱显村宜增设一县;古镇州宜立屯所。又各不经剿黎峒,合先区处,以杜后日之患。于儋州之摧抱村,宜迁镇南巡检司,又拨儋州千户所官一员,军一百名;陵水之岭脚峒宜迁藤桥之巡检司,又拨南山千户所官一员,军一百名;琼山之沙湾宜新设一巡检司,及拨海南官一员,军一百名,各协镇之,以弭其将来之变。仍各筑城穿池,以为他日立州县之甚。"并提出"渐次掣其土舍,行令更为里长,该管黎人就编属之,以为甲首,纳粮之外不得再加差役"。②这样一来,熟黎既不得倚生黎以为祸,土舍亦不得假熟黎以生奸。则黎区可以平定。

---

① 〔明〕曾邦泰等纂修:万历《儋州志·地集·统黎》,海南出版社2004年版,第197—199页。
② 〔明〕曾邦泰等纂修:万历《儋州志·地集·统黎》,海南出版社2004年版,第199—200页。

万历海南道林如楚岛图说中，分析海南各黎峒的分布概况：

琼岛东西广六百余里，南北几九百里。由琼城五百里而南，崖三百里而北，有五指山焉。从孤岛自作昆仑，大川五指，山亦五山。东出风门岭，为万州；东南出小五指，为陵水；西南出小七指，为崖州，为感恩；西出峨显、沙锅诸岭，为昌化，为儋州；迤逶而北，为临高，为澄迈，为琼城；北出铁砧、黎婺诸岭，支分为乐会、会同，为文昌，为定安。环回加仓水蕉，为水会城，即万历二十七年所平居碌、居林、沙湾黎之三峒也。黎峒之疆围一千二百余里，绝长补短，径可四百有盈。山势盘旋若螺，外环十三州邑，稍内属土舍纳粮者为熟黎；不属土舍纳粮者为生黎。最深为岐。巢木山巅，刀耕火种，为乾脚岐。由各州邑距黎境，远二百里，近百余里，亦有二三十里者。出入不必皆越山巅，自有平坡大路可行。十数里，二三十里，即有一峒。每峒皆有十数村；村有大小，而家之多寡因之。沃土稠烟，与在外民村无异。……若逾五指而抵崖一路，中草聘、阳春、磨菜、草提、合唠诸黎，虽新招纳粮向化，而喃恺、喃唠、磨菜、磨赞、番统、降文、磨啖与崖之凡阳诸岐峒，络绎二百余里，皆人力之所不至之地。

因此，他提出"招村辟村，招峒辟峒"的策略，使山泽气通，全岛舆图统一十三州邑。①

明朝的"平黎""统黎"之策，是以文武两手对待黎峒的策略，黎峒如归顺则招抚之，如迫于盘剥不堪起而反抗则用武力镇压之，这是历代王朝对付黎峒的惯用手法。抚黎设黎官土舍，利用土舍势力促使黎峒归附，但实行之后以由弊端百出，从而废除土官、土舍，代之以里甲管辖，也于事无补。里甲制度不可能纳入明朝的政治制度的系统之中，也仅仅是强化管理黎峒的一种特殊的过渡形式而已。

---

① 〔明〕曾邦泰等纂修：万历《儋州志》《海南道林如楚岛图说》，海南出版社2004年版，第201—202页。

六、清代黎峒的布局及"治黎"策

清代仍袭明朝土官制,不过因各地村峒自然环境及生活状况不同,所设官制的名目也稍有差异。大体上各地黎族土官的名目有峒长、黎总(总管)、哨管、黎甲、黎长、黎首等。峒和村(又称弓)是黎族社会的基层组织。在黎族土官的演变过程中,不断走向衰落乃至被革除。

据吴永章统计:"在抚黎土官中,峒首、黎总之类的设置极为普遍,为基层统治者,以光绪补刊道光本《琼州府志》所载,定安、澄迈、琼山、崖州、陵水、万州、昌化、乐会、儋州、临高、感恩等地,在在有之。定安'向设黎总七人,哨三十二人'。澄迈'黎图仍归土舍,止令防黎'。琼山'向设峒长一名,统辖五峒,黎总一名,哨管七名'。崖州东路'总管六人,哨管十三人';崖州西路'向设峒长六人,总管三人',后均裁革。陵水'熟黎'以弓(略同于村)为计,'五弓设总管一名,约束一弓之众','生黎'则'向无峒长约束'。万州'每峒设立峒长一名,每村设有黎首一名'。昌化'每峒向设总管一名,哨管一名'。乐会'上峒设黎长一名','中峒设黎甲一名','下峒设峒长一名'。儋州'向设黎总四人,哨管八人'。临高县'番溪峒向设峒长一名','阜青峒设峒长一名'。感恩'每峒各有峒长,每村各有黎总'。"①

这里必须说明的是关于"村"和"弓",清张庆长《黎岐纪闻》中解释:"黎地多峒名,峒内散处各村,并附于一峒,明所属也,惟崖州曰村,陵水曰弓,其散处各村并附于一村一弓,亦如峒制"。不同地方的黎峒,所设官职的人数也各不等,因地而异。如万州黎每峒设立峒长1名,每村立黎首1名,各辖本村峒黎众。定安五指山黎界,向设峒长1名,统辖五峒;黎总1名,哨管7名,其辖生熟黎村218村。定安向设黎总7人,哨管32人,管辖生黎村共142人等。②《黎岐纪闻》云:"黎头辖一峒者为总管,辖一村或数村者为哨官,大抵父死子代,世世相传,或间有无子而妻代之及弟代之者,为众心所归而公立之也。凡小事听哨官处断,大事则投诸总管,总管不能处,

---

① 吴永章主编:《中南民族关系史》,民族出版社1992年版,第408—409页。
② 〔清〕明谊修、张岳崧:道光《琼州府志》卷二十《海黎志六·村峒》,海南出版社2006年版,第二册第847—857页。

始出而控告州县。近日多不听处断而出告者，缘外奸教唆其中，渐生机智，亦风会然也。"①

（一）清代黎族村峒的发展及其变化

清代黎峒的名称，与明代对照，有相同的也有不同的，而且峒数比明代少。因为黎峒经常迁徙，有的合并，有的消失，有的新集合为一峒等。在道光《琼州府志》中，详细列下各地黎峒名称及所设土官情况，为历史留下有清一代黎峒布局的状况。

> 琼山县诸黎村峒凡一百二十有六。居碌、居林、居碌南廪村、牛皮三家、家品、新寮、加卯、新寨、加两抵灰下、死蛇、南吉平兆、南蛇、篱竹、南记、黄绿、林雷、绕鹿周敦、湾头、三家、苍寮、水尾、加地、加莫典、平丢、岭倍、上下沿岗、南细、加林、黄昏、三家、孙喝、始社大社、番陀、包没、低灰、长秀、多雷、黎东、勘寨、黑湾、鹿壮、南盈、南犀、南岐、盘答、南墟、居敦居丁、下水坡、大岭、南般、卢迪田头、黎琼、藤寨、南坤峒、南蛇、白头迎绕、塘心、居完、头平峒、岭平峒、荔枝、陶良、黄坭、莫村、茅坡、白岭、木棉根、番错、寻村、大塘、木械根、埇岭、罗村、山田、猫舌、北岸、苦藤、沙件、涩铁、荔枝、柳扶南、顿塘、笃牛、瓦屋、石井、藤村、沙坡、槛埇、龙教、独田、曹村、东衡、坡藤、塘田、迈葛、南柳、尖岭、张村、龙天、石化、鸭塘、岭上、水泡白石、山口、张村、大木根、加凯、宋寨、胡换、黑寮、江笾加般、深梵、番欠、居癸、田边新、山口、山深、坡尾、黄竹、岑村、六窝、冯家丁寨、周村、多剿、李瓜、南敲多加、黄家大峒。《通志》

县城南245里至水尾汛，稍西40里入熟黎境，50里入生黎境。查县属现有生黎峒四，熟黎峒二，广袤共百余里。自汛西160里与临高南丰市黎地通，西南170里与儋州志侵黎村通，正南270里与崖州乐安司城通，中惟鸟道

---

① 〔清〕张庆长撰、王甫校注：《黎岐纪闻》，广东高等教育出版社1992年版，第117页。

一线,最险要。

40里接定安五指山黎界,向设峒长1名,统辖五峒;黎总1名,哨管7名,共辖生熟黎村218村。

军屯外峒峒长一名,哨管一名,管熟黎村七十有八。南狗、老村、石栏、新舆、番总、水尾、乾冲、飞岭、坡西、南结上、南结。以上老村。大塘、坡寮水铺上、坡寮水铺下、红乐坡、包密头、下溪、加来、坡角、门铺、添新、白湾、官湾、新村溪铺、牛栏园、屋代、厚皮田、槟榔根、岭平上、岭平下、料寮、哨官、湾头、麻鱼罗、南里、南理铺、芽坡、芽桥、空罗园、水上、大塘外、松岭外、松岭内、来道、田排、加旨上、加旨下、兵谟、合口、加林外、加林内、番审上、番审下、合究上、合究下、上墩、下墩、罗买、从分、大水、大中、显、加啼、缺炉、门头样、高田、大坡、长安坡、大蛇、大边、安平、大边下、加敬住、针岭(苗人住)上、针岭(苗人住)下、番否(苗人住)、水上上(苗人住)、水上下(苗人住)、黄疆郎住。以上新村。

大水上峒,黎总一人,管辖生黎凡四十有二村。孔牌、福道、福门、元满上、元满下、元满外、元满内、下龙、上龙、加挖、红茂上、红茂下。以上老村。山琦沟、加走铺、福海、呀铺、番烟、对我、狗革、海梦、芳平、那旺、呀英、空弄、高滩内、高滩外、高滩上、官案上、官案下、官家内、呀来、坡黎、打同、荔枝岭、呀?、呀恺、海打、雍新、红仓、下民、福千、红茂。

大水下峒,黎总一人,管辖生黎凡三十六村。番仓、番打上、番打下、番献、那甘、打羊、大寒、打凯、番否以上老村。番仓新村、黎插上、黎插下、青湾、南管、前呀上、前呀下、呀芒、番呀、呀康、南乃、喃吵、那九、打空、弓排、呀类、福开、坡喇、那芳、至道、喃现、山村、况龙、打青香、芬香、旷马至浸。以上新村。

小水上峒,黎总一人,管辖生黎凡三十有五村。番好、呀讲、那任上、那任下、那辨、呀车、坡好。以上老村。罗帅上、罗帅下、志斩、方亮、打坡阶、喃晚、喃晚上、喃晚下、加榄、贪贝、至阁、喃成、师打、南奈、加东、坡港、坡乾、黎班上、黎班下、坡生、三脚、番香、呀讲、呀和、蒟辉上、蒟辉下、竭徐上、蒟徐下。以上新村。

小水下峒，黎总一人，管辖生黎凡二十有七村。黎婆上、黎婆下、黎婆内、黎婆外、志考、蔡打、番呀、吴棒。以上老村。喃万、喃茂、红排、喃仓、坡春上、坡春下、呀无内、呀无外、那查、鹿母湾、坡道、至稿、芬甚、番呀、至猿上、至猿下、吴捧上、吴捧下、番叩。以上新村。

澄迈黎，南曰南黎，今为一都、二都；西曰西黎，今为正、中都。

澄迈县诸黎村峒，凡一百三十有七。探部、喃吕、新村、陶弄、大小白石、居透、琼锁、上田、居出、居坎、田尾、田坡、求地里、黑脸、相思根、白水母、东清岭、甘谄、加忽、毡村、旧村、喃冻、大岭、落峒、穷诣、石榴、居白、落咀、泰鲁石岭、大田、檀木、喃蹲、居润、求执、泉眼、居眼、下水、坡养、牛窝、内绞、茅坡、岸村、落血、潘径、居凤、居鹤、求他、观远、八温、南绞、大塘、脚猫、十五寨一、喃初、毛巴、透龙、喃沉、宋玩、宋玩新、大江、竹根里、北乖、居岸、穷兰、北绞中廪、大小居垒、黎献、下水、居洪、南堀、南茂、浅石、岭下、大小岭、判瓮、大小居蔽、荔枝根、庄军、山吕、山尾、花峒岸、琵琶、石岭上、喃滥上水、细岭、耀迈、黎村、道眼、上贾、南艺、加俸、岭边、南突、溪口、擎洒小、太鹄坡、及崖、和句、提喃、充遥、番缦、从初、重薄、杰和、麻恋其、妻存、那郎、冲潮、枕罚、番大、催村、番乍、番服、番奴、雅崖、番多罗、雅包、雅叉、谭汉、雅近、谭喃上下、叉丝旧、屯后、反阵、波路、黎祭、番寨、番缦乍田、番佛、从记、番定、大那永、绩缦江、居喃、甘痛、高领、居润祚。

县城西南120里旧系黎峒，明永乐间，抚黎知府刘铭奏以抚黎官王朝冠等招抚生黎，概免徭差。正统间，革归有司。弘治十七年，副使王檗复援前例，以黎图仍归土舍，止令防黎，纳粮免差。其后黎地渐归豪民。黎人归化既久，与齐民等。现查其地为西黎中、正二都，南黎正一、二等都，每都编为十图，虽有黎都之名，实无黎人之实。唯南黎都之南，相距十里即连接琼山、定安两县黎峒，西黎都之西60里连接临高县黎峒，地势犬牙交错，山峒毗连，两邑黎人多来县境耕山伐木，居止无常，迁徙不定。《旧志》《通志》所载村名，皆仍录存。今村俱改，亦无黎峒可记，无峒长、哨管等名。

定安黎，南曰南闾峒，地平衍，民乐居之，现充里甲。惟光螺、思河，原系黎峒出没之冲，常出为民患。

定安县诸黎村峒凡一百一十有一。胡换、茅夹、山村、沙湾、山廖、麻根、南墩、大木、南峰、新扫、对岸、居匪、穷栏、金救、居伦、新廖、下圮、惊界、外匪、沙田、高台、沙坡、坡村、岭掘、个奏、石岭、间浪、榕木、下水、下榕木、万廷、那奏、坎村、婆村、奴计、坡村、苏量、李寨、居谷、竹根、居启、居烈、李鸡、客木、居蓼、离竹、长塘、居揩、山林、林编、居堕、麻根、岭村、列口、石麻、纷云、王奴、蛇寨、金抱、郎戌村、黄茅、黄口、蓼头、墨揆、水表、罗旦、南号、山村、岭脚、居章、丹腊、大火、透冷、南迤、居邓、樵木斩彩、高岭、潘透、山心、上塘、郎戌、长湾、黄绿、黄妮、岭背、大、北藤、叫降、敛万、黑石、中心、南吞、坤骨、黎秋、曹掘、梦细、保加、崖蛇、南汶、南川、长安、居座、马透、大坡、大付、大水、黎计、平山、山村、水平、居马。

按：《县志》载黎村数目与《通志》同，唯村名稍异。盖黎无文字，语音传讹，鲁鱼沿谬，故不能详考，止将现存村峒名确勘，另列于后。

县城西南210里至太平汛，又西南90里入黎地。查县属现在生黎峒五，熟黎峒三，广袤约五六百里。东与会同石壁、嘉积市接界，南与陵水、宝停汛黎接界，西与崖州乐安汛黎接界，北与儋州、琼山黎接界。向设有黎总7人，哨管32人，管辖共142生黎村。

加钗峒，黎总一人，哨管四人，管辖本峒熟黎二十五村。加钗、隔岭圯、荔枝头、毛浩、槟榔园、加钗仔，以上老村。仙母、打神德、美多、毛汉、善养、大罗、大罗下、陵巴、克陆、远欧、石托、加罗肚、南汉、石蒙、毛克、毛英、高坎、加罗仔、北居善。以上新村。

南蛇峒，黎总一人，管辖熟黎一十九村。南蛇上、南蛇下、李龙、南哭、打旧州。以上老村。白滩上、白滩下、山屯、毛草、毛盖、掷石、毛摇、分界、分界新村、毛进、毛白、石滩、岭下、坎巴。以上新村。

十万峒，黎总一人，哨管二人，管辖生黎二十一村。十万、南咄苞、毛顶、上毫、毛动、波加、黎坟。以上老村。打相利、苦累坡、福德、观朝、官婢新、黎福新、朝村、官隆、高雅、淫荡、打架开、打谷、南温、万扬。以上新村。

喃唠洞，黎总一人，管辖生黎一十七村。喃唠、树阶、呀汉、番谩、鹿打、呀下。以上老村。番亦、凤门上新、凤门下新、官新、单洋、喃兴、呀角、番贤、草呀、可德、喃丁。以上新村。

红毛上峒，黎总一人，哨管三人，管辖生黎一十五村。合辣、崖咄、草壁、呀寨、红吉、毛堆、化岾蒙　以上老村。卜吉、新扬、毛匮、毛金、黑夜、咆容、岭尾、草壁。以上新村。

红毛中峒，黎总一人，哨管十一人，管辖生黎二十三村。红毛中村、草蟹、万从、毛振、番饷、那宝、藤南、喃训、柴锁湾。以上老村。抄菜、打寒、卜白、南劳、分犒、致外、草无南、番阳、万送、草采、白壁、毛鬼、毛赞、茂芮。以上新村。

水满峒，黎总一人，哨管十一人，管辖生黎二十二村。水满、番择、番来、铜甲、毛祥、牙落、牙毒、班通。以上老村。毛细、罗眉、福建、卜通、卜啮、毛盖、毛孔、铜甲新、番来新、强打、罗眉新、水映、卜点、番藩。以上新村。

文昌黎曰斩脚峒，治平已久，田地丈入版图，故有"文昌无黎"之说。

文昌县诸黎村峒凡三十有五。坡底、雷珠、白坛、荔枝、黄草　除玖、麻陂、爽寨、斩脚、拐根夹、山鸟、斩脚尾、沙甬曹家夹、多习、多容岸、多余、杨村、郭村、苦竹、白沙、大踊、涩陂长田、买车、水西大陂、杵村、何严、黄家埔、榆狗、唐来、大寨、李村、荔枝莫寨、马岭寨脚、坟梓、买陂、下寨苦藤。《通志》

按：以上《旧志》《通志》各村峒名，俱仍旧录。现查文昌熟黎久经编入图甲，无内地民人，亦无峒长、哨管等名目，与澄迈黎都相同，故有"义昌无黎"之说。

会同无黎人，因分县时黎隶乐会。

乐会黎曰纵横峒，北接思河、光螺，南接万州青山，声势相倚。

乐会县诸黎村峒凡五十有五。纵横上、罗云前、罗云后、葵根上、葵根下、石桥、上坡、下坡、加略上、加略下、三令、贸赖南、贺赖北、小郎、坡尾、坡头、黎新、石盘东、石盘南、秤溪、油海、新寨东、新寨西、露怀、南杯、官梅、竹根小、大郎、纵横大。黑石、竹根大、皮沙、清安、皮英、罗环、岭抵、罗梅、上摇、下摇、新寨大、新寨小、炉云、上石朴、下石朴、南茅、大水、小水、加历、苍呆、斩对东、斩对西、加石上、加石下、黎唐水口。《通志》

乐会县南北二峒皆系熟黎。自县城西一百余里至北峒，所辖六村，加六、中平、河滥、南昌、加福、三更。每村设黎甲一名。三更村与定安县黎峒接界，黎人贸易皆在定安南闾市、岭门墟诸处。县城西南二百余里至南峒，距北峒四十余里。南峒之中又分上、中、下三峒。上峒设黎长一名，管七村，黄村、竹根、罗菜、番亲、打老驿、边返、招比，与定安、万州黎峒相通，水土恶劣，外人罕至。其贸易往来，皆在万州之中迈市。中峒设黎甲一名，管三村。豚村、山桂头、淋田下峒设峒长一名，管五村。坡村、坡头、仙豸、斩对、儒淮。中上二峒皆与万州黎境相通。以上南、北二峒境，东西四十余里，南距二百余里，熟黎共四峒二十一村。

临高黎峒坟营、坡头、那律、番吉、略绕、番溪、松柏、重绕八峒，皆倚番豹山为险，只容一人出入。过此十里则西至重绕、坡头等村，南至番洒等峒，常出为患。

临高县村峒凡二百三十有九。南逢大、南逢小、姑提、南逢、坟败大、婆贝、坟败小、石若、谭章、罗便江头、提把、南顺、提南、番任、番奠、从绕、捕役、重加、杰和、番缦、麻恋其、番奴、慢提、罗随、番凯、牙眼、牙眼上、牙眼下、牙眼小、罗轩骞、仆盛、居缔、叫梗、多坦、顿也、长随、居软、谭榄、罗杰上、罗杰下、瓦闻、略高、武黄、公姑、武顺、罗轩、喃庄村、带马、买凑、讨怜、武喃、武宠、头全、罗轩下、东田、甘黎、居樽、郎敛、武龙、林蛇、喃浊、喃经、皮白、逻儋、逻绕、郎墨郎逐酷、番缦罗、南暴大、南暴小、姑提奴、居严大、居严小、番郎床大、番郎床中、番郎床小、番郎床上、番郎床下、番佳、仆头东、仆头西、那轩龙古、加效、背腰、白若、南暴小、罗穴、擅白、番盘、滔爹大、滔爹小、番抹、仆头缦、盏窑、季弱、那活、坟台、褔赖、那崖上、那崖下、那崖大、那崖中、那崖小、番奥、番杂、番乱、那附律、江高、买愁、婆杰、喃又、略闪、迁考、番浊、那丢、潘又喃、番忍、番吉、番油亚、那构、符效、罗勇、白胆、南甫、推峰、茶谈大、茶谈小、推方大、推方小、潜藏、低流、高地、罗畔、坟冈、郎秋、郎暴、郎忌、郎蛋、道贫坟郎游、番京、武打、敦木、郎来、坎头、初呼、武戴（即武顿）、武小武左、郎蓝、多舍、罗屯、讨央、远史、周白、武丁、打舍、郎严、郎怜、坟诞、重罗、提桑、罗便、南恨、张又、符具、重日、罗编坟台、那打符斗、那打重而、那打衣甲、武陈、武述、那打道罗、我然缦、坟曹缦、那否、曹缦小、番衙前、缦那赖、坟曹缦小、茶蓝、番佛、武曹、插胡、喃浑、番满、那邑、那铺、番又、番缦红边、南谋、自华、郎管、神口、番缦、买杰、屯建、番缦打蛇、略屯、道探、低楼、道图、坟曹、道寿、罗也、亥迦顿墨、番缦王周小、大安、南善、居著、神白小、武顽小、郎管小、罗盆、武银、郎贯、其沙、道搜、大江坎、居门岭低、恒南、郎岩、番闪、番住桥良环、居投番在、番打崇、陈受、从贺路奏、波没、夹具、番迪、番轴、那客、白麻、白牛、妻簪、夏炎、番移岭背、番抱陈、夏江炉、番元大、番元小、居寮。《通志》

　　县属现存熟黎二峒，曰番溪峒，曰阜青峒，广袤百里。自县城正南一百四十里入番溪峒，向设峒长一名，管黎村凡十有四。番溪、美猫、沙江、居占、番武、群提、大坡、水喃、番雍、巨潭、武驾、江来、江辨、兰杨。　峒之东境群提村与琼山县峒相通，东南十五里与澄迈县黎通，南一百五十里入生歧界。道路阻塞，水上恶毒，穴居鲜食，不成村峒，无土名可记，土人亦不能至。自县城西南一百八十里入熟黎阜青峒，设峒长一名，管黎村凡十有六　抱道、返元、乾笼、那匹口、冲马、志又、那苗、武大、武银、那婆、打斗、打他、那把、南博言、蛮台、失头南。　距南定汛五十里，距和舍司八十里，东距番溪峒二十里，峒西十里，即通儋州美胡黎村峒。南百余里入生歧界。熟黎凡二峒三十村。

儋州黎，视诸处最蕃。梁、隋间，儋耳归附者千余峒，即此类。今生熟凡五都。抱驿、黎附、顺化、来格、来王。　弘治五年，招至桐横一处。嘉靖九年，招至修途、打松、蕃洋、下台、那年、大落、影打、爽水头八处。东黎属土舍峒首部领，南黎属州部领，其余自食其力，不属州束。

儋州诸黎村峒凡二百有九。烟峨、途何，几郎、过甘、过吟、大罗、牛头、水尾、峨好、过洋、那江、坤雄、和桥、甘根、儿栲、落祸、苗村、那瓦、峨郎、峨娘、峨搂、过芒、差泮、婆包、罗不、考确、打金、可卜、系包、婆谋、峨邦、峨南、峨加、峨爹、可妙、可那、上过谭、下过谭、途邦、蓬莱、同横、山口、过邦、大底、新洋、过谭大刺、火落窑、富盈、差番、落隶、徒板、落勿、落闭、英豪、桃华、徒杂、大小落蔓、墟坊、逢邦、富双、落台、喃村、那罗、和奉、过陀、徒邦、徒钦、南丹、浮峨、落苗、落探、大落贺、小落窑、差横、甘将、坟碍、南华、那版、潺白、那横、云渠、那担、鞋皮、那边、那喃、番真、罗条、那横窑、那顺、坟横、那父爹、南新、小坟旦、陀横大、陀横小、怀寨、催志、副潅、泽催、曹奴那纽、曹奴那劝、曹奴那累、曹奴那分、曹奴那续、催风上催风下、曹缦上、曹缦中、曹缦下、那劳大、那劳、南绢州、催勿富浊上、富浊下、富贤下、富宁、甘弓、那茶、富孚、波孚、　从加重伯那针、从加重伯那六、从加重伯那等、从加重伯那论、从加重伯那白吾、从加重伯那机、从加重伯那赏、禽赞富居、路忍、白吾大、白吾小、番查大、番查小、坟该、银附、抱嵩、落条、条贫、那忻、那朋、南统、南劳、茅密、喉白、峨勾、峨律、小头小尾、婆眉、磨凌、过仰、峨那夏、峨雅、车同、过邦、峨横、溪荣、峨玉、悭沽、浩不叽、那当、蓬峨、保平、富催、横村、布曹、那纳白沙、投逢打、多坤、白始、番轻、贪瑶、那吉、那洒、牙西、牙番、牙历、晚吉、石村、惟图、白勿、牙成、白平、坎陶、白凤、喃鹿、逢陀、绝喃、弟茶、牙秋、牙麻、坟下勾、通三、婆骨、南劳、正颜落乍、番洋、妻抱催查、落横、落便、落闲、乌雅村、妻玉、横臻、簇歇、那便。《通志》

州城北一百九十里至黎境，生熟黎峒凡四。冯虚、七坊、薄沙、龙头。每峒又分内外二峒，外峒熟黎，内峒生黎。冯虚七坊，龙头三峒又有霞黎、苗黎杂居其中。峒广袤二百余里，西与琼山县大小水黎峒接界，东北与临高县南通汛黎接界，西南与昌化县黎地通。向设黎总四人，哨管八人，管辖共一百六十八黎村。

冯虚峒，黎总一人，哨管二人，管辖熟黎、生黎、霞黎共八十有三村。呀注、挖牙、柯鸭、至拱、长岭、打知、高打、瓮芒、禾南、柯良、柯候、打贺、打不凸、瓮阜、父打瓮、阜图、白斧、阜许、呀为、阜爹、阜笔、南祥、郎高、呀标、必陀、牙包、落花、朗力、花浪、禾港、至容、阜差、至庆、知雅、催烟、踏均、新开田、雍虽、类拖、雍当、邦国、跳孟、新开、呀匡、柯勾、那港、柯崩、柯羊、大牙、知蚕、不娄、呀卡、知否、几心、几色、酒落头禾、水头。以上熟黎。呀和、双拖、坡宋、方雅、喃昭、柯宁、可否、水头、呀牛、呀推、方茫、挑喃、番恶、头麻、阜白、吞雅、呀凯、呀喃、不道、波托、拜喃那甲。以上生黎。喃勾村（霞黎）。

七坊峒，黎总一人，哨管二人，管辖熟黎、霞黎凡二十有六村。打启、路千、打戚、打金、差英、陀蒌、木开、邦定、弄头、龙凤、呀经、打邦、玉华、金泊、那蒌蒌、木轰、苓菜、那菜、禾勾、禾头、七差、从合。以上熟黎。尖岭东、尖岭西、大沙田、福莪。以上霞黎。

薄沙峒，黎总一人，哨管二人，管辖熟黎、生黎凡三十有三村。南赞、痛崩、知英、柯彩、南北、知在、知要、柯呀、柯程。以上熟黎。那榜、海打、方聘、芒伯、呀义、可否、东相、呀和、乐吉、荔支、阜菜、阜芩、冲戚、打德、狗革、柯阜、对峨、康亮、三脚灶村、海茫、知道、南好、吞纽、吞贝。以上生黎。

龙头峒，黎总一人，哨管二人，管辖熟黎、生黎、苗黎凡二十有六村。乍好、统笆、可怀、南迈、白塘、高看、打力、番应、那培、南娘、大下、那吉、呀同、知枕、南加、落牙。以上熟黎。呀兵、打空、呀港、那干、打敦、洋香、呀雷、打山秧、打坡该。以上生黎。打山苗（苗黎）。

儋州又有霞黎一种，即生黎之类。居深山中，性猛鸷如禽兽。居处无屋，裸体无衣，足迹不履峒外，故亦不为害民。

儋州又有苗黎凡十村，约九十余家，男妇不满千人。所居近冯虚峒，附归该峒黎总兼管。性最恭顺，时出调南市贸易，从无滋事。盖前朝时剿平罗活峒叛黎，建乐安城，调广西苗兵防守，号为红弩手。后迁居于此，即其苗裔也。至今其人善用药弩，兼有邪术，能以符法制人，为生熟黎歧所畏服。

昌化黎散处山谷，不想统摄，与民杂居，不为寇害。旧有土职二员，名招黎，既归有司，遂不复领于土舍。近立大员、大村二峒。

    昌化县诸黎村峒凡三十有三。峨高、峨掠、居炭、陀外、磨庵、居律夺、那边、陀蛮、峨淡、居喝、包泊、盘嫌、那伦、包桥、峨吟、峨娘、陀查、哥炭、徒药、无飘、南保、峨义、初血、郡白、峨表、馀雍、峨俺、广香、峨旺、峨哥、上下协、峨爹、峨玉。

    昌化县黎人二峒，峒外为熟黎，峒内即生黎。由县城东北八十里至大村峒，内有生熟黎共十村。叉可、塘村、落洒、番茄、可邦、拐锁、水头、金婆、坡梅。由县城东北一百城至大员峒，内有生熟黎共六村。报板、歌枕、水尾、鸦玉、峨显、乌螺、歌孙、落昧。二峒中唯可邦、拐锁、鸦玉、乌螺四村水土最恶，与生歧相接，出入俱山僻小径。两峒相距，中有三叉河一道，发源五指山，一名崔公河。大员峒居其北，大村峒居其南，相隔八十五里。每峒向设总管一名，哨管一名，约束黎众。东南与感恩县黎接界，东连生歧境，南一百四十五里与崖州通，广袤四十余里，共生熟黎峒二十六村。

    万州黎，西南则鹧鸪啼峒，与陵水黎亭等峒潜通；北则龙吟峒，与思河、纵横二峒潜通。不复统于土舍，常出为害。近改西山峒、北峒、太平峒。

    万州诸黎村峒凡九十有四。龙湾、居劳、黄篱、仙家、坡头、四马、番根、芭芒、催臻、爹寨、妻蛮、白包上、白包中、白包下、孚陀、孚陀小、坟旦、于密、牙巴、坟尽、番郎白、那根、白包、番花、那打、调机、那坚、浮徒、白包、符花、番贡、千敲、那爹、番奴、番陈、富孝、牙南、甫贡番闰、那甫白、麻江坏、坟余、小曹缦、落乍、那班、番仞、那班白.从化、磨思印、贪贝、番客、峨沙、番文、番论、牙杀、闰侬、牙坊、那随、遐贪闲、刚华、千斩、那甫、富群、小富群、符番、那喃、卑喃、卑孕、平石、穷头、居引、南头、加小、卑休、郭村、陈婆家、青塘、居秋、加村、桥头、大北水、菩提、高石寨、北岭脚、番凤、加扶、南对、排捕、水尾、西大水、买猛、大翁、新村、石水、西岭、晋礼、鹧鸪啼《通志》

万州黎凡三峒三十二村。西北二峒皆系熟黎，唯太平峒外居熟黎，内有生黎。自州城北六十里至禁岭脚，入北峒之内，熟黎共八村。尚督、母予、鸭塘、沟寨、南门寨、牛蟹、尖岭、巴屯，自州城西八十里至西峒，峒内熟黎共十二村。小割田、沉鹅、田心、石牙、山岭、湾田、高坡、土母、坡亮、田山、笔寨、瘦田，由北峒入，又行一百二十里至太平外峒，峒内熟黎共十二村。系那密、毛辉、操草、加坠、牛坡、土富、长田、番鸟、大理、加踵、太平、小妹。内峒生黎村不能确数，亦无名可纪。太平峒距西峒一百里，距北峒一百二十里，距州城二百余里，西北二峒相连，北峒与乐会黎通，太平峒与定安黎通，西峒与陵水黎通。每峒设立峒长一名，每村立黎首一名，各辖本村峒黎众。三峒黎广袤共一百余里。生黎地直接五指山，与各州县黎均有山径可通，虽民人不能至其处，唯州城至北峒路稍平坦，共计熟黎三峒三十二村。

陵水黎，北有黎亭，南有岭脚。岭脚由萌芦门而出，黎亭由黎罗而出。又有东北峒、大牛岭、小牛岭，为黎人往来必由之路，常出为寇。

陵水县诸黎村峒，凡三十有一。多龙、港篓、多艾港莫、罗渺、南候、艾村、多旺、加钱、多贤、喃油、正站、多丽、草宇、低富、多漠、加除、加阜、多昧、七带、到奏、五指、保坎、保白、罗信、沙

锅、典随、北罗、低歧、喃鼎、黎亭。《通志》

陵水生黎距县城一百里，熟黎距城三十里，并归巡检、典史管束。城西三十里有歧村弓，三十五里有马岭弓、深田弓，四十里有文村弓，五十里有士董弓，六十里有廖二弓，皆典史属。自县城东南五十里人梯村弓，五十五里有深田弓，六十里有板弓，六十五里有多味弓，七十里有打粤弓、大田弓，七十五里有歌训弓，八十里有喃耀弓、江淡弓、琶喃弓，八十五里有母盛弓、喃温弓，九十里有全亲弓，一百里有喃春弓，皆宝停司巡检属。以上皆熟黎。五弓设总管一名，约束一弓之众。自县城西一百一十里入生黎界，凡十八弓，内除冲禄一弓归崖州营束、番窝一弓业经归化外，尚有母感、母岸、指仓、亚堪、指考、昂佶、母招、白鳌、昂雅、指晏、昂沟、指妈、福安、把巴、宝停等十六弓环居小五指、七指两山之间，虽属巡检稽查，然其习俗、性情与熟黎异，向无峒长约束，其贸易聚集皆在宝停弓。有万州营汛防巡检，俱驻扎此处，距县城一百二十里。琼属岐村峒唯陵水称弓，崖州亦间有称弓者，盖一弓即一村之地，居人多寡不齐。统计生熟黎境，广一百二十余里，袤三百有余里。 西南与崖州黎峒接界，西北与万州、乐会黎峒交界。现存熟黎二十弓，生黎一十六弓。

崖州黎地大于州，其人十倍之，分东西二界，前屡为患，罗活、千家为甚，德霞、抱显次之。

崖州诸黎村峒凡九十有二。罗活、龙湾、鹧鸪啼、大蒌、下篓、长沙、南丘、黎看、唐村、木棉被、太平、提底、大虫、罗村、胡南、水表、良姜、盐服、罗围、加拜、正站、多累、罗宇、黑梅、多梅、加间、加训、提托、婆信、顶对、抱班、石松、抱劝、抱好、多并、金契、多间、喃淫、抱并、抱霸、抱怀、枕横、抱头、盈邻、抱也、抱贫、大拥糠、黄侯、节落刀、抱耶、小拥糠、多爷、抱祚、佛栖、侯到、返歆、抱到、大抱侯、小龙、多杰、多于、多凿、抱改、抱继、多港一、迁家一、喃略布打、龙村、浮村、岭村、日村、透村、税村、耽村、砍村、讲绅、翁俸、布那上、多头、讲学、而盈、布那下、瑟体、罗缦、蒌止、猪母、多近、那打、足亲、多来、岭头、碍吾。《通志》

东路生熟黎村凡七十有二，向设峒兵六人，总管六人，哨管十三人，今革。上下高、卡把、洋赖、产菜、楚侯黎、黑坭黎、只央、抱石、喃丁、抱炮、下喃漏、上喃漏、匿材、景村、大小案、落贯、抱活、抱样、抱拾、红花、白山、大茅、郎落、大笼、落基、落豪、抱打、陀？、抱显、止强、晨勉、抱古、只扫、洋淋、抱隆、抱定、抱配、石息、昂律、拦配、粪洗、小营、歧仔、郎温、廖三、侵宇、热水、幕村、休罗、南下、竹鹿、野椰蓬、大毛、多抛、东岭、抱鼻、荔枝、官田、新招、土檀头、打堡、郎典、郎勇、水井、烧基地、小力、大力、抱撑、抱益、只卧、只埠、抱道、抱郎、抱别。

西黎生熟黎村凡四十有二，向设峒长六人，总管三人，今革。抱腊、抱麻、抱陀、抱搭、抱雷、抱信、抱改、抱打、抱蕴、抱浅、否浅、多润、抱笋、抱怀、福抱大浩、千家、只酉、头塘、官坊、多港、谭寨、抱哈、只并、只井、抱郎、落霞、抱盆、只类、抱解、德霞、散用、汉道、新招、抱悟、抱览、抱山、抱内、抱牌、抱信、抱陀、石板、抱羊。

崖州黎分三种，曰生黎、曰熟黎、曰生熟各半黎。生黎者，即干脚岐之类也。裸体兽性，穴居鲜食，环居五指山下，与民人隔绝，不为人害。熟黎者，归化既久之黎也。饮食衣服与民人同，唯束发于顶，其俗未改。日往来城市中，有无相易，言语相通，间有读书识字者。其户口编入图甲，有司得而治之，故亦不为人害。生熟各半者，谓可生可熟之黎也。治则为熟黎，乱则为生黎。其中亦分两种，曰大襜、小襜。大抵富者为大襜，贫者为小襜。平时耕田纳赋，听官约束，与熟黎同。然性嗜酒好斗，常挟毒矢钩刀以自卫，睚眦杀人。若被汉奸盘剥欺侮，忿不能堪，辄手刃之。官吏不察，轻遣兵差勾捕，或所使非人，因而骚扰之，彼即负隅思逞，群起相抗，遂为生黎。崖州黎人如此者十居其七，且与民杂处，黎峒中有民人，民村中亦有黎人，不能分其畛域。约计三种黎人，其众多于民人一倍。州治东、西、北三面皆崇山峻岭，南滨大洋，东西距五百三十余里，民人皆居唯环海一线而已，其余皆属黎山。山凡数十重，每过一重，稍有平坦之处，黎人即编茅居之，或数十家、数百家相聚为一村，亦名一弓。有众至千余人者为大村，其小者仅止数家屋宇。迁徙不常，村落聚散无定，所耕田在此即居于此，日久地瘠则去而之他，故村峒土名，数年间数迁数易，其地不可考也。其山则深林密箐，有行两昼夜不见天日者。或悬崖阻绝，毒泉瘴雾，无径可通。黎人矫捷如猱，往来甚易。其道里远近，非有亭堠可稽也。自州城入黎共有三路，按定方向，经由某某汛至某村若干里，一以塘汛为准，虽系约略之词，然核其地势，远近亦无差误。以崖黎每常滋事，进兵道路预为筹度，故纪之特详。

东路出州城东关市，东距十五里有南山门汛，又十五里有深沟汛，又十五里有中伙塘，又五里有烧旗沟塘。又十五里有下马岭，东有汛房一所，岭北皆黎村，最大者过岭村，黎众至二千余人。又东三十里有三亚市，附近熟黎杂居，市有汛房一所，为东黎扼要之地。又东十五里有坡顶汛，又三十里有小桥汛，其地水土最恶。又东十五里有回风岭，岭上一望沧溟无际，为官民入崖大道。岭极高，与诸黎山相连，鸟道盘旋曲折，幽邃不见天日，附近居者皆半生半熟之黎，最大者为抱贤、野椰、大毛等峒，皆千余人。岭西有藤桥市，永宁司巡检一员，崖州协陆营千总一员，驻扎防守。附近生黎最大者，曰抱浩，曰郎温，二峒内分十二号，其余小村峒甚多。又东十里过灯笼田，与陵水县黎交界。

北路出州城东北数里土名大坡田，后皆系黎村。十五里至沟口汛，通东路卡把诸黎村。正北十里有龙潭河，过河即洋淋、大岭，岭北为洋淋村。道光九年，村中黎匪作乱，至今顽梗，不纳丁粮，遂为生黎。又北即五指山之阳，生岐居之，人迹罕到。自城西北二十里有沙埋、渚距、抱腊等黎村。又十五里通西黎，为往来要路。五指山后即定安县红毛峒生黎。

西路由州城西关，西距三十里有酸梅汛，又北四十五里有九所汛，乐安司巡检移驻于此。又转西北八十里有油柑坡。又二十五里两山对峙，中有石门，黎人为乱，往往据此守之，详《关隘》。又北二十五里有乐平汛，又五十里为乐安城。前明既平罗活诸峒，以其地为城，旧有巡检司，今移九所。近城熟黎，大峒如官坊、头塘、多烂、多渴、抱由、德霞等村，多者千余家，少亦七八百家，素皆强悍，势不相下。城内民黎错处，互相贸易，易启衅端，文武官控制得宜，方可无事。九所汛西距十五里有望楼汛，又西二十五里有黄流汛，又五十里为佛罗市，与感恩县接界。以上东西二路黎村共一百一十六,黎境袤长五百余里。熟黎向归里长管辖,生黎及生熟各半黎旧设有峒长、哨官等名,由黎人自行保充。后有不肖绅民假名混保,快其所私,以致黎众不服,因而滋事。今已革除。

感恩黎附版籍者十九,与民杂居,无患,患在与崖之生黎切近。其出没孔道有二,一自莪茶总路,分入陀兴、必改,一自喃麻岭总路,分入岭头、白沙,常出为患。

感恩县诸黎村峒凡四十有一。莪茶、拂显、峨显、那边、蛾陆村、陀皓、雅也、陀宁、抱道、也皓、皓白、抱白、大定、抱透、陀牙、罗横、峨许、峨勒、抱蔓、陀横、抱陀、比鲜、比言、也逆、陀累、比道、抱万、抱区、大道解、陀赖、符若、陀逵、湳涨、陀浅、曹咬、陀烈、也道、小抱解、峨倾、抱道、峨浅口。

感恩熟黎凡三峒。楼峒、王峒、古镇州峒。自县城西北一百余里入古镇峒,内有黎村十八峒,南曰陀类、陀峨、陀乍、鱼龙、布套等村,西曰冲忿、罗旺、赤浩、陀蛮等村。由赤浩经小陵岭出北黎市为本峒出入要路,北曰峨沟、火坡、广圳、毛弄诸村,东曰中方、东方、西方、旧村、亚耀等村,周围一百一十里。罗旺村、西方村与昌化县乐妹黎村相通,东接楼峒抱白村,南接王峒陀兴村,三峒昆连,中有大河道可通昌化。自县城东北一百余里入楼峒,内有黎村十五峒,南曰抱白、抱蔓、抱恩、抱道诸村,东曰抱冲、只宁、只尾、佳腮、抱跳、抱万、冲峨等村,北曰抱定、峨乐诸村,西曰江边、佳叨、富蕴诸村,周围九十里。抱定村与儋州伯王峒黎相通,只宁村与崖州得夏黎村相通。自县城东一百余里至王峒,内有黎村凡六峒,东有峨叶村,西有陀兴、浩壁二村,北有峨茶村,南有陀隗、只浩二村,周围一百二十里,介在楼峒、古镇州峒之间。每峒各有峒长,每村各有黎总,约束黎众。以上生熟黎地广袤九十余里,共三峒三十九村。

按:《旧志》村峒只载数处,《通志》详记各土名,未分别注明某峒辖某村若干。缘生黎生岐穴居野处,不成村落,熟黎亦迁徙无常。或黎语有音无字,水土极恶,汉人所不能至,徒得之熟黎之所传闻,恐多参差。即如各州县志有数十年之旧本,《通志》则道光二年新修,所载村峒名今昔悬殊,名目迥异。今阅十六七年，又传易旧名。盖有土音相近，字画相似，因而传讹者。有名仍旧而地实非者，有一村分而为数村，数村合为一村，名已改而地则仍故者，其更移之迹，无可确查。此次查勘，只就人迹可至之处，考其方向、道里、土名、四至并黎与黎交通处所，一一详载。生黎访未确实者，不敢为臆度之词，盖毫厘千里，窃恐贻误将来。故现载村峒名目与《通志》今昔不同，其生黎村峒或有未备，兹取《通志》、旧府志所载村峒名，仍列于前，各州县志大同小异者不录。而现勘各村名、道路附纪于后，以备查考。其互相差异者，不敢强为牵合，欲求征信也。①

以上为道光《琼州府志》所记载的清代黎峒的布局，最后作者说明所载村峒名目迥异原因，"有土音相近，字画相似，因而传讹者。有名仍旧也地实非者，有一村分而为数村，数村合为一村，名已改而地则仍故者"，黎峒的原始"更移之迹，无可确查"。在清代已是"无可确查"的状态，仅能留下文字上的历史遗迹而已。我们仅仅从文字的记载中，去查考黎峒的历史遗存，进一步探究今日黎村中黎峒的迹象，了解黎族的历史。

（二）清朝对黎峒的管辖与改土归流

清政府对海南黎峒的统治，在顺治年间，尚未设官职和正式纳入地方行政管辖范围。

由于明代对黎族抗争进行大规模的征讨残杀，再加上时代的发展，黎、汉两族的融合也不断增强，因此，黎区日益缩小，黎峒人口也比过去减少。清朝进入海南之后，对黎族的统治循依明制，一方面采用怀柔政策，进行招抚，一方面对抗争者进行镇压。不过清朝还进一步运用一元化的行政组织办法，力图以各级政府进行管理控制，设都图甲里直接管理，把黎峒统一在版图内的政治结构之中。

乾隆十六年（1751年），傅恒奉命绘制各民族服饰及生活习惯，出版一册《皇清职贡图》，其中对于黎族作如是叙述："按黎人，后汉谓之俚人，俗呼山岭为黎，而俚居其间，于是讹俚为黎，散处于琼属五指山各峒中，性

---

① 〔清〕明谊修、张岳崧纂：道光《琼州府志》卷二十《海黎志六·村峒》，海南出版社2006年版，第二册第845—864页。

凶横，时相仇杀，自唐至本朝叛服不常。康熙三十八年（1699年），总兵唐光尧率兵剿抚，始获绥靖。雍正七年（1729年），各峒生黎咸愿入版图，悉为良民。"①

顺治年间，张凤徵知陵水县，"当兵燹之时，抚定流移，兴复学校，政教大行。黎岐三十九峒闻风向化。"②

乾隆《陵水县志》记载了总督郝玉麟的一份奏表云："雍正七年（1729年）十月，恭逢万寿圣节，众官祝厘。陵邑生黎数百人焚香叩首，连呼万岁。八年春正月，崖、定、琼三州县生黎王那诚、王天贵、番否等，陵邑生黎那萃等，共二千九百四十六人，输诚向化，愿入版图，每丁岁纳银二分二厘，以供赋役。三月，总督郝玉麟等奏闻，奉旨：'诚心向化，愿附版图，朕念其无田可耕，本不忍收其赋税，但既倾心依向，若将丁银全行豁免，恐无以达其输诚纳贡之悃忱。将递年每名输纳丁银二分二厘之数，减去一分二厘，止收一分，以作徭赋。地方文武大臣，时时训饬所属有司弁员等，加意抚绥，务令安居乐业，各得其所，以副朕胞与地方之至意。钦此。'黎民感泣，悉化为良。"③

这是清朝抚黎的感人例子。

康熙十五年（1676年）的李华之，视察粤东时，到琼州黎峒，"华之单骑往谕，更为布置营伍，兵黎相安。"④

又如光绪十年（1884年）崖州协府黄、特授崖州正堂萧、特授都阃府鱼仓告示，其中一项写道："尔各黎人既经就抚，急宜勤耕种，完纳钱粮，其有年纪小者，须入学馆，教其读书识字，或各村凑合敦请先生教学，将来识字，可以记薄或钱债借拟书记薄内，不为奸民所欺，家中老幼，须讲明五伦，学习礼义，有钱者准其盖屋置田，无钱者急须学艺货耕，数年之后，衣冠兴起，即可成一文物封也，谁敢欺尔黎人哉。"⑤

但是海南岛孤悬海外，山高皇帝远，许多贪官恶吏骄兵悍将们哪管这么

---

① 〔清〕傅恒著：《皇清职贡图》卷四，载自《历代文人笔记中的海南》，海南出版社2006年版，第159页。
② 〔清〕明谊修、张岳崧纂：道光《琼州府志》卷三十一《官师志三·宦绩下》，海南出版社2006年版，第三册第1401页。
③ 〔清〕瞿云魁纂修：乾隆《陵水县志》卷八《海黎志·附抚黎》，海南出版社2004年版，第225—226页。
④ 朱为潮、徐淦等主修，李熙、王国宪总纂：民国《琼山县志》卷二十三《官师志》，海南出版社2004年版，第四册第1454页。
⑤ 《汉黎奥情》卷一《光绪十年五月初十日都司主稿》。

多。深山老林中纯朴的自然之子的黎峒众人，只要山外之人不来盘剥他们，就在丛生密林中安静生活了。而一旦遇到各类苛捐杂税的无理欺凌，山野之民怒气冲天，铤而走险起来反抗。另一方面，外面的闽、粤商人或逃亡者，到黎峒谋取香物等土特产，挑拨他们造反。因而黎乱在康、乾之后，仍然层出不穷。正如康熙《琼州府志》所指出的："黎有生、熟二种，有此地即有此人。生黎虽犷捍，不服王化，亦不出为民害；为民害者，熟黎耳。初皆闽商荡贾亡命及本省土人，贪其水田，占其居食，本夏也而黎之。间有名为贸易，图其香物之利，实为主谋，予以叛敌之方，往往阴阳生黎，凭陵狙獗。吁，此古今黎祸之媒孽也！"①

清朝管辖黎峒的名目各地不一。黎峒除前面所列名目外，还有黎练、粮长等称呼。所谓"黎练"，张庆长《黎岐纪闻》云："熟黎多纳官粮，然其中地颇荒阔，不可以弓丈计，唯岁纳粮若干而已。生黎则各食其土，不入版籍，止设有黎练、峒长之类统辖之，遇有事，峒长、黎练以竹箭使唤，无不至者，其信而畏法如此。"②所谓"粮长"，屈大均曰："粮长者，若今之里长，其役黎人如臧获，黎人直称之为官，而粮长当官亦呼黎人为百姓。凡征徭任其科算，尽入私囊。"③清廷在黎族上层首领中任用一批粮长，由粮长征收赋税交给地方官府。这些粮长名义上是收粮，实际上是与土舍一样，掌握着管辖地方实权。清廷对黎峒的控制，开头仍袭明朝的土舍制，利用土舍权威统治黎峒，但是后来发现土舍狐假虎威，勒索黎峒民众，正如昌化县陶元淳所说的：土舍之弊，"略有四端：其未为土舍也，保举则贿卖黎头，委牌则赎卖官吏，此不资之费，将何以出也？其既为土舍也，衙门赂遗，胥役之勒索，此无限之求，将何取偿也？官派一而私派十，官取百而私取千，而无不贵之于黎，酒浆鸡黍，所至为之一空，花藤皮蜡，所见皆为己有，此其吸黎之骨髓者一矣。出入乘轿，则索杠抬，营运林木，则索人夫，官府虽回雇觅，而黎人苦于中饱，黎人正欲耕种，而土舍督令办工，至于对晚务闲，而黎之土亩已荒，俯仰已无所资，钱粮已无所出矣，此其竭黎之筋力者一也。然其害犹未及于民也。自黎人转徙入山，而土舍所辖之地，半为

---

① 〔清〕焦映汉修、贾棠纂：康熙《琼州府志》卷八《海黎志·原黎》，海南出版社2006年版，下册第754页。
② 〔清〕张庆长撰、王甫校注：《黎岐纪闻》，广东高等教育出版社1992年5月第1版，第117页。
③ 〔清〕屈大均：《广东新语》卷七《人语》，中华书局1985年版，1997年第2次印刷，第241—242页。

民居，民与土舍等也，非有统辖之权，君临之分也。今乃擅受民词，擅理民事，甚者擅用刑罚，擅行科敛，而其害及于民矣。然犹未及于邻邦也。自符南蛇作乱于前，符梦熊兼并于后，蚕食邻峒，惟力是视，官斯土者，苟常相安于无事，隐忍不言，而朝廷之疆界，不可复请矣。"①陶元淳指出土舍对于黎区掠夺之弊害，势力之强大，非朝廷所能控制。清朝为了加强对黎峒的控制，决定改间接统治为直接统治，因此实行改土归流的政策。

改土归流的措施自雍正朝始。《清史稿·土司一》载："至雍正初，而有改土归流之议"。②雍正四年（1728年），清皇朝实行全国性的大规模的改土归流，在政治上采取设流官、戍兵、建城、编户籍，立保甲等措施，在海南岛又有图长、练长之设。改土归流主要是剥夺土官、土舍势力，外地流官到土官区为官，取消黎区土官的自治权，革除土官管辖期间的陋规弊端。在清王朝的政治结构中，流官在地方政策上，也提倡以整齐划一的礼仪，作为教育和教化黎民的手段，让朝廷的礼制，能普及村寨之中，这种强制性的做法，与"黎汉分治"框架下的"因俗而治"背道而驰。

改土归流之后，由于清代官吏之混杂，军士的骄横，贪官污吏对黎峒的迫害，更有甚于土舍。康熙年间，昌化令署州事陶元淳出宰昌化，第二年摄崖州。他在崖州任上，明察官场黑暗，写下《请严职守详文》，揭露营将侵官溺职之弊政，其所陈事件有六：

一、营将侮文之害。崖营兵律不肃，将士骄横，侵侮官职。如陈把总，汛弁也，殴辱感恩县毕典史，历经宪断，方得保全。杨棍子，营卒也，殴辱藤桥司张巡检，虽经告州，不得申理。其他头目挟制有司，把持事件，不可毛举。窃思文武各有分职，本不相关。而事事交关，事事掣肘。此侵官溺职之一，不可不急为禁止者也。

一、营将征粮之害。康熙三十三年十一月二十日，据崖营游击余、守备黄具呈总镇唐转府州呈称，兵丁是否欠粮在有司衙门，理应移营查讯。又称兵丁输纳不前，本职愿甘垫应，恳给禁止，不许州差借称兵丁欠粮名色私行拘锁等情。卑职遵思：征比钱粮系有司职分，兵丁抗粮，

---

① 《皇朝经世文编》卷八《兵政十九》，陶元淳：《议设土舍之患状》。
② 《清史稿》卷五百十二《土司一·湖广》，中华书局1977年版，第四十七册第14204页。

有司责治，打粮户，非打兵丁也。若必移营征比，不容拘追，万一骄兵悍将把持局面，将营伍尽为逋逃之薮，钱粮安有输完之日？且即子衿抗粮，有司尚得戒饬，学宪不得呵禁。岂兵丁反重于子衿，营将反尊于学宪乎？而余、黄倡议如此，欲令州县仰面求己，倒授之柄，以胁制有司，自张威势。此侵官溺职之二，不可不急为禁止者也。

一、营将占丁之害。国朝营兵，与卫所之制不同。卫所皆系军籍，父子相代，兄弟相及。父兄为正军，则子弟为余军。至于营兵，皆系招募，食粮为兵，革粮为民，父子不相继，兄弟不相及，父兄当兵差，子弟当民役，未尝有所谓馀丁也。按律，凡一户全不附籍，有赋役者家长杖一百，无赋役者杖八十。附籍当差，若将他人隐蔽在户不报，及相冒合户附籍，有赋役者亦杖一百，无赋役者亦杖八十。今海南兵皆土著，一人入伍，即一家之兄弟叔侄无不抗役，已隐户丁之半。至崖营则并收良民入伍，喂马刈草，谓之余丁。州城内遵道一坊，居民一百一十馀户，当民役者只有两家，其馀悉充余丁。通计三坊五厢一十一里，奸民逋赋逃役，投充余丁隐蔽营内者，不知凡几。朝廷户口几于尽占，而营将知而故纵。此侵官溺职之三，不可不急为禁止者也。

一、营将保村之害。窃照钱粮完欠，系有司考成，与营将无与。独崖州黎村设有粮长，或系营将行赂钻谋，或系州牧徇情批委。委牌卯簿，假托姓名，其实皆系营将霸占。查余弁管有浮浅、官坊、抱由、焕道、浮风、窑下、抱古等村，黄弁管有谭寨、德霞等村，陈把总管有抱别等村，罗百总管有下高等村，居然自谓粮长，额粮一石，私收数倍。毒加骨髓，祸及鸡豚。朝廷既设有司，而营将横行干预。此侵官溺职之四，不可不急为禁止者也。

一、营将虐黎之害。州境东西二黎，西黎谭寨、落段、浮浅、千家、多涧、头塘、官坊、德霞、抱由、焕道、多港、抱定、大小抱别、抱笼、只酉、只扫、昂律、抱那、范凤等二十村，产谷颇多。每岁余、黄强买盐斤，运入黎地。凡有米之家，派盐一盘，征米四盘。大村派至四五十盘，小亦二三十盘，必尽夺其米而后止。又乐平营兵每岁称奉余副爷差票，各村责办獭皮四五张、灰炭数石不等。东黎远美、芭芒、产填、石板、黑坭、罗休、新村、大案、湳漏、匿才、抱抛、抱浩、湳夏、抱信、高村等十五村，每岁洒派各村木料、稻草、灰炭、大竹、小竹等，送入营内，谓之答应公务。黎人财产尽于诛求，筋力困于差役，而为将者视为分所当然。此侵官溺职之五，不可不急为禁止者也。

一、营将穿黎之害。职遵查定例：康熙四年五月，兵部题定营兵或专管官，以本身之事差遣，或私令贸易扰害者，专汛武弁应革职提问。今崖营兵丁，或奉本官差遣，征收黎粮，贸易货物。一入黎村，辄勒索人夫，肩舆出入。酒浆鸡黍，攘攫罄尽。每岁装运花梨，勒要牛车二三十辆，所过村落，责令黎人放牧。或遇崇冈绝岭，花梨不能运出，则令黎人另采赔补。至于擅锁平民入营拷打，畜养无赖狗偷鼠窃，民黎畏其凶威，有司不敢致诘，而营将坐视恣睢，以为得意。此侵官溺职之六，不可不急为禁止者也。①

基此六项，陶元淳提出：营将为暴虐民，骚扰黎民，使黎民如坐汤火。这种情况，如不及时拯救，崖民死无日矣。

康熙四十二年（1703年）任临高知县的樊庶，对临高弊政，提出七项条议，其中关于图长，他指出："临高钱粮名分三乡，乡分五十二图。历来旧例，催征钱粮，每图轮一人出官，名曰图长。"这些图长，于每年报充之时，任意增派，收银饱囊，至征期将竣，耸禀签拿，复累小民，多致重纳。种种弊端，殃民不浅。又如练长，本来练总乡勇之设，是州县设立以为缉御，但所谓练长，只有虚名，既无粮饷，又无工食，器械未给，训练罔闻，希望他们防卫地方是不可能的。而且练长每年举报，民畏如虎，逐户贿赂，竟无底止。昔日之所以为民而今反害民。至于保长保甲长之不公，贿赂过重之苦，催收杂饷之费等，其为民害，不可深言。因此致使村庄星散，贻害地方。②

类似此种种腐败现状，致使广大黎峒黎民，不堪忍受而铤而走险，奋起反抗，清代黎峒的反抗斗争，共有84次之多，愈演愈烈。

---

① 〔清〕钟元棣创修、张嵩等纂修：光绪《崖州志》卷二十《艺文志·书牍》，海南出版社2006年版，下册第591—594页。
② 〔清〕樊庶纂修：康熙《临高县志》卷十二《艺文志》，海南出版社2004年版，第258—261页。

（三）清朝对黎峒的镇压，出现了新的状态

清朝对黎峒的镇压，其残杀手段与以往各朝相比，又出现了新的状态。

1. 以枪炮的火力镇压赤手空拳或仅有大刀弓箭的黎峒大众

如光绪三十一年（1905年）年间镇压感恩黎族起义，"更调炮队带开花炮二门，劈山炮一门"①对黎峒进行炮击。

宣德三年（1911年），王国儒出兵剿黎峒时，"开枪轰击"，以新式武器对付乡村的起义军。②

雍正九年（1731年），朝廷准琼人"藏枪防黎乱"。《清实录》载："雍正九年（1731年）三月乙丑，大学士等议复：广东巡抚鄂弥达疏言，鸟枪一项，禁例甚严。但广东之琼州，孤悬海岛，外与交趾连界，内与黎人错处，居民多借鸟枪以为防御之具，似未便照内地一例收缴。请将民间现有鸟枪，令报明地方官注册，并令地方官严饬保甲，于十家牌内开明数目，一户止许藏枪一杆，其余交官收贮。"③准许琼人藏枪，对付黎族起义。

不过，在黎族起义军与官军搏斗过程中，他们也夺获官军枪械，也有汉人私带军火，潜入黎区贩卖，因此起义军也以武器互相对打，但官军毕竟拥有强势的枪、炮、火箭等先进武器，起义军处于劣势，而被残酷镇压。

2. 调动正规军进行剿杀

每次黎峒起义，官府都派遣镇守琼州的正规军或地方官府、官吏率兵进剿，以强大的兵力速战速决。如顺治九年（1652年），参将马正龙"率兵五百定万州诸黎"。顺治十三年（1656年）城守何玉统兵斩黎。顺治十八年（1661年），知县蔡嘉祯会同儋、澄牧令请兵密剿，道镇遣防儋兵参将进剿。康熙元年（1662年），黎峒反抗，"琼镇发官兵直捣其穴。康熙八年（1669年），定安黎峒起义，知府牛天宿总兵出征，知州张擢士集兵剿捕。在清朝黎峒84次大大小小的起义活动中，官兵都调集足够兵力前往剿杀。

---

① 周文海重修，卢宗棠、唐之莹纂修：民国《感恩县志》，卷十三《黎防志·抚黎》，海南出版社2004年版，第281—282页。
② 朱为潮、徐淦等主修，李熙、王国宪总纂：民国《琼山县志》卷十二《黎防志·平黎》，海南出版社2004年版，第二册第624—625页。
③ 《清实录·世宗雍正实录》卷104，第376页，载《明清〈实录〉中的海南》，海南出版社2006年版，第122页。

3. 张之洞剿黎之后进而实施抚黎策略

清朝对于黎峒的反抗,以强大兵力及炮击方法全面镇压之后,认为必须拟定具体计划,加以平抚,如光绪十二年(1886年)及十三年(1887年)命广西总督冯子材大举平黎后,粤督张之洞、吴大徵向清朝上《会奏黎匪剿抚事宜疏》,备述冯子材剿黎之后所制订的抚黎政策。

冯子材平黎之举,在有清一代,是一次大规模的剿捕,战斗的惨烈情景,在张之洞的奏疏里得以证实。张之洞在《剿抚各黎开通山路摺》的奏折中写道:

> 窃查琼州黎匪,自攻克陈钟明什官老巢,平毁马岭、廖二弓十八村匪寨后,军威已振。西峒逆首陈文中,马岭逆首黄清,廖二弓逆首那肥,即胡那肥、那闪,陵水逆首丁须生、蓝红衫、胡明时,乐会逆首赖文成等负隅拒,死党尚多,又有伪大将军郑显昌,系光绪七年(1868年)闰七月奉旨饬拿未获之逆首,琼民多罹其害,均应亟为剿办,以伸国法而快人心。当经提督冯子材派直隶州知州刘保林督率部勇剿办那肥一股,道员杨玉书、知府冯相荣率军追剿陈文中、黄清各匪,分饬乡团搜捕余孽。上年(光绪十一年,1885年)十一月二十七日,探知那肥踞廖二弓老巢,濠深岩密,上列炮石为死守计,刘保林派队进攻,先毁坚木栅十余层,该逆犹抵死不退。二十八日我军直逼老巢,以火箭飞射寨中,知县佩琼、主簿杨士丞、巡检杨桂振等绕出山后围攻,自辰至午,贼势不支,弃巢向后山越窜。石佩琼督勇猛追,那肥中枪倒地,经杨桂振割取首级,逆党回援,杨士丞猝为飞弹所中,登时阵亡,各军四面兜击,殄悍贼百余名,夺获枪械三百余件,阵亡勇丁九名,受伤三十余名,生擒匪供那肥枪毙属实,余匪逸出无几。维时陈文中入陵水首弓之打铁村。十二月初一日,杨玉书、冯相荣暨团绅谭乔绅分带兵练,驰往围捕。该逆夺门狂窜,练长林明志奋勇持斗,枪毙逆首陈文中、练长吴金章,生擒伪先锋胡那耀,并毙匪伙多名。初七日杨玉书、冯相荣、刘保林移营瘆二岭尾,逆首那闪率党出栅拒战,猛鸷异常,我军合力围攻,炮伤该逆左脚,经就擒,解交冯子材大营,讯明枭示。连日各军剿捕搜山,丁须生、蓝红衫、胡明三逆以次就擒,练兵林长福率萃右军搜

剿乌坡一带余匪。初一至初五等日,将横山固贼党一并攻毁,生擒赖金昌、王打狂等匪,歼毙逆党数十名,我军亦有伤亡。知府冯相华率萃中军分搜定安望天岭、天峒岭一带,擒斩逆匪赖文才,伙党黄亚二等九十余名。萃右军擒获逆首赖文成暨匪党胡凤尾等八十余名。刘保林所部萃左军擒获黄昌明等一百余名。萃前军擒获林成珍等一百八十余名,均系积年党匪,供认迭次杀掠不讳,经冯子材先后饬令正法。东中两路匪势已经涣散,惟郑昌、黄清未获。十二月二十一日,侦知郑显昌率其死党盘踞万州黎峒,冯子材饬署万州营游击方敬选派弁兵,会合萃军驰往围捕,千总张德星、五品军功朱廷光首先奋勇深入黎巢,将该逆生擒解营正法。本年(光绪十二年,1886年)正月十二日,冯子材自赴保停司(现保亭县)督剿,令冯相荣、刘保林分率勇围搜山,是夜踉及黄清于廖二弓湾洲地方,都司陈荣坤、守备刘步高连枪毙之,令降黎认明属实,并将平日济匪致富被控多案之土棍李荣诰拿获正法,合县称快。当萃军渐移琼南之时,中路定、乐毗连之岭门,乌坡一带尚有余匪,当经臣之洞由省另派福军四营,益以土勇两营,前往搜剿抚定。其西路客匪黄邹保、温河清伙党,前次虽经投诚,渡海安插,仍复潜回故地,伺便纠众劫掠,怙恶不悛,法难宽宥,经道员方长华派军擒斩匪首陈赞桂、匪目张秀生、郑亚生、赖官生等四十三名稍轻者分别发兖州县惩禁保释,仍饬该处绅团勒拿余匪,以期安缉。又有儋州匪首陈钟铭借报复为名,纠众滋扰感恩地,焚杀淫掠,黎汉各村均被其害,上年(1885年)八月奏明在案;方长华派府经历毓濂等设法擒获,交冯子材大营讯办。①

以上是张之洞报告冯子材、方长华、杨玉书等剿黎的状况。在定、乐、陵、万、澄、感各地剿杀之后,由于崖州地处海南岛最南端,距府城路途将及千里,山谷最深,瘴毒最重,从古官军未到之处,自道光九年(1829年)至十一年(1831年)戎官为乱,经前督臣李鸿宾督军剿平。但官兵未深入羊林岭之北黎村,因此叛为生黎,不纳厂粮。又陵、崖交界之卜马峒,在五指、七指之间,地势深险,对此情况,当时清军将士久劳,馈饷不易,但张

---

① 〔清〕张之洞:《张文襄公全集》卷十九《奏议十九》,光绪十三年十月十七日,中国书店1990年版,第398—400页。

之洞认为应一劳永逸,以竟全功,于是与冯子材电函定议,激励诸军,多备医药,移师南路,令冯相荣、冯相华、刘保材等三军由东路进,方长华之军由西路进,会合军团,分别剿抚。这次剿黎,是清明官军最彻底的一次军事行动。

所以张之洞在以强大军力剿黎之后,虽然与前朝一样,镇威手段十分残酷,这是统治者既得利益所导致的。不过张之洞比较历朝官吏的剿黎行为,显得十分明智,他之所以超过历代官吏之处,在于他的治黎抚黎政策的实施,给海南人民带来实际的好处,促进海南社会的发展。

张之洞的治黎政策及治理海南岛的措施,有如下各项——

1. 酌拟抚黎章程十二条,刊发传布,这十二条是:

(1) 官军此举专为剿除乱黎,招抚良黎,开通十字大路,以期黎、汉永远相安。其良黎秋毫不扰,毋庸畏惧。

(2) 从前为匪黎人投诚者免,抗拒者诛,擒斩来献者重赏。

(3) 投诚各黎无论生、熟,一律剃发改装。

(4) 投诚黎首开送户口册,捆献匪徒,缴呈枪械。

(5) 投诚黎众随大军伐木开山,前驱向导,仍按计里数酌给赏犒。

(6) 将来开通生黎大路后,选择要地设官抚治,安营弹压。各村黎长助剿开路有功者授为土目,就中酌设局总土目数人,散目给顶戴,总目授土职,自为约束,仍听地方官选黜,略仿黔、滇各省土司之例,不令吏胥索扰。

(7) 开通后黎人仍安生理,有主之田断不能强夺,唯抗拒者籍产入官,充官军屯田之用。

(8) 开通田业三年内不收赋税,三年之外务从轻则起征,断不科敛。

(9) 开通后黎境有矿各山,由官商开采者给钱租赁,绝不强行制占据,黎、汉均享其利。

(10) 开通后民人盐布百货与黎地牛、木、粮、药等物,在各峒口设场互市,来往畅通,公平交易,严禁汉民讹赖盘剥,总令于黎人有益。

(11) 设立土目之后,应各具永远不敢杀掠抗官藏匿匪徒之切结存案,所属有犯,责成该土目拿送到官,按律惩办。

(12) 每数村仿内地设一义学,延请塾师,习学汉语、汉文,宣讲圣谕广训,所需经费就地筹办。

这十二条，张之洞下令在籍绅士总兵林宜华、副将符鸿升等，分遣通晓黎语团绅经历各峒，剀切宣谕。并嘱对霞黎、苗黎、哞黎、干脚歧各种类多裸处，酌给衣裤，令其渐被冠裳之化，驯其顽悍之俗。不久据各路禀报，已经剃发改装就抚造册者，东路丁口三万余，北路一万余，西路四万余。

在这十二条抚黎的指令中，可以显示张之洞治黎的思想，第一，他在以强大武力镇压黎民起义之后，力求朝廷与民众、汉族与黎族之间相安无事，所以凡投诚黎首或黎众，一律剃发改装，服从朝廷管理。在现实生活中，民族的生活习惯各不相同，他以行政命令要黎族剃发改装，在汉族族群中，在清朝初命令剃发改装实在是十分困难的事，而张之洞这种强制剃发改装的命令，虽然他说各路共四万多人已经剃发改装，这一数字很可能是地方官员虚报，因为黎族的服装头型，具有自己民族的习惯，一直到20世纪，仍然如旧，哪里由清廷一纸命令就改造过来呢？第二，张之洞的伐木开山，开通十字路的决定，对于黎族山区的开发及生活的改善，的确是一项大事，他对开路有功的各村黎长，授以土目，利用他们管理黎民。不令官府派吏索扰黎村，使黎村能安居。第三，在黎峒口设场互市，并严禁汉民欺骗盘剥，保护黎民利益。第四，几村联合设义学，令黎族孩子学习汉语汉文，开发黎村文化。第五，开发黎区矿藏资源。这一系列的措施，对于安定黎村的人民生活是有利的。

在剿黎之后开展抚黎工作，而且让各项措施付诸实行，张之洞一件件地加以督促，使黎区趋于平静。

2. 开通十字路，并雷厉风行付诸实施

前代有开通十字路之议，明朝时海瑞及一些有识之士，都提出开十字路之议，但未付诸实行。康熙二十年（1681年）琼州镇总兵吴启爵剿南劳峒黎后亦曾议及，但中作而辍。张之洞认为，综考黎峒形势，北以十万峒之牛栏坪为要，东以太平峒之什密为要，东南以宝停司为要，南以罗活峒之安司为要，西南以古振州峒为要，西以红毛峒之凡阳为要，皆出入冲要可以屯兵足食之所。他提出拟开大路十二道：

（1）由乐会之嘉渍市西行，经石壁、船埠、加岭、中平、河滥出五指山之北，西抵牛栏坪，此为东北路。

（2）由万州之与兴隆，五甲西北，行经长沙营、什密、禁会、南峒、

七村出五指山之东，亦抵达牛栏坪。

（3）由定安之铜甲口西北行，过毛祥口出五指山之南，西抵五指山下水满峒。

（4）由陵水之乌牙开至宝停司，又由崖州之藤桥亦开之宝停司，再由宝停司西行横开一路，越七指山抵崖州属乐司，此为东三路，均责成道员杨玉书办理。

（5）由崖州东之三亚口西北行，越华林大岭，出五指山之西抵凡阳，此为东南路，责成道员杨玉书及知府冯相荣、冯相华办理。

（6）由儋州南丰市东行，经大水、番仑、元门、红毛、合棘诸峒，东南抵五指山下水满峒。

（7）由红毛峒南行，经番响、毛匮诸峒，出五指山之西北，经凡阳南抵乐安司。

（8）由儋州之调南市东南行，经七坊、刀缸诸峒、南抵感恩、古振州峒北，为西三路。

（9）由昌化东行，经古振州峒东亦抵乐安司，此为西南路，均责成道员方长华办理。

（10）由崖州西之九所市北行，经乐平汛，东北抵乐安司，此为南路，责成署崖州知府刘保林、署崖州协副将方敬会合方长华办理。

（11）由定安之岭门南行，经蚺蛇峒、十万峒、牛栏坪、南劳峒抵五指山，过山南至水满峒，此为北路。

（12）由岭门西南行，经三坎溪、猪母湾、加钗峒，出黎母山之南，抵红毛峒，此为西北路，责成督带福军同知孙鸿勋办理。①

张之洞认为十字路的建设，开凿险隘，芟焚林莽，令其四通八达，阳光照临，人气日甚，则岚瘴自消，水毒自除。这十二条路，统由冯子材考核督催，并饬琼州道府激励各属绅团同力协助。大率参考前明海瑞、俞大猷诸人之说，加以变通推广，所开之路如井字形，其余各州县团夫分开小路，以合于大路，纵横贯通，同时并举，分地定限，会合联接，勇团土黎并力作工，以一丈六尺为度，极险仄处以八尺为度，人力所不能施者以炸药轰裂之，所

---

① 〔清〕张之洞：《张文襄公全集》卷十九《剿抚各黎开通山路折》（光绪十三年二月十七日）奏议十九，第二十六—三十四页，中国书店1990年10月版，第一册总398—402页。

到之处伐木焚莽，搭桥凿井，经过黎歧随宜抚定，分遣员生测绘地图，并令沿途查看各河道是否可行船筏，以备运出老山材木百货，测看各山矿苗种类以备开采，山内地形土性宜于种植何物，以阜物产而赡琼民。路通而地开之后，应于山内要隘广饶处所建置城寨，设官安营，以资化导控制，举办一切，俾此奥区永为乐土。

张之洞这十二条路，全长3600里，在光绪十三年（1887年）四月已完成十分之四，五月间路工可一律告成。此外，复劝督各州县团绅另开小路22条，均已与大路连接，叠经臣等委员官勘，官开各路，林莽芟除，山石开凿，舆马俱可畅行者十得其五。余或限于地势，或迫于日期，未能依前定丈尺开足，俟秋凉后随地召募土黎，设法轰凿增修，多造坚固木桥，务令一律宽通，并于要冲平坦处所搭盖棚寮，设立墟市，以便商旅往来。①

张之洞建十字路的目的，当然是为朝廷着想，希望开荒凿险开通十字路之后，深入老山抚黎工作就可顺利进行了。他这一做法，一方面便利清统治者对黎族的统治，一方面对开发黎区原始的生活状态有利，使黎区黎族族群由此可以建立一个永治久安的社会。

（四）黎汉杂居后的黎峒变化

费孝通在分析民族关系时曾提到我国民族关系是"各具个性的多元一体"，他说：中华民族"是由许许多多分散孤立存在的民族单位，经过接触、混杂、联结和融合，同时也有分裂和消亡，形成一个你来我去、我来你去，我中有你，你中有我，而又各具个性的多元性统一体。"

在三千多年来的历史长河中，海南岛上黎族原住民与大量移民进来的各民族，尤其是汉族的共同杂居的生活中，通过政治、经济、文化多种渠道的接触、混杂、碰撞和融合，汉文化以强势文化的态势，以儒学教化不断进入黎区，黎族的上层土官后代又能接受汉文化的精华，有的也参加了科举考试，由此可以出任地方官等等。尤其是在改土归流之后，黎族也在慢慢地改变自己适应汉化的社会，因此过去黎、汉的对抗

---

① 〔清〕张之洞：《张文襄公全集》卷二十一《全琼肃清分别裁留营勇通筹善后事宜折》（光绪十三年六月十三日）奏议二十一第六页，中国书店1990年10月版，第一册总421页。

历史，随着清代封建社会的消亡，黎峒封闭的自然经济的局面也有所改变。但是，作为一个民族独特的生活习俗、浓厚的文化特征，虽然有清代末期海南岛门户开放的经济发展，黎峒的社会结构基本上保留着。只不过土官、土舍的政治制度已被历史所淘汰了。

自从1840年鸦片战争之后，中国在政治、经济、文化各方面已发生了转折性的变化，1858年清廷与英国、法国签订了《天津条约》，琼州被迫开辟为商埠，1861年至1869年，德国、意大利、比利时、西班牙、丹麦和奥地利先后把海口列为通商口岸，这些国家把大量的商品如鸦片、洋纱、洋油等倾销至海南岛，致使海南黎区土产如槟榔、益智、红白藤和牛只等被廉价掠夺。同时清末传教士已开始进入黎区传教。到了20世纪初期，随着商业资本的发展，黎区的上层人物如"总管"、"哨官"、"黎目"、"头家"等人物，不仅占有大量的土地，而且出卖土地，汉人及商人纷纷移民黎村，购买土地和土特产，几千年来封闭的山村，已经慢慢地被打开了门户。

下面是赖才清1956年在乐东发现的一块道光十四年刻的"永禁扰索碑"，从碑文中可以了解到清代衙门扰黎的陋规。

道光十四年"永禁扰索碑"

1956年12月19日，我们在乐东县抱由镇番豆村看到道光十四年石碑一块，宽20.6厘米，文长60厘米，全长70厘米，厚3.5厘米。现将查到的清朝统治者对黎族人民残酷剥削的材料，以及总管、峒长、哨官、头家等姓名，抄录如下：（见右图）

碑文中所述清代衙门扰黎极其严重，由嘉庆年间向黎民索取"斗粟鸡酒"，至道光初年则专索钱银，而且日渐变本加厉，甚至"一官往复数次"，威逼再三，黎区民不聊生！碑文示禁，永远禁止，以安黎民！

这足见黎峒变迁的一斑。

奉宪永禁扰索示碑

崖州正堂加十级记录十次 谭为禀明除五害事本年六月十三日据西黎汉道村峒长符安祥等呈称缘祥等前期以一件遭殃求救原由渎呈蒙金批彻底认详示此诚仁天能保黎民恫瘝在抱者也自来滋扰诸弊摘周全独贽见汛官一例作俑于嘉庆年间然始不过斗粟鸡酒用以奉□突至道光初年专索钱银变本加厉或二三十两不等视峒之大小以为分甚至一官往复数次威迫再三前未偿而后又加富变穷而贫俱散百般陷害是惟此凶道光十年□蓬普府宪暨袁州主亲临招抚□绝严禁暂蒙□和旋后仍行科勒越有岁韩副爷代防尽革陋规民黎悦服无何升上未获永思即有罪魁百总罗开兴等不时带兵数十串谋扰索借言巡哨地方实在追迫贽见就拿见牛即封各村逃避到处含冤灾切剥肤如虚甘坐势迫赴愬仁天怀保黎庶歼厥渠魁永示碑俾穷黎托安坐业不致□□催残东西诸峒食德无疆矣为此冒死切叩等情到州当批据呈此汛官带兵入黎勒索贽见如果属实殊堪骇异侯即出示永远禁止以安黎众而绝弊端在案合行出示严禁为此晓谕各黎峒长总管悉知 朝廷设立文司武讯原以镇抚黎人若似此勒索贽见多至数十余两是扰黎也汉人扰黎无谕官民照私通土苗例发近边充军立法何等森严自此以后如有文衙门差役□以新官到任办差为名勒索规费贽见者准尔等黎人指名禀究 本州会同营宪照例□□并将文武衙门一切扰黎陋规永远禁止以安黎众该黎人等亦应安分守法勿得黎勒索贽见者尔等黎人亦即来州控告以□本州定照例总□详办绝不宽贷如武营不肖兵丁逢迎汛官假以巡哨地方为名带兵入误听汉奸勾引诬告陷害如有此等亦着一并究处各其凛□勿违特示

西 峒
各村 汉道散用 只类太把峒长 符安祥 吉石不 吴亚三
多涧抱训 麦土保 头 林那安 理 符那若 东 官方多港 总管哨官
抱政抱界 芦那洪 盘那□ 文那卒 西 同禁 刘峒长 及众村 头家村老
只屏凡上 芦那有 家 韦亚出 事 周石雷 峒 德霞抱由 等同立
符那休 韦那全

道光十四年八月 吉旦立禁

（五）美国传教士香便文到黎峒调查

1882年（清光绪八年），美国北长老会传教士香便文在传教士冶基善的陪同下，在海南岛进行了为期45天的徒步考察。他们从海口出发，走西线经过琼山、澄迈、临高，从儋州南丰进入黎区，沿黎母山西侧向南翻越白石岭，到达今琼中县的红毛镇。他把这次考察旅行记于1886年在伦敦出版的《海南纪行》一书中。①他们从南丰进入黎区，经过南丰、志文、什满汀、番仑、福马、甲口、黎班、黎班老村、做歌、立志、加来、肯东、水英、打塞、合老、毛西、瓦板、水乖、岭门，这些村落都属于黎峒。每到一地，黎头对他们都热情接待，书中描绘了一路黎村的风土人情，在南丰看到来自西南方15英里的薄沙峒（也叫白沙峒）黎人，他在"黎岐疆域"一节中写道："黎和岐的分布范围，算下来共有一千二百多里，去长补短，大约也有方圆四百多里。（黎母山）山势盘旋如蠃虫一般，黎人全部住在山外，岐人住在山里，每隔二三十里就有一峒寨。每峒有数十村落，土地肥沃，人烟稠密，这些地方与外边的乡村没有什么差别。特别是层峰叠嶂，竹林丛深，水中的毒气和山中的雾岚交织，浓重的气雾遮蔽四面八方，外人并不总能进入村中，于是各种部落可以凭借这种天险作恶为患。如果能用有效的方法安抚黎民，守备到位，建立学校对他们进行教化，那么众多的黎族百姓，自然可以相安无事，并不是非要用兵不可。"②这是美国传教士香便文所看到的光绪年间黎峒的实情，是时"每隔二三十里就有一峒寨，每峒有数十村落。"他所到的各个村落，都有黎峒管辖，如书中提到岭门镇的十万峒。他在做客黎村的日子里，对黎峒的记录写得十分生动具体。

七、民国时期的海南黎峒

清代光绪末期土官、土舍已经取消，但黎族群居的黎峒仍然存在于深山之中。清朝在冯子材平黎之后，曾设抚黎局，局中置黎团总长一人，编查黎人户口：十家为牌，置牌长；三牌为甲，置甲长；三甲为保，置保正、保付，辖于团总长，主兵事。各峒另设一总管，统辖各峒，主人事。当国民政

---

① 〔美〕香便文著，辛世彪译：《海南纪行》，漓江出版社2012年版，第4页。
② 〔美〕香便文著，辛世彪译：《海南纪行》，漓江出版社2012年版，第61页。

府推翻了清王朝统治之后，在"黎村中，如崖县之否浅村、落屯峒、多港峒尚有甲长、总管等名称，当为其残余制度，惜无可详考耳。"①

国民政府时期在政治结构上已取消二重管理体制，力图把黎峒纳入国家行政管理系统，黎峒虽然无任何系统组织，但黎族聚族而居的习惯尚未改变，据民国时期的调查，黎族"少则二三十家，多则百数十家，择山麓爽垲之地为聚居村所。村之周围植刺竹为篱，厚者十余丈，择险要处开一二门户以为出入。门之左右常积多量竹木支干，以备遇敌时填塞门路之用。竹密而坚固，较之砖石围砦实为安盘。头家或族长家内，常备有大鼓一面，有事时击以为号。或遇盗，或办公差，或议事，击法不同，村人则闻而知之。鼓声响处，村人毕集听命。头家与族长之命令，例不能抗；然无势力之头家亦往往号令不行。"②

到了1932年陈汉光统治海南岛之后，将"抚黎局"改为"抚黎专员公署"，设乐东、保亭、白沙三县，把合亩制地区分属上述三县管辖，并撤消总管一级，易哨官为团董，下设保、甲长，委任原来的峒长、哨官、头家为团董、保长、甲长等。

在抗日战争时期，又将伪团董改为伪乡长，实行保、甲联坐制。

除了峒长、哨官、头家以及后来的团董、乡长、保长、甲长之外，每一个村还有一个村头。村头不是选举产生也不是委任的，而是由村里辈分最长、明事理、能为群众处理纠纷，并表现出有一定能力的人，就会被群众公认他为村头。有的村头还兼任亩头。

由此可知，土官、土舍的二元管理体制在政治结构系统上被取消了，对黎族的管理已经纳入国家政治体制中统一的保甲制度，许多黎区均已编入都图里甲之中，风俗习惯也不断被汉化，出现了移风易俗的现象。

但是，黎峒的民间社会组织，仍然继续存在。现举下列几例为证：

---

① 陈铭枢总纂、曾骞主编：《海南岛志》，海南出版社2004年版，第138页。
② 陈铭枢总纂、曾骞主编：《海南岛志》，海南出版社2004年版，第138页。

（一）美国传教士劳瑞博士等著《棕榈之岛》中的黎峒见闻

美国长老教会海南岛传教团写的这部书，成书于1919年，王翔译著，由海南省政协文史资料委员会范基民主编。南海出版社公司2001年12月出版。

踏上海南岛传教的传教士们，踏遍海南岛上的每一个角落，对当时海南各方面的情况进行了多层面的观察记录。

这部书特辟两章介绍黎族和苗族。其记述是综合性的，不纯粹是亲历亲为，而是传教士们在调查之后所写的调查报告。这里特别介绍黎峒见闻。

关于黎族，所报导的生活的时代背景是距离1911年辛亥革命成功之后8年的时间。比黄强进入黎区早9年，黄强和萨维纳写的是"生黎"，他们写的是"熟黎"。

这些黎人"已经完全服从汉族人的政府，但仍然保留着他们的民族服装和或多或少的风俗习惯。"

这些黎人生活的地区与汉人居住区接界，被认为是驯化了的黎人——即熟黎。我们可以从另一侧面了解民国时期熟黎的生活。

1）关于发式：把头发向上梳到前额，在额上精心地绾成一个结，剩下的发梢缠绕在结上。再用一根细绳系好，这是靠近海南岛东北部的定安县的黎人发髻。南部的黎人则把他们的头发盘曲在头顶上，用一根长长的骨制发夹夹紧。西南部的黎人，把他们的头发从一只耳朵绕过脑后向另一只耳朵，将头发的前部在额上系成一个结，再把后部的头发扭过一只耳朵，然后把发梢扎进前面的发结中。

2）关于服饰：黎族人习惯于穿着一件短短的上衣，正面开襟直到腰部以下，用一根腰带加以固定。那些头绾大结的黎族人不穿裤子，取而代之的是从腰部挂下来的两片布。所有支系的黎族妇女都是上穿短仅及腰的上衣，下着短不及膝的裙子。

黎族人衣服原料是木棉，以及一些树的纤维和树皮，同时也穿汉族商人卖给他们的棉布。黎族妇女在面部、臂部和脚踝部刺有精致的文身。黎族女性的饰物有所区别。这一支系黎族妇女的头饰物多为骨制和银制的，另一支系黎族妇女则以大大的铜耳环来表现其风貌。有时一只耳朵上居然戴有八到十只铜耳环，这些耳环是如此之大，以致于为了方便起见，佩戴者常常将耳环拉过头顶，担在另一边的肩上。在其他一些地区，一种用穿在金属线上的珠子编成的多达三十到四十串的沉重颈圈是黎族妇女们的主要饰物。

3）食物：黎族人通过种植庄稼和获取野兽获得食物。耕种的稻米有一些很不错的品种。种植稻米用水牛踩田。谷物收获时用水牛踩踏脱粒，丘陵地则种甜薯和豆类。任何一种活的东西都可能用来作为他们就饭的肉食。

4）会猎：狩猎时长矛、弓箭和火枪都拿出来使用。追猎通常在围捕至一匹山鹿、一头野猪或几只丛林中的大鸟后结束。在战利品的分配上，那个首先击中猎物的人，将得到猎物的头和后臀与腿；若是第一枪未能将猎物击倒，补射第二枪的人可以分得前肢。其他所有参加围猎的人，甚至包括那些碰巧赶上屠宰猎物的人，都会得到他们的一份。①

其他贸易、宗教信仰、住宅等项，与过去文献所载相似，不再引述。

（二）法国萨维纳到黎峒所作的调查

1925年，在法属东京地区（今越南北部）调查与传教的萨维纳（François Marie Savina, 1876—1941）神父应国民政府之邀来到海南岛当翻译，并受河内的"法国远东学院"（l'École Française d'Extrême-Orient）之托，调查海南岛的民族和语言。在4年多的时间里，他的足迹遍及海南各地，他调查了海南话、临高话和黎语，并编辑了《海南话-法语》、《临高语-法语》和《黎语-法语》3部词典。其中的海南话（福佬语）词汇后来收录《法属印度支那语言学指南》（Guide Iinguistique de I'Indochine Frangaise, 2卷本，1939年），《临高语-法语词典》的手稿经后后法国学者奥德里古尔（Haudricourt, A.G.）整理出版，这就是《萨维纳的临高语词汇》（Le Vocabulaire Be de E.M.Savina），作为法国远东学院专刊第57本，于1965年在巴黎出版）。

香便文所调查的海南岛语言与文化，第一次从语言学的角度为海南"临高人"定位。他还对海南各地区文化经济进行考察。下面是他对黎族的田野调查收获。1928年10月，萨维纳陪着当时的海南岛军事首长一道深入黎区，黄强写了《五指山问黎记》。他写了《海南岛志》，关于对黎族的实况描

---

① 王译本第20-23页。

写，与黄强所写的异曲同工。

作为一个传教士，他所热心的当然是黎区的基督教传教的实况，书中告诉后人17世纪开始西欧传教士深入黎峒传教的情景。当他进入岭门时，他写道：

岭门在海南宗教史上有名。17世纪，耶稣会（Jésuites）神父们应中国政府要求，绘制第一张海南岛地图时，就住在这儿。1850年，巴黎外方教会（Missions Etrangères de Paris）的马逸飞（R. P. Mailfait）在这儿建立了基督教会，修建了教堂。1874年，传教会的另一位沙格神父（Père Chagot）来这儿访问。此后岭门基督徒没有接待过任何传教士。

我首先关心的是问当地几个老乡绅，那座教堂的位置在哪儿。他们立即找来一个人带我前去。他是那些老基督徒的后代，但没有受洗。教堂在800米开外处，在山脚下的一片树林里，一条溪水从旁流过。教堂已变成了居民房，我到那儿时，两位妇女在扬谷子。祭台还在。因为是星期六晚上了，我把祭服带过来，好在第二天星期日做圣祭。

14日星期天。来自澳门的邓少校是队伍里唯一的天主教徒，协助我做弥撒并行圣餐礼。当我看见在场有那么多来自墟市的不信教的人，我的眼泪忍不住落下来。弥撒过后，我在溪边的一块岩石上摆开早餐，黄将军为我们摄影。有人极力嘱咐我们，不要坐在草地上，因为这一地区树上有很多小蚂蟥，要不了多久我们就会见到这些东西。①

这一段记载，黄强在《五指山问黎记》中也有记录：“十四日，是日为星期日，墟南有天主教堂一所，教侣既少，地复荒芜，四十年前曾有外国教士驻此，后无之者。位教士与邓技师俱天主教信徒，闻之太息，是日联赴该堂顶礼弥撒。”②

萨维纳以西方人的眼光看当时的黎村，他们在荔枝塘所见到的是一片贫穷落后的景象："我们在一个破旧的小茅村歇脚，只有饱尝过人世间一切苦难，才能忍受在这里安身。这茅村名叫荔枝塘（lai chi tong），人穷得像老鼠，拿不出任何东西给我们。就在这里，我第一次看到用杵舂米。"③

---

① 〔法〕萨维纳著，辛世彪译注：《海南岛志》前言，漓江出版社2012年版，第27—30页。
② 黄强：《五指山问黎记》。
③ 〔法〕萨维纳著，辛世彪译注：《海南岛志》前言，漓江出版社2012年版，第31页。

黄强也同样写到此地的贫困:"低檐陋巷,风雨不蔽,黎人生活,此见其端。"①

他在加钗峒看到黎族妇女的装饰及船形屋:

> 士兵们看到黎族(Hiai)妇女的艳丽服饰就轰然大笑起来。额上方一条花头帕,一件及腰襟衣,前面绣着双排金线,袖子镶着红边,一条整个都绣的短裙,长仅及膝盖,窄得让她们只能迈小步,两个膝盖还要相碰;要登高跨越,就得双脚跳。这种如此不方便的式样,已经流传数千年之久。
>
> 这里的房屋与汉人的相似,泥隔墙,茅草顶。只有到达岛中部之后,才能到真正的黎族民居,就是建成船形,每边的屋顶都下垂至地,四周隔墙隐而不见的那种房子。
>
> 我要指出,这里黎族的所有房屋通常都还有一个门,就是一个小后门,与正门相对,但隐藏在一堵隔墙后面。房子里的三间屋子,都靠一个狭小昏暗过道跟这个门相通。而在船形屋式民居里,这个门却是开在房顶上,从屋外是看不见的。这是个安全门,遇到攻击时,由此可以逃到树林里。
>
> 我们想拍些照片,但没有成功。镜头对准她们时,所有女人都四散逃走了。②

萨维纳到了五指山,调查黎族族群来源的传说,并在书中提供了一些有关黎族人生育、疾病、死亡和婚姻的资料:

> 首先说生育。总是在灶房里生孩子。黎族人几乎一生都在灶房度过。在灶房生,在灶房死,白天在灶房吃,晚上在灶房的柴草上睡。生孩子没有节日,没有庆祝。他们不用水洗,把新生儿弄干净就算满意。他们用细绳扎住脐带,然后用薄竹片把脐带割断。母亲分娩后立刻就忙她的活儿了。
>
> 疾病。各样疾病都是恶魔或邪灵引起的。黎人有病从来不看医生,总是把巫婆请到病人床前。为了知道病是哪一个灵引起的,他们一般这样做:拿一个鸡蛋状的椭圆物,石头做的或木头做的都可以,用线吊在病人上方或铺在地上的衣服上方。然后慢慢呼求诸灵,直到其中一个灵让椭圆物转起来。

---

① 黄强《五指山问黎记》。
② 〔法〕萨维纳著,辛世彪译注:《海南岛志》前言,漓江出版社2012年版,第33页。

这是那个灵对呼求的回应，而且被认为是危害病人的可靠征兆。这个作怪的灵，他们用化妆表演、诅咒和献祭来平息或驱赶。

丧葬。我上面说过，灶房是黎人家里唯一的住处，死亡也总是发生在屋里的这个地方。一旦确定人死了，他们就把尸体搬到屋子中间，正对着大门，死者的父母和邻居就在那儿哀悼。

这些乱哄哄的哭喊仪式之后，他们就测量尸体，到树林里找一棵树，挖出来做棺材，然后回到死人的家入殓。所有这些必须在人死的当天或当晚做完。

第二天是宰牛和大摆宴席。那些倒霉的挨宰的水牛被拴在死者家前面的坚固柱子上。所有的人，无论男女老少，各人随手拿一件武器，刀子、斧子、棍子、棒子、石头都行，一起打这头牛，直到它倒下，在众人的欢呼声中倒下。场面恐怖，目不忍睹。接下来的事情更令人毛骨悚然，也更令人痛心：他们又吃、又喝、又笑、又唱、又蹦、又跳，围绕棺材恣意取乐，有时相当粗俗下流。

第三天最后下葬。棺材被抬到树林里，下到4英尺深的坑里，然后埋土，直与地齐平。在黎族那儿，完全看不到坟墓，只立一块石头指示埋葬处。葬礼总在下午举行，可能是为了让大家从前一天的酒宴中恢复。

婚姻。父母不参与选择儿媳或女婿。黎人家的婚姻总是恋爱婚姻，但也没什么好说的。

到了订亲时间，媒人把未婚夫给的手镯戴到未婚妻手上。几天后举行订婚宴，女方的父母向男方父母要16头水牛或黄牛，男方父母总是给一半，就是8头牛。

婚约订立之后，他们选一个黄道吉日举办婚礼。到那一天，新郎新娘都被涂黑，像恶魔一般，新郎拿着弓，起身去找新娘。

这些婚宴成了青年男女们纯粹吃喝放纵的场合。

结婚七天后新人就分开了，新娘只有等到怀了孕才能恢复夫妇同居生活。同样的习俗在某些土族（thô）部落那里也存在。①

《五指山问黎记》21日载：

是夕，老人复来（指水满峒乐会籍汉族老商人），谈黎人婚丧俗

---

① 〔法〕萨维纳著，辛世彪译注：《海南岛志》前言，漓江出版社2012年版，第40—42页。

尚。黎早婚，薄有财产者，八九岁即娶妇。其缔婚手续，先由男家父母，取得女家父母同意，备银镯一事，诹吉文定。迎娶之先一日，女家送猪肉半只及箭一枝至男家。翌日，男家备牛若干头（富八贫二）、大洋一十二元、钱七百元、布一疋、内衣一件、裤三条、瓦缶一、酒瓶一，陈列室中。请女母或其亲人前来点验。如认为聘物齐备，许可迎亲，则男家再派男子二人，漆面为媒，另以工人挑礼物，担竿缚弓箭及女家箭，迎新娘归。女家戚串百数十人不等，随至男家大嚼，并歌唱取乐，但不舞蹈。四日后，新娘归宁，母家宰牛款待。留牛之半，备新娘携归。新娘归时，众又尾往，狂咽轰饮，绝无客气。俗例如此，穷人亦不能免。又黎人患病，云有鬼祟，请巫驱逐。其法取米筛一具，中放衣、裤、剪刀、尺、镜、鸡蛋一只、米一碗，巫者持香望空狂呼病者名字，以招其魂。病人幸愈，则酬巫一元，杀鸡谢土地。巫亦有兼医生者，则酬牛一头。不幸死亡，村人皆抚尸而吊，并燃放?枪多响。黎人住宅狭小，死者草席裹尸，外捆白麻，停放一隅，家人迫处而卧。乡邻相与入山，砍伐大木，凿槽形之棺，四周钻孔，系藤不钉。殓后，缚牛木桩，发箭毙牛，烹奠死者。停棺三日，死者已嫁之女及亲戚等，均来吊唁。其有牛为祭者，亦毙之如前状。葬事既毕，置石卵木片为号。富有之家，则赴岭门陵水聘请勘舆，为觅吉地焉。"①

萨维纳随同黄强在五指山黎区转了一圈，所看到的、所记录的与黄强所写的不相上下。虽然是不同国籍，不同信仰的人，但其观感是相一致的，证实了这两部书记载的可靠性。

（三）美国记者克拉克拍摄的黎峒生活照片

1938年美国新闻记者克拉克在美国《国家地理杂志》1938年9月发表了他到黎区的游记，其中所登载的照片极具文献价值。下面介绍几帧克拉克当时拍的照片。

---

① 〔法〕萨维纳著，辛世彪译注：《海南岛志》，漓江出版社2012年版，第104页。

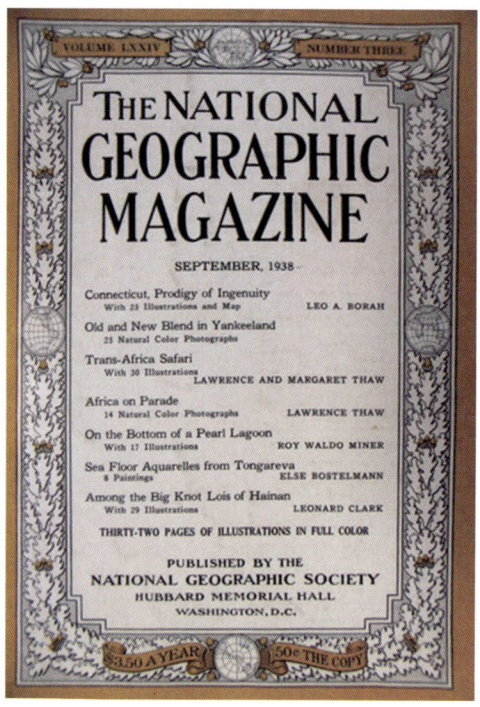

美国《国家地理杂志》 1938年9月

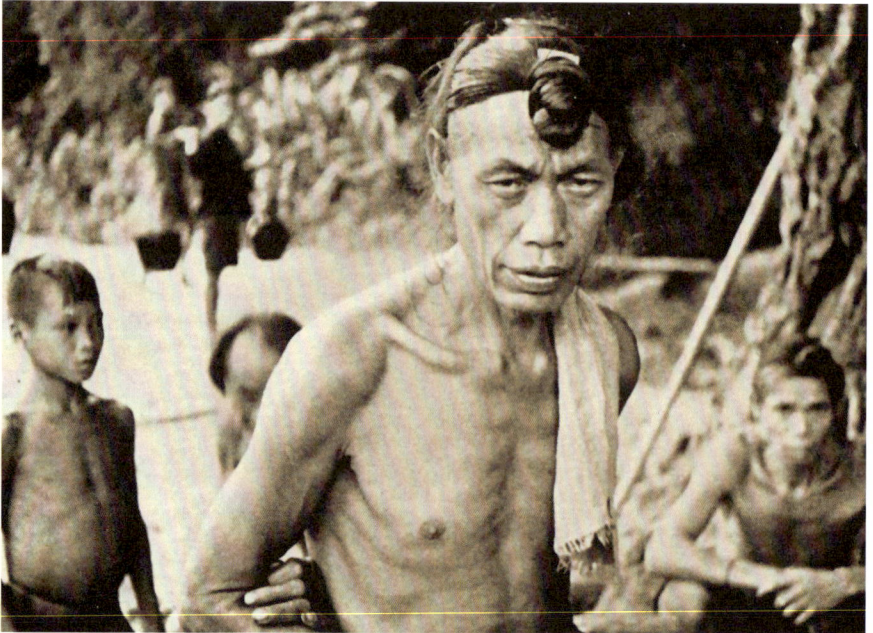

留有大发结的黎人

黎族妇女用顶端雕刻的牛肋骨代替锋利的刀子作为发簪。这位有装饰的牛肋骨是所谓的"处女发饰",一条丝巾、耳链与青色的文身结合在一起,这样的装饰与乌黑靓丽的秀发相得益彰。

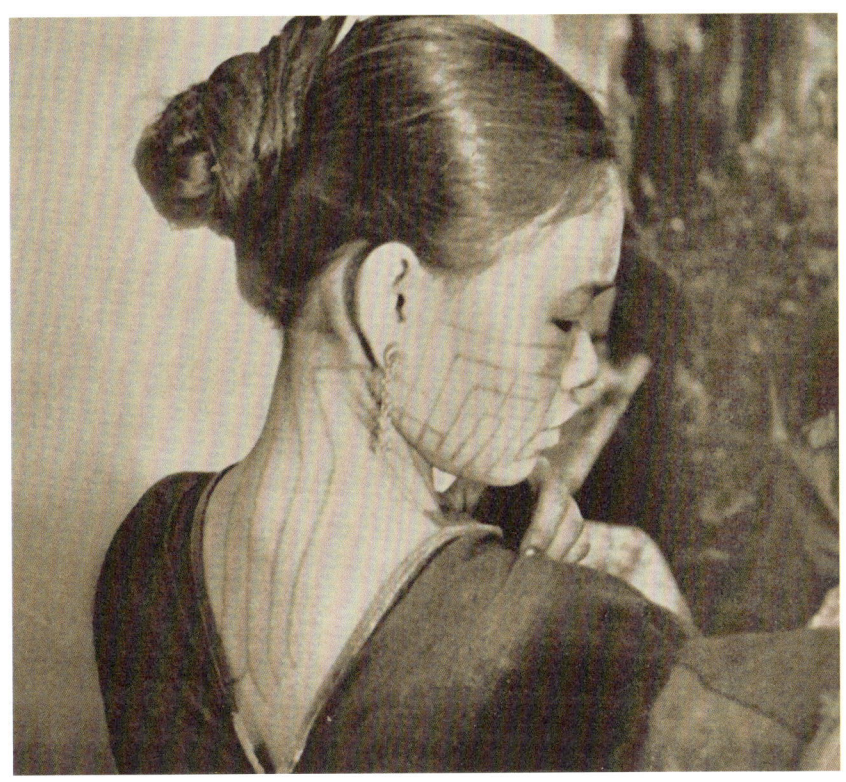

这个女孩既不描眉也不涂唇,但她的脸颊纹成几何图案。耳链透露出一点现在痕迹,但沿着脖颈后面而下的蓝色线条,表明她是一个白沙峒族的女孩。

只在节日上，哈方言女性在把她们的耳饰放低。这些银环，在礼仪结束以后，就被戴在她梳好的头上。

这是东方的哈方言黎族头人

一个纹了手背带着婚戒的女人

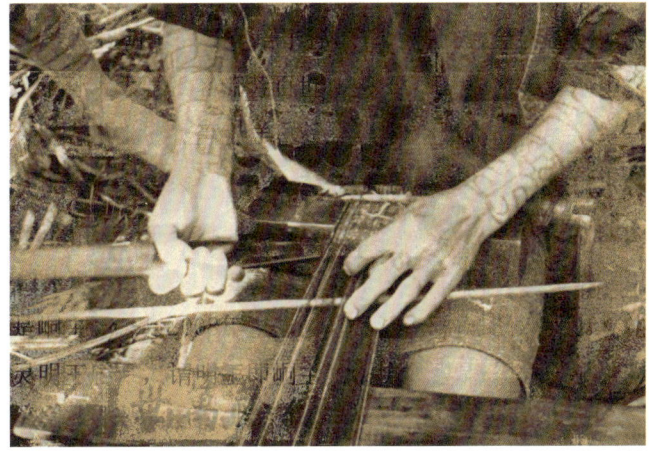

黎人的传说记录在文身标志和织锦中

五英尺的竹筒代替坛子和罐子来挑水

(四)黄强访问五指山黎区

1928年,黄强奉当时海南岛首长陈铭枢之命,访问五指山黎区,写下《五指山问黎记》,描述了五指山黎峒的真实情景,这是一份颇为珍贵的历史记录,让我们了解到20世纪20年代海南岛黎峒的原本景况。黄强在《五指山问黎记序》中写道:

五指山位琼岛之中央,延袤数百里,出海六千余尺,磴道崎岖,长林蓊郁。黎、苗、倮、伎环山之麓而居,不与汉人杂处。既殊其方言,异其习尚,则情感斯背,往往因薄物细故,椎牛击鼓,持众斗殴,死伤累累焉。汉人鄙薄视之若鱼鳖走兽,摈之编氓之外。其户籍粮税,皆不入于有司。在昔官斯土者,多陈议其事,考之志乘,要无过剿抚二途。今夏陈公真如,独倡筑路之议,谓彼我习见,意则相融,剿与抚实无所用,闻者怪焉。盖数百年来,剿抚互行,而黎汉之情且相越愈远,人方疑行之者犹未能尽其术,外此宁有他途,寻常之见,锢蔽旧说,大率如此。余承陈公之命,经画路线,南过岭门,趋水满,登绝顶,入幽邃,而出保亭。时方九秋,天高气爽,历访黎族诸峒,所至杀牛鸡相候,备尽东道款曲。贻以剪刀明镜烟丝针线之属,则大喜捧腹,欢不自胜。相与游息于洪泉大水之间,神志空寥,令人忘机绝俗。其风习甚长厚,重信义,勤操作。诸峒长丁壮,大抵娴琼音。余留连山中者十余日,朝夕与诸黎游,意甚恬适,不欲亟归。因思旧籍所载,时俗所传,诋为犷悍荒怪,不可以教法绳治者,良属虚证,而益服陈公之论之有当乎事实。山谷之民,囿于鄙陋,无文字传述,末由自致远大,然秉质温良,有君子之德。但能条达辐辏,辟治道路,使黎汉错迕,频频相接,耳目已熟,久而自迁。治黎之道,果不在于剿抚间也。兹将途程所记,稍加整理,以贻相知,非敢自托于著作之林,聊供茶余酒后谈资云尔。
中华民国十七年十二月黄强自序①

这篇序言,令人耳目一新,当黄强考察五指山黎族之后,他批驳了"旧籍所载,时俗所传,诋为犷悍荒怪,不可以教法绳治者,良属虚诬。"作为当时

---

① 〔美〕香便文著、辛世彪译:《海南纪行》,漓江出版社2012年版,第73页。又,黄强:《五指山问黎记》,中华民国十七年十二月版。

海南岛上的首长陈铭枢和黄强，认为"数百年来，剿抚互行，而黎汉之情且相越愈远"，于是乎，陈铭枢派黄强前往黎区探究虚实，而当黄强访问之后，深感民族之间以情相见，互相尊重团结，因此，他指出：但能条达辐辏，辟治道路，使黎、汉错连，频频相接，耳目已熟，久而自迁，治黎之道果不在于剿抚间也。"千百年来，历代统治者对黎族另眼相看，即使明太祖有称海南岛为"南溟奇甸"，也没有给予岛上的原住民平等的政治地位，或剿或抚，要使黎民俯首臣服而已。而陈铭枢、黄强能树立汉人与黎为友的理念，化解民族之间的仇恨意识，黎峒之民必然与大中华团结一致。

可惜，并非民国政府的官员们都具有如此民族意识！

虽然，民国时期已废除土官、土舍等制度，代之以保甲制统一在国民政府的一元制政治体制之中。但是黎峒的民俗特殊性，一元制的政治结构也无法代替"因俗而治"，其户籍粮税，皆不入于政府，到了民国时期仍然如此。黎峒的组织，在黎区的深山老林中没有变化。黄强在1928年10月11日自琼城出发，一路行来，进入黎区，他到过十万峒、红毛峒、加钗峒、水满峒、南蛇峒、南劳峒。这是当年冯子材辟墟时，限令这六峒各造瓦屋一所，余二十余间，均用茅屋盖；民国时设六峒团董办事处于此。当黄强到达此地时，峒总王传孝来接。①当黄强抵达红毛下峒（离加钗峒四十里），总管王正和率乡中弟子举旗列队迎村外。……再转南进，抵水满峒。从黄强访五指山所经过道路，虽然当时各地已设县治，由民国政府统一管理，但在黎寨村落里，黎峒尤存，风俗未改。当黄强一行人到达加钗峒时，峒总王传孝接披，以为予取道十万峒，故特赴守候。晚间侦知不确，又徒步赶回。……第二天，整装待发时，王总管悬鼓狂摇，顷刻毕集。查峒制，峒设总管，下置哨官。进峒者必预商总管或哨官，否则不予通过。官来，例由总管转饬哨官，按户派夫派米。有急要时，击鼓传集，应征者莫敢有失。……红毛峒离加钗峒四十里，总管王正和率乡中弟子举镇列队迎村外。②讲到对柳树的保护，他也提到"峒人，椰树防人损伤，于干之中部，张蒴如伞。"③进入五指山，又提及十万峒、水满峒等等，可知黄强等人一路走来，所经过路线，都是黎峒，黎峒于民国时期，虽然政治体现已经改变为保甲制，但自古以来的二重管理体制，在黎区无法以政治的强势切除。

---

① 黄强：《五指山问黎记》，中华民国十七年十二月版，第32页。
② 黄强：《五指山问黎记》，中华民国十七年十二月版，第32页。
③ 黄强：《五指山问黎记》，中华民国十七年十二月版，第39页。

法国传教士萨维纳，陪同黄强于1920年进入黎区，写下了《海南岛志》一书，这是一部有关当时海南岛地理人文的珍贵记录，此书比德国人史图博1937年写的《海南岛的黎族》更早。

因为香便文与黄强同时，所经路线及所见的地理、人物相同，如他记下到了加钗峒、水满峒以及到了峒主王昭夷家的情景，都与黄强的《五指山问黎记》所记情景相同。

（五）史图博到海南岛进行人类学调查

史图博于1931年、1932年两次到海南岛进行田野调查。

1932年7月，德国人类学者史图博到海南岛进行人类学调查的时候，他到过白沙峒、元门峒，了解了当地的社会生活时写道："海南岛很早就划分为县。但直到今天这种划分在黎族的大部分地区并没有多大的意义，不过是在不完善的地图上有那些划分而已，就是黎族本身也不知道他们是属哪一个县。据不甚可靠的说法：其政治上的单位是'峒'。这'峒'的大小亦是各式各样，界限也不固定，名称亦不一样，且汉名也将其写得形形色色。由于地图上写得不统一，所以要明确地表述有关一个峒的统一概念，那是很困难的。一个峒是二三个村（也有多些或少些）组合成的，这个单位是以地理上或人种上的原因总括而成的。前者是以同一的山谷，多少界限比较清楚的高原，以及丘陵地带来划分，后者是以一定的支系的小集团的各村庄组成。当然地理上的单位和人种上的单位有时是一致的（例如南劳峒）。"[①]

峒下面又分村，由几个村统一为一个峒。史图博在调查中了解到，白沙峒分为三个界限不很鲜明的领域，即南部的南闸水，中部的打空，以及北部的南开水。白沙峒所有黎族原有的政治单位是村落共同体，小村庄或部落的统一虽然是涣散的，但还是统辖为一。海猛是七个规模差不多的村庄（约25户）的总称，打洋是约有32户组成的四个小村的总称。[②]

各村隶属于村长，村长的势力与威信大小以及势力范围各不相同，村长

---

① 〔德〕史图博：《海南岛民族志》，广东省民族研究所根据口译本印出，2000年海南省民族研究所翻印，均属未刊版。此段引文在翻印本第101页。
② 同上，第102页。

下面有处于自然的指导地位并对村民有无比权威的人。如果这些人与小部落有关系，或者担任周围有小村的大村的首领时，他们的势力常常远远超出自己的村庄。在清朝时代为了加紧对黎族的训练，村长和其他有势力者得到一定的称号和等级。而到了民国时代，只有受汉族影响比较深的红毛峒黎的地方，还有一些可以使人看到过去的等级制度的残余。①

史图博还到过位于白沙峒之东的元门峒，元门峒已受汉族严重同化，因为元门峒是南丰市至五指山的通道，是汉人到五指山贩买珍贵木材和药材的必经之地，开化较早，所以与白沙峒的黎族之间存在极为悬殊的差别。从元门峒又进入小水峒，小水峒在元门峒和南丰之间，受汉人的影响比元门峒还要深刻。他到了美孚黎的打空峒和打劳峒，这里与白沙峒一样，可以说还没有接触过汉族文化。史图博继续往前走到了红毛峒、毛赞峒，进入五指山，红毛峒分上下二峒，全部是岐黎，许多地方保留着岐黎的传统。他又进入美孚黎聚居地的七叉村，又进入南劳峒、七方峒，崖州的多港峒。在1932年2月8日史图博进入黎区田野调查时，黎峒尚分布在黎村各地，保留着自己民族的风俗习惯，不过，在交通方便的区域，汉化问题已越来越严重了。

（六）冈田谦、尾高邦雄三峒调查

1942年，日本冈田谦、尾高邦雄在日本海南海军特务部的支持和配合下，用了25天时间对重合盆地3个峒27个村的社会组织和经济组织状况进行了调查，写了《黎族三峒调查》的报告书。最近由海南大学金山等译出。1942年11月26日至12月20日共25天的时间里，他们重点调查三个峒，其中重合峒266户，1310人；七叉峒265户，1090人；峨沟峒472户，1791人。

20世纪40年代的黎村，仍然以峒为单位作为黎族政治结构的实体。冈田谦、尾高邦雄写道："黎族的社会组织由峒、村落、氏族、家庭构成，其中最大的社会集团为峒。峒作为一种行政单位，已被纳入到中国政府的统治框架之内。"②

在国民政府时期，当日本人为了侵略海南岛而对黎峒进行调查时，他们

---

① 〔德〕史图博：《海南岛民族志》，广东省民族研究所根据日译本印出，2000年海南省民族研究所翻印，均属未刊版。此段引文在翻印本第102页。
② 〔日〕冈田谦、尾高邦雄著，金山等译：《黎族三峒调查》，民族出版社2009年版，第57页。

了解到"黎族的行政单位为'峒',其社会生活被纳入到行政组织之中。在不扰乱行政组织的范围内,他们被允许过着自律性生活。"①由此可知,国民政府时期的黎峒,已不是独立的行政单位,峒长也不执行政府的实际权力,只不过是黎峒内的黎族人,可按照自己的生活习惯过着自律性的生活罢了。

冈田谦等说,从重合盆地内3个峒的情况看,其形成主要受历史因素的影响,但地理条件的影响也不可忽视。像昌化江的一条支流Nam-Sin,便把峨沟峒与其他两个峒分隔开来;重合峒和七叉峒之间也隔着一条小溪。由于地理形势的割裂而形成峒,在此得到了证实。

关于村落和峒,他们调查结果认为:几个村落聚合在一起形成峒。峒的形成,受各种历史原因和地理条件的影响。在很多情况下,最初移居而来的部落,首先占据在地理环境上与其他部落界限分明的一个区域作为自己的领地。之后移居而来的部落,通过向他们租借或购买土地的形式定居下来。这些部落共同形成峒。除此之外,也有些峒是由于同时迁来的人们分成若干村落居住而形成的。②

20世纪40年代的黎峒,在黎区里仍然是黎族人生活的家园,虽然政府已直接管辖黎峒,但实际上有名无实,黎峒的长老才是族群生活中的直接决策者,陈铭枢所组织编写的《海南岛志》,写于1920年,也提及这一事实,虽然国民政府设有抚黎局,编有保、甲长制度,但凡事还是由黎峒峒主(或称头家)说了算。

八、新中国成立后,对黎族实行民族自治政治制度

新中国成立后,1952年7月1日,建立了海南黎族苗族自治县,实现了民族区域自治。

直至现在,黎族地区主要包括三亚市、东方市、五指山市、昌江黎族自治县、白沙黎族自治县、琼中黎族苗族自治县、乐东黎族自治县、保亭黎族苗族自治县、陵水黎族自治县。这9个市县土地面积为1.66万平方千米,占

---

① 〔日〕冈田谦、尾高邦雄著,金山等译:《黎族三峒调查》,民族出版社2009年版,第59页。
② 〔日〕冈田谦、尾高邦雄著,金山等译:《黎族三峒调查》,民族出版社2009年版,第58页。

全省总面积的48.8%。北部地区的万宁市北大、南桥、三更罗、长丰、礼纪等镇,儋州市的南丰、雅星、兰洋等镇,屯昌县的南坤镇,琼海市的会山镇等地,也分布有相当数量人口的黎族。①

黎区的这些市县,人民政府贯彻民族自治的政策,在政府的直接领导下,各自治县、市又享受着"因俗而治"的优惠政策。在黎区,既没有什么土官、土舍,也没有什么团董、保、甲长之类,而是在政府的统一领导下,按照黎族特殊的生活习俗,尊重黎族的文化传统,在政治、经济、文化的各个领域里,贯彻中央的民族政策,改善黎区的农耕时代落后的局面,让黎族人民与其他民族一道,团结一致,奔向小康的生活道路。

半个世纪以来,黎峒还存在吗?

可以说,从县、乡、镇、村各级的行政组织,直接管辖黎村的政治、经济、文化生活,已不存在"峒"的一级政权组织了。"峒"中过去的"峒长",也没有权利作为头人进行决策活动,但是,历史遗留下来的地名、习惯,峒的历史传统,仍留存在黎族的历史记忆里。

1956年,全国人大民族委员会和国务院民族事务委员会,组织了若干调查组,对各少数民族的社会和历史进行了大规模的调查研究。1958年广东省编辑组写下《黎族社会历史调查》一书,对黎族社会历史调查资料,具有重要的参考价值。

这些社会历史调查资料,是20世纪50年代和60年代初期的材料。他们调查了毛道乡、毛枝乡、雅袁乡、番阳乡、毛贵乡、通什乡等六个乡。在这六个乡的调查报告里,都记载了黎峒的状况。

(一)毛道乡黎峒

有7个自然村,新中国建立前是一个峒,即毛道峒。

调查者找到"峒长"的后代进行访问,三位老人叫王老董、王老魏、王老满,据他们三人所说,峒是人们居住和从事农业生产的山区地方,峒是人类某一集团共同居住的一个地理单位。王老魏的曾祖父任毛道峒峒长,该峒疆界只包括仓曼、南冲、抗公、抗班、抗茅、抗律等村及其周围的山地。毛

---

① 王学萍主编:《中国黎族》,民族出版社2004年版,第24页。

道峒位于海南岛的第二大河——昌化江上游一支流,通什河的下游,南与毛枝峒接壤,北与乐东县番阳峒相邻;三峒处于同一河峪,只能划河为界。

峒界的划定有如下仪式,王老满说:峒界划定以后,由峒杀一头牛制成牛肉串,分送给邻近诸峒的峒长;各峒长把送来的牛肉串挂在自己的门前,并训诫本峒之人,以后不要侵犯对方的峒界。

王老满说:"过去的峒长都是好人,他为大家办事"。最后一位峒长是王老魏,近百年毛道峒峒长的更替顺序如下:

王老魏曾祖父—王老魏祖父—王老魏伯父—王老魏堂兄—王老魏。在王老魏曾祖父之前谁是峒长,现在的老人已讲不出了。自王老魏的曾祖父以来,毛道峒的历任峒长,都是由白沙总管直接委任的。而白沙总管一职又是受清朝统治当局加封的。峒长是白沙总管加委的,官名叫"头家"(清制设总管、哨官和头家)。凡受此职者被赐若干支火药枪和一套与清代官吏相似的官服,即长衫、马褂、红缨帽、厚底靴,还有一支长烟杆。这些官服和用具必须依次传给下届的峒长。

峒长是世袭的,父传子,子传孙,如绝嗣,则由兄弟承袭。如王老魏堂兄死后无子,便由王老魏继承。

随着历代各种政治势力的渗入,传统的习惯逐步被破坏。例如:

(1)峒界原来是神圣不可侵犯的,自从各个峒直接由白沙总管统辖之后,峒界就开始遭到人为地破坏,例如毛道和雅衷本是两个峒,但因雅衷峒没有懂海南汉语土话的黎人充当头家(峒长),而被合并入毛道峒,由王老魏的祖父统管峒长。

(2)峒长原是在群众中自然产生的社会领袖,但自峒长受统治当局册封后,这一人选便以能否操汉语方言与上级官吏通话为必备条件。自从雅衷的头家王老多死后,该峒没有懂汉语的人承袭,因而峒的组织被取消。

(3)峒长在群众中有很高的威信,但自个别的黎族上层与统治当局勾结后,便破坏了这一传统。①

---

① 以上资料,根据孔季半、潘雄整理的《毛道乡调查》编写。出自 广东省编辑组《黎族社会调查》,民族出版社1986年版,第57—61页。

（二）毛枝乡黎峒

据整理人孔季丰、赖才清在调查报告中所写：

> 据王老秀、王老桂等说，毛枝大村在国民党统治以前，直接隶属于毛枝小村的哨官管理，本村没有官府委任的头目，村内几个合亩的亩头，各管理自己的合亩。亩头除了领导和管理生产外，还负责处理亩内的纠纷，主持对外事务。由于他对成员的社会行为负有一定的责任，因此成员家庭中较大事情的处理，需要和他商量，尊重他的意见。亩头在社会活动方面也居于领导地位。合亩与合亩之间在生产上互助，遇有共同事物，几个亩头共同商量。几个亩头是平等的，商量事情时，大家都可以讲话，意见不一致时继续商量，直到取得一致的意见为止，没有由哪个亩头说话就决定的问题。
>
> 村和峒在解放前没有哨官和头家，毛枝设立哨官和头家的情况：
>
> 哨官一人（毛枝小村）
> ├ 毛枝小村　均直属哨官
> ├ 毛枝大村
> ├ 头家一人 —— 控冲村
> ├ 头家一人 —— 红运峒
> └ 头家一人 —— 牙冲峒
>
> 哨官和头家是世袭的，如毛枝小村哨官：老贴—子叱叻—侄老树（保长）—侄老佛—孙老混。
>
> 控冲头家：老涯—子老万—孙老妹（保长）。
>
> 红运头家：再堆之父—子再堆（保长）—孙老良。
>
> 牙冲头家：老雁—子老南（甲长）—孙寨比（保长）
>
> 保甲长是在陈汉光来后委任的。据王老秀等说，临解放前，国民党才在毛枝大村委派了王老董、王老方为正副伪乡长、王老吓为甲长。
>
> 关于峒的情况，我们还没有了解得清楚，只搜集了一些有关的历

史传说。

根据王老吓、王老秀说，过去，毛枝小村和控冲村是一个峒，叫毛枝峒；空宏村、通程村、空亲村、炮衣村是一个峒，叫红运峒；牙冲足一个峒（牙冲可能还包括属于别乡的村）。峒与峒之间有山岭或河流为界，彼此不能过界砍山栏、抽藤和捕鱼。过去，毛枝峒与牙冲峒曾为疆界上的一个山岭问题长期有争执；红毛峒的总管王建邦、建国、建义等虽曾屡次调解并立碑为界，但事情仍未解决，双方都把界碑向对方推移。直至二十多年前，王老吓约20岁的时候，还参加过把界碑往牙冲方面推移的事情。在红毛峒总管王正和时期，又一次立了界碑，但牙冲人却在基督教教士的带领下（牙冲人信基督教）把界碑拔掉，毛枝人就击鼓聚众去赶；教士先开枪，毛枝人后开枪还击，双方没有伤亡。到保长王老混（毛枝小村）、王寨比（牙冲）时，双方才共同确立了疆界。

据王老秀说，大约在五十年前，他十二三岁时，见毛枝人和毛道人发生过一次战争。结果，毛道人请红运峒炮衣村亩头老忠和通程村亩头老卫，与毛枝人和平谈判。当时毛枝方面参加谈判的是老丰之父、老桂之父和老群之父，三人都是亩头。

在谈判时，毛道代表带了一个老寡妇，毛枝代表也找一老寡妇作陪。毛道的老妇来到门前时，毛枝老妇站在门内，手托清水一碗，碗内放一个铜钱，门前的旁边，置一个破水缸。毛道老妇从碗内拿出铜钱，抹毛枝老妇的双眼，口念"毛道打死你们的人，你们不要蒙眼，要开开眼，以后好来往，好做亲戚"等语，念毕把钱放回碗中；毛枝老妇再拿出铜钱来抹毛道老妇双眼，口念"毛枝打死你们的人，要你们的牛，你们也不要蒙眼，要开开眼，以后好来往，也可以做亲戚"，念毕把钱交给毛道老妇，毛道老妇把钱丢在背后，接着毛枝老妇把那碗水倒掉，用右手按水缸，口念前语，毛道老妇亦如此做。进屋后两个寡妇对坐，中间放鸡、猪、牛肉各一碗，酒两碗，毛道老妇倒些酒在地上念："不要蒙眼，毛道人好来毛枝，毛枝人好去毛道，子子孙孙好做亲戚"；毛枝老妇亦如此做。然后毛道老妇撕一些鸡肉丢在地上，再念前语，毛枝老妇也如此做。她们做毕，开始吃酒，那三碗肉只能给两个寡妇吃。谈判，则由代表进行。谈判完毕，双方代表各拿出一枝箭并在一起，先由毛道代表在近箭头处砍1刀，再由毛枝代表在近箭头处砍1刀，然后再在另一边的中间各砍1刀，最后折断箭头，表示今后不互相射杀打仗，各执断箭为凭。喝完了酒，毛道代表带牛颈和装水的碗、小水缸回去，到半路把碗和水缸丢掉。

在战争期间，毛枝和毛道互不通婚，和解以后，才恢复了通婚和彼此间的来往。

（三）雅袁乡黎峒

据整理人易谋远、詹慈的调查报告：

解放前雅袁一个合亩或二个以上的合亩组成一个自然村，6个自然村组成雅袁峒。

每个自然村有一个头人，当地群众称他为"亚雅"，如盖章村王老脉、什研村王老妹、保空村王老奔、南门村王老甲等人。有些"亚雅"兼任亩头，如王老甲是"亚雅"，又是亩头，但亩头不一定都是当"亚雅"的。"亚雅"一般懂事理，会说话，有能力处理群众纠纷，但要收报酬。如王老堤的父亲被乐东县王老忍诬告偷他捕到的山鸡，罚王老堤5头牛、1个铜锣。王老堤父亲便请保空村"亚雅"王老奔、王老妹判理，结果给了王老奔1亩稻谷、王老妹3亩稻谷作报酬。

峒，黎语称为"贡"；它指一定的山岭、河流和田野的地域。峒的名称及疆界起自何时，群众都说不清楚。据王老洪讲，雅袁在很早以前便有2个峒。峒是以山岭、河流与相邻的峒为界，如和毛枝峒为界的是优冲落岭，与绸怀峒为界的是里弄岭、虚行妈岭，与保比峒为界的是袁躲巴岭、道号岭，与万冲峒为界的是南拉岭，与红运峒为界的是川山那岭、道滑看岭、袁尤岭，与毛道峒为界的是卧欧山岭。根据王老洪讲的情况，疆界都有一定的标志：第一埋石块。第二挂木板。第三插牛角。第四栽种植物。第五杀牛洒血。由两个峒的群众各派代表前往疆界地点杀牛，以血洒地。

划疆界有一定的手续和仪式，在立标的那一天，两峒的群众均前往参加，由两峒的首领主持立界，双方首领还要各自向本峒的群众说明，要严格遵守界线，并带领群众沿着疆界走一遍。

峒的疆界是神圣不可侵犯的，每个峒的群众都有保卫疆界的责任。一般是不准许越过峒界去砍"山栏"、伐木材和打鱼的，但可狩猎、放牛。

据口头传说，雅袁的始祖王老没原来住在"清集"、"清冲"（现在东方县西部）的深山大石洞里，原姓梁、后来迁到"抱瓦"、"抱硬"（现在崖县东部），再迁居"南巴"（现在乐东县番阳乡），后又迁到"排南"（现在毛道南冲村后面），最后才落脚到雅袁峒盖章村定居，以后子孙繁衍，自成一峒；后来该峒属白沙县红毛峒总管管辖，因他姓王，雅袁峒群众也改姓王。

峒的首领原是峒长，后被封建统治者委封为头家。他的世系追溯到十三任，即：

第一任王老航；第二任王老航的儿子王老红；第三任王老航的孙子王老嘿；第四任王老航的曾孙王老宛；第五任王老宛的堂弟王老午；第六任王老宛的儿子王老枚；第七任王老枚的堂弟王老冰；第八任王老冰的儿子王老武；第九任王老武的侄子王老傲；第十任王老傲的儿子王老岩；第十一任王老岩的侄子王老好；第十二任王老好的弟弟王老佬；第十三任王老多。峒首领的主要职能是维持社会秩序，处理社会纠纷，保护峒的疆界，防止别峒越界；自接受封建统治阶级的加委以后，便要为封建统治阶级服务。例如在一定的时间内，他要向各户催收50个铜钱交给总管。

约在解放前的五十年左右，雅袁与毛道峒合并，首领是毛道峒的峒长。到了抗日战争时期，国民党实行保甲制度，把峒长改为团董，下设保甲长；雅袁划为一甲，委任南门村王老论亩头任甲长。他恃势欺压群众，为群众所痛恨，称他为"奥雅买"。

（四）番阳乡黎峒

据易谋远调查材料：

峒，黎语称"弓"，据抱隆村王大洎、王柏比谈："我们住在这里种山栏，开荒地，这里就是我们的'弓'。"才花村曹同彰、曹阿屈说："有人就有'弓'。我们在这里生产、生活，这里就是我们的'弓'。"峒的首领，黎语叫VauA, kom-l，直译为峒头或峒首领，他们称之为"峒长"。峒有一定的地域界限，除非征得本峒的同意，是不可逾越的。

雅曼人最早居住于番阳地方，后来才花、什茂、抱隆、毛或、空套等的人迁来，与雅曼人隔河相对。据雅曼村头79岁的老人吴朝来及吴亚发谈："什茂、抱隆、才花、毛或、空套等人，在得到雅曼人的同意迁来这里居住后，才盖房子，建村落。房子建好后，便杀牛和猪，请雅曼的亩头和老人喝酒，从此，他们是这个地方的人了，砍山、开荒，不受干涉。"后来，绸怀峒人，即今空透、万板、什南村人的祖先，也从别处迁来定居。他们所在的这一大片土地，统称为番阳峒。"番"是土地的意思；由于番阳一带多是旱地，到处长着一种黄色的草叫"银阳草"，因此地名取"番阳"，峒名叫番阳峒。

番阳峒最初划分为五个小峒，每个小峒包括邻近的2至4个村。各小峒的范围：

1.绸怀峒，包括万板、空透、南打。2.才花峒，包括才花，抱隆、什茂、空套。3.毛农峒，包括毛农，毛主、雅开、空加。4.毛或峒，包括毛或、什南。5.雅曼峒，包括雅曼，布伦。

后来，才花峒的空套和毛农峒的雅开、空加，合并成第六个峒。各小峒均有地域范围。

番阳大峒以虫加仓岭、禾南烟岭，好龙飞岭、千凤岭等与毛道峒为界；以千龙岭、千殿堂岭和壁开潭与万冲为界；以段岭和毛贵峒为界；以忽加河与磨流峒为界；以千层妹石（立于山路上）与毛壁峒为界。

划分峒界时，是由总管本人或派官员到当地召集全峒亩头、村头、头家、哨官、峒长等共同开会商议。据抱隆村王大洎、王柏比等说："划分峒界时，各首领不必亲自去边界实地观察，因为他们都已熟悉各山岭、河流的名称和位置，因此，共同讨论即可确定界线了。"在两峒的分界处，没有明显的标志，只由两峒群众挑些蟹壳去埋在山上，做成一条分界线,并在其上竖立一石块为标志。峒界确定后,由哨官或头家回去告知村中群众,并告诫他们以后不得越界开山、采藤、伐木等,以免引起纠纷。

如果越界砍山,需要事前征得对方峒长的同意,并且要缴纳山租。山租多少,视开垦面积的大小而定。普通是交稻为租,有时还有1至2缸酒,请峒内亩头、村头、头家、哨官喝酒,稻谷给哨官,作为对外招待之用。禁止越界采藤和伐木。据才花村曹同彰等谈:番阳的各小峒之间,容许越界采个人所需少量的藤和砍柴,但对大量采集和伐木也是禁止的。

才花村曹同彭和空透村张亚文等谈:捕鱼没有峒界的限制,捕的鱼全部归捕鱼者所有。但在捕鱼时要注意两种情况:一是如果有人先在河里放了鱼具和饵,用树叶等物做了标记,则别人不得再在此捕鱼;二是有些深水湾的鱼较多,但有的水湾归私人所有,别人不得在此捕鱼。才花村曹同彰、曹阿屈说:"只要遵守习惯法,越峒界捕鱼是容许的。过去才花村的人,曾去毛道峒捕过鱼,并未因此引起任何纠纷。"

此外,各峒的人可以越界打猎。越界打猎时,如果别峒的人闻声也来参加,所得的猎物,按照集体狩猎的惯例,统一分配。越峒界猎得的野兽,需要分1至2斤肉给对方的峒长或哨官。

王国兴的祖先(即白沙红毛峒总管)统辖这一带时,因一次有人从保亭直打到番阳,从那时开始,他将雅曼、毛农、雅开、毛或、才花、绸怀六个峒,合并为一个大峒,叫番阳峒。大峒下分小峒;划分小峒主要是以地域为据,即相邻近的几个村划为一小峒。如相邻的几个村是同一祖先的后代,那么,这个峒便是一个血缘集团,内部不得通婚。如果彼此间没有血缘关系,或者血缘关系已经是遥远的历史上的事情,则峒内可以通婚。

番阳峒最初的峒长是由上级总管召集全峒各村的亩头、村头集会选出来的。当选峒长的条件是通晓事理,爱护群众,为群众拥护的人;如果会操海南方言者,则被认为更合适。峒长选出后,由各村头召集本村群众说明谁做峒长,征询群众有无异议,群众从来没有提出过反对的意见。村头并告诉大家,今后需要服从峒长的领导。峒长要经过上级总管委任,由总管赐给长衫一套,皮靴一双,红缨帽一顶,长烟杆一支和皮烟袋一个，这些物品依次传给下一任的峒长。

峒长死后，一般不另选，由其子继位，无子则由弟继。而每一任的峒长都要经过总管的加委，才能正式就任。约六十年前，总管王政和（王国兴之父）曾亲自到番阳，加委什茂村王琼荣做番阳峒长。王政和来前，先由全峒男女一齐出动铲草、修路。当王政和骑马将到番阳时，由各村的哨官、头家或老人在村内击鼓，集合全村群众出来欢迎。当时，王政和召集全峒亩头以上的首领开会说："今后由王琼荣做番阳峒峒长，大家要服从他的领导，团结好，搞好生产。"会后，与会者共同饮酒祝贺。

番阳峒历任的峒长：王如清曾祖父—王如清父—王如清伯父（王琼焕）—王如清父（王琼荣）—王如清。据才花村曹同彰等说，王如清曾祖父之前的峒长，原系绸怀峒人，即今什南村人的祖先，后来不知何故，改由王如清曾祖父任职

峒长的职责主要是：第一，调解峒内群众纠纷，维持全峒秩序；第二，负责向群众征集钱粮，缴给上级官吏，并分派群众工役；第三，负责招待上级过往官员；第四，召集全峒首领会议。

大约四十年前，才花村有人偷了侾黎人的牛被抓住，侾黎要求罚牛100头。峒长便召集全峒哨官、头家开会，商量解决的办法，然后由峒长和侾黎人交涉；侾黎同意减罚为30头牛和50个光洋，但声言如不照数付清，便要攻打才花村。于是，峒长便到才花村召集全村群众商量；最后，才花村人同意付清牛和光洋。因偷牛者无力负担全部牛和钱，便由他所在合亩的成员共同负担。问题解决后，偷牛者杀了1头黄牛，请峒长、哨官、头家、才花村全体亩头及侾黎牛主一同饮酒，村中的群众可自由参加。酒后，他还送了铜钱800个给峒长作报酬。

峒长无法调解的纠纷，诉诸上级总管。峒长调解纠纷，一般没有固定的报酬。问题解决后，由当事人杀牛或猪请他喝酒，或赠铜钱若干作报酬。

峒长通过哨官和头家向全峒群众征集钱粮上缴总管，在国民党陈汉光到番阳以前，番阳峒群众每三年要缴纳一次粮钱，是按户征集的；每户出一个光洋，确实困难者，每次至少交500个铜钱。除粮钱外，群众每年还要负担两次工役，主要是修路，或为官吏抬轿、挑行李等。每次

由峒长把任务分配到各小峒，由哨官通知头家，头家传达到各村亩头。亩头召集本合亩的群众开会，选派适当人员负担工役；无论男女都有负担的义务。妇女主要是铲草，男子修路。

在第一任峒长就任时，由群众送给他4亩旱田，作为招待过往官员的费用；田由合亩成员集体为峒长耕种，收成归峒长。他的4亩田要依次传给下届峒长。如果官员来往频繁，花费大，峒长还可临时再向群众征集钱粮。解放后，番阳最后的一任峒长王如清，是个恶霸。

番阳大峒所属各小峒的首领是哨官，管辖小峒的几村；哨官直属峒长管辖。哨官的产生，是由峒长备酒肉召集小峒亩头、村头喝酒商量，由各小峒自行选出。哨官是由通晓事理、会说话、能办事的人充任。哨官选出后，要经上级总管委任；总管赐给他长衫、马褂一套，圆形小帽一顶。哨官选出后，由亩头、村头各自回去通知本村群众，征求群众意见，群众一般没有异议，从此哨官便正式任职。哨官死后，一般都由其子继位，过去，还未出现过群众反对儿子继父位的情况。

番阳各小峒历代哨官如下：

绸怀峒：徐青才高祖父—徐青才曾祖父—徐青才伯祖父（万板村）。雅开峒：胡亚保高祖父—胡亚保曾祖父—胡亚保祖父（空套村）。毛农峒：胡担去曾祖父—胡担去祖父—胡担去父亲（毛农村）.毛或峒：王老反曾祖父—王老反祖父—王老反父亲（毛或村）。雅曼峒：由雅曼村人做哨官，此人已绝嗣，故群众忌道其名。才花峒：由于番阳大峒的峒长是才花峒什茂村人，故这个小峒不另设哨官。

据空透村张亚文、张亚奋说：在第一任哨官就职时，小峒的群众送给他三亩旱田做报酬，依次传给下届哨官。

哨官的主要职责；第一调解纠纷，维持小峒秩序；第二接受峒长委托，向群众征集钱粮和工役；第三向头家或村头、亩头等转达上级命令。

哨官处理纠纷时，要穿上总官发的官服，召集当事人双方及全村群众开会。处理问题后，由当事人备酒酬谢哨官。

哨官之下为头家，管辖一个村；头家的产生与哨官同，没有报酬，一般是每村一个头家，但哨官所在之村不另有头家。头家的条件与哨官同。头家死后，一般由其子继位。

番阳峒各头家如下：

绸怀峒：空透村有一头家，是张儒竞曾祖父—张儒竞祖父—张儒竞叔祖父。雅曼峒：布伦村有一头家，是王应灼曾祖父—王应灼祖父—王应灼父亲。才花峒：抱隆村有一头家，是王老万祖父—王老万父亲。头家没有田地等固定的报酬。头家的主要职责是处理村内纠纷，维持秩序；通过亩头向群众征集钱粮及工役；并向群众转达上级命令。

过去抱隆村有个青年托一侾黎人把他偷的牛牵去出卖。过几天，那侾黎人来对偷牛者说，他在路上遇到牛主认出他的牛，被抓去关了几天，后来他赔了钱才被释放；因此他要抱隆村的那位青年赔他100个光洋。这事是由抱隆村头家王老万父亲处理的；他召集全村人讨论，决定由抱隆村的青年人赔款，因他本人无力负担，便由他所在的合亩集体负责。事后，这青年宰猪请王老万父、全村亩头和侾黎派来交涉的人一同饮酒，村内群众可以自由参加，酒后，他还送了一条猪腿给王老万父亲做报酬。

头家调解纠纷，没有固定报酬；有时由当事人备酒招待，或送一条牛腿肉酬谢。群众纠纷由头家解决，头家不能解决者，诉诸哨官，哨官不能解决者，诉诸峒长；由峒长召集全峒的哨官、头家开会共同解决。峒长不能处理的问题，报请总管处理。后来，因恶霸的势力愈来愈大，因之对于难解决的纠纷，群众便请恶霸解决。恶霸解决问题是恃仗势力，对于某一方的处理，在很大程度上是强制性的，而峒长处理纠纷，还具有一定的民主作风，愈是早期，峒首领处理问题的民主作风更好。后来，峒首领要经上级委任，促使他们与封建势力结合在一起，峒内的民主空气便日益淡薄了。峒长王如清因与民国党勾结而成为恶霸，对群众进行压迫、削剥，就更无民主了。

峒内成员之间的关系，早期的情况不详，但从峒成为地域集团开始，便没有全峒性的相互援助的义务；相反，成员之间还发生纠纷和械斗。布伦村内的冯、吴二姓之间，还发生过强罚事件。

峒与峒之间的关系，有三种情况：

一、峒有分有合。从王国兴的祖先统辖番阳开始，雅曼、才花、绸怀三个有血缘关系的峒，合并为番阳大峒，其下再按地域划分为5～6个小峒。此后，因外来势力的影响，使峒有分有合，而且就其组成的成员来说，也发生了变化，从血缘集团发展为地缘集团。

二、峒与峒之间有友好往来关系，集中表现在通婚上。番阳大峒内的各小峒间，相互通婚是普遍的现象。例如才花峒仅抱隆村的34名已婚男性中，其配偶来自番阳小峒的共有25人；绸怀峒空透村24名已婚男性中，其配偶来自番阳小峒的有14人。番阳大峒和毛道峒通婚的也不少。

峒与峒结了姻亲之后，彼此往来更加密切。平时互相拜访，主人必以美酒热情招待来客。一方遇婚礼、丧葬时，对方在可能范围内，分别送酒去庆贺或吊唁。

三、峒与峒之间有时发生械斗，特别是近百年来，侾黎与杞黎之间，无理重罚、械斗比较频繁。

（五）毛贵乡黎峒

据詹慈、赖才清的调查报告中所叙述的毛贵峒状况如下：

毛贵峒亦称为红毛下峒，包括五个小峒，即毛贵峒、喃唠峒、毛兴峒、毛路峒、牙开峒。

对于红毛下峒的组织情况，及与各个小峒之间的关系，还不了解。我们这次只调查了毛贵、喃唠两个小峒。

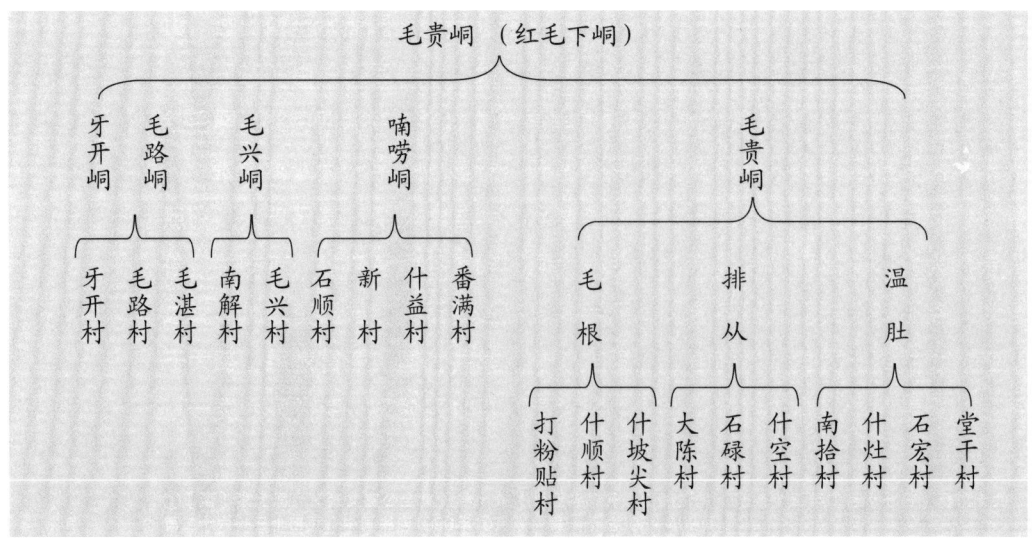

通什、番阳人，对红毛下峒的毛贵、喃唠、毛兴、毛路、牙开人都称作毛贵人；作为小峒的毛贵、喃唠人等各自自称为毛贵人、喃唠人……各小峒相互间也称对方为毛贵人、喃唠人。而毛贵小峒内的温肚、排从、毛恨人互称时，也同样叫对方为温肚人，排从人……即kom-1温肚、kom-1排从。Kom-1汉译是峒。但是峒内各村之间，在称呼上，前面就不加kom-1字了。

据了解，毛贵峒的石宏村是近代由堂干村分出去的，石碌、大陈两村是从什空村分出去的。喃唠峒在很久以前，只有一个番满村，新村、石顺村，都是番满村的龙仔脱离龙公后建立的村，什益村是几代前从红毛上峒番雁村迁来的。

1. 峒界

各峒之间有一定的疆界。但群众不知道峒界的确定始自何时。抗日战争期间，喃唠峒的伪甲长王文章（峒头）为重申峒界，召集各村头到他家，把向每户征集稻谷买来的一头牛杀了，吃肉喝酒；王告诫各村头，不要到别峒去砍山伐木。然后，他把切成方块的牛皮，分给各峒，表示通知不准越界砍山伐木。一般来说，越界砍山栏、伐竹木、割茅草、抽藤、打鱼都是可以的，但砍山要征得对方的同意，大的竹木不能砍，捕鱼不得装设鱼床，更不得干扰和妨碍主人已设的鱼床。

2. 峒的血缘关系

喃唠峒外来户的数量，已超过番阳村原来的居民。而毛贵峒至今血缘关系还比较单一，但村内，合亩内也掺入了相当数量的外来户。

从经济关系上来看，由于生产资料私有制的发展，租佃、借贷、典当已相当普遍；由于财产占有不平衡，已经出现了剥削，经济矛盾已相当明显：表现在对弱者的重罚以至相互械斗，成为掠夺财富的一种惯常手段。总之，经济利益的矛盾已冲破了原先的血缘纽带，一峒之内地域关系已是基本的了。但是，血缘纽带是峒组织基础的特征，现在还有它的痕迹。

喃唠峒最早的居民有五支人：连满、连乌、连鸡、马棉、马喧。连鸡、马棉、马喧三支已绝后，现在连满、连乌的后代可以相互通婚。这五支人原来是否同一祖先，群众不知道，很可能"连"字和"马"字，原来是各为一个血缘单位的。目前，各不同血缘的外来户和龙仔（经济上已独立自成村落或合亩的龙仔）的数量，已大大增加。

现在喃唠峒的居民情况如下：

番满村：连满 一支 12户 ⎫ 原住居民
　　　　连乌 一支 9户 ⎭

　　　　王光顿 一支 6户 ⎫
　　　　王旦章 一支 2户 ⎪ 连乌的龙仔
　　　　王发情 一支 1户 ⎪
　　　　王老旦 一支 1户 ⎭

新　村：王德友 一支 13户 ⎫ 连满的龙仔
　　　　王老理 一支 7户 ⎭

　　　　王老巾 一支 2户　连乌的龙仔

石顺村：王新华 一支 4户　外来户
　　　　王走华 一支 5户　连户的龙仔

什益村：王大才 一支 14户 外来户

上述各支均可通婚。

峒内的山林、荒地、河流，原为连满、连乌、连鸡、马棉、马喧五支人所共同占有。某些较有经济价值的山林、河湾已为各支分别占有。外来户和龙仔对山林河流只能使用，他们经过购买，也可以取得所有权。实际上山林、河湾一般都掌握在哨官、团董、峒头、村头的手上。

毛贵峒没有龙仔自成一村的，但龙仔已多数自成合亩。什空、大陈、石碌、堂干、什灶村，共设有64户龙仔，其中有外来龙仔20户。

毛贵峒原住居民最早是同一祖先的，解放前已分为八支。

各支以其本支辈分最长者为代表，表述如下：

王清照　堂干、什灶、石宏三村 ⎫
王华仁　南拾村 ⎪
王红明　堂干小村 ⎬ 不能通婚
王文理　什空、大陈、石碌三村 ⎪
王老埃　解放前已搬去保亭县 ⎭

王董亮	什坡尖（一部分）、什顺二村	
王尤良	什坡尖村（一部分）已绝嗣	不能通婚
王会昌	什粉贴村	

八支人分为两个通婚集团，实际上通婚的范围，远超出了两个集团。什空村共娶女子47人，其中只有两名是本峒什坡尖村的，其余都是外乡的，尤以毛栈峒的为多。

据说，八支人原先不能通婚，后来因为有人违反了同一血缘内部不能放寮的传统习惯，引起两个集团之间的械斗，从此互不相认，才变成可以通婚了。

3. 峒的社会组织

群众对峒内头人的称呼分两种，一种称峒头(vaul kom-1)、村头(vaul Fam-I)；一种称哨官、团董、头家、保长、甲长。前者是自然领袖，后者是官府委任的官职。解放前，统治者一般都是利用其原有的自然领袖，加封官职来为其服务。

每一个村或每一个血缘单位，有一个至数个村头，但不是选举产生的。在各个血缘单位中，辈分最长者通常都是村头，也有的村头不是长辈，但在办事上表现了才干，在群众中有了威信，也就被公认为村头了。

毛贵峒几个村头中的辈分最长者为峒头。毛贵峒原有八支人，其中一支迁去保亭，一支绝嗣，一支沦为工仔，因而只有五个峒头，即王清照、王华仁、王文理、王会昌、王董亮五人。外来龙仔不能当村头、峒头。而在喃唠峒，外来户和龙仔同样可以当村头、峒头。这种差异可能是因为毛贵峒的各个村，基本上还是以单一的血缘关系为基础，而喃唠峒则原来的居民所占比例已经很小了。

虽然村头、峒头大多同时又是亩头，但村头不是生产的领导者。由于峒头是年事最长者，所以同一血缘的各个合亩，要由他来统一播种时间，因为人们认为，如果在播种期间，有人烧山砍树是不吉利的。

村头的职能是处理本村或本血缘单位内的纠纷。例如，合亩分化时财产的分配等，当事人要向为首的一位村头报告（一般情况下，他也是峒头），由他召集各村头、亩头，共同参与解决。这种例子很多，如

1957年6月6日晚上，我们曾看到什空村王老奔兄弟重分土地（过去已分过，兄弟有意见，要求重分），请来了同一血缘的"排虫"各村头，什空村的亩头也参加，会上主要发言者为村头；当晚没有解决，第二天晚上，在峒头王文理参加下才解决了。这一类纠纷，比较难解决，也有请外村或非血缘关系的村头参加解决的。例如，解放前，堂干村王玉池的哥哥要求和三个弟弟分亩，并提出自己要多占一些土地，而其四弟王玉池又是伪乡长（群众也称他为哨官），事情比较难办，因此，什空村和已属另一通婚集团的什顺村的村头，都被请来参加解决。

峒头除参与本村、本血缘单位的事务外，还参加村与村之间和全峒性的事务。如处罚、械斗等纠纷，牵涉的就不只一个村，甚至涉及全峒，都要由峒头、哨官、团董等共同解决。

村头、峒头的产生及其活动情况，在一定程度上，体现了黎族社会原有的自然组织和自然领袖的作用。自统治者在黎族地区建立了一套政治制度后，一部分原有的上层人物，被委封为哨官、团董、乡长、保长、甲长等；有些本人虽然不是峒头，但他的前辈或家族中有人曾是峒头，有势力，本人又积极从事社会活动，也会被委封以官职的。如毛贵峒的王玉池，在兄弟中排行第四，兄长仍健在，他就被委封官职了。一部分峒头、村头虽未被封官职，但在处理社会事务中，有不少人已同反动的政治人物勾结在一起了。

哨官、团董、乡保长，本来是不同历史时期的官职，但在当地却同时兼而有之，例如：

毛贵峒的王玉池承袭哨官、团董的职位，在国民党时期已改为乡长，但群众一直称他为哨官。喃唠峒在解放前，王友凤是承袭的哨官，王益东是承袭的团董，王老房的父亲、王文章曾任保、甲长，王老刀、王德友是新任保、甲长，这些官职虽几经改任，仍然为群众所承认。现任官职的人，直接与政府打交道，现无官职的以及峒头，都参加峒内事务的处理。有一次哨官王友凤曾召集王益东、王文章、王德友、王老房的父亲、王益邦（峒长）、王德福（村头）、王德昌（村头）等议事；一般情况是村头只参与本村事务，而村头王德福和王德昌为什么也参加全峒性事务？据了解，王德福和王德昌与其他村头有不同之处：王德福原是喃唠峒最有势力的一支、连满的后代,是峒头王清容之侄,能说会道。王德昌与本村峒头王老房之父同是新村连满一支的龙仔。王老房之父虽以峒头、保长身份参与全峒事务,但他成为峒头、保长的历史很短,而同血缘的人只有八户。王德昌虽然只是村头,但与他同一血缘单位的人却有12户,故在王老房的父亲当保长之前,王德昌就参与峒内事务了。

在处理事务中,有官职的峒头、哨官、团董、乡长的意见,居于主导地位,召集人一般都是有官职者。

现简要介绍喃唠峒几个人物:团董王益东属南唠峒,原住番满村,是连乌一支的。他的祖父、父亲、叔父都是哨官。到了王益东这一代,哨官的职位,改由外来户王云才之父(王友凤的哥哥)担任。1937年陈汉光统治海南之后,王益东又被委任为喃唠峒团董。据群众说,王益东是喃唠峒最大的峒头。

哨官王友凤是承袭王云才之父为哨官的。王云才、王友凤这一支的祖先是从红毛上峒番雁村迁来的,从血缘与地缘关系上看,都与总管更为亲密。王友凤任哨官后,曾拜乐东县番阳峒的㑊黎为龙公,以增强自己的势力。他在喃唠峒,第一个置备了刑具使用。

峒头王清容属喃唠峒,是原住居民中人口最多的连满一支,该支分为两房,清容这一房的龙仔最多,占新村和石顺村的绝大部分。王清容的父亲王老咾原是本峒的峒头,把现今的什益村卖给该村人时,他是三个立契签名人之一。因此,王清容虽然没有官职,在处理全峒事务中,也有一定的权力。在我们的调查中,发现群众对他都有较深的印象,公认他是会讲话的人。据说,毛栈峒、毛阳峒,以及保亭县通什区的毛卓峒,都曾请他去处理过事情。王清容在本峒中的影响,可从这样一件事中看出:王友凤当了哨官后,曾以王清容诬陷自己偷牛之罪,抓了王清容,要罚他许多头牛(一说90头,一说30头)。王清容把自己的田卖光了还筹不足牛。于是,他杀了一头牛,请番满村连满、连乌两支人,以及他们在番满、新村、石顺村龙仔的亩头吃肉喝酒,然后,亩头把牛肉串拿回去给亩众吃,在习惯上这就是请求援助的仪式。当时,三个村的各个合亩都送了一头牛给王清容。据说,在喃唠峒这种习惯近数十年来已不通行了，群众说地位低的人被罚，是无人帮助的，只好逃亡他乡。为什么王清容能得到各合亩的帮助呢？据说，当时大家认为，如果王清容被迫逃亡他乡，本峒便没有了懂事辩理的人为大家办事，容易受人欺负。因此，群众愿意合力帮助他。

不论是有官职或无官职的峒头、村头，在处理纠纷时，就具有Fiŋwuŋ（在谈判中主持评理并保证双方实现条件的人）的身份，可得到报酬和贿赂。因此，一般Fiŋwuŋj是由有势力的哨官、团董或其他峒头担任。往往在处理某一事件中，有几个Fiŋwuŋ，他们所得的报酬，每人1至4头牛和若干光洋不等。此外，有的还向被罚者勒索，黎语叫做jiP, ŋeiy，即放在腋下之意。Fiŋwuŋ，为了强制被罚者履行其所接受的条件，有时甚至把人扣押起来，直至他把所罚的牛和光洋交清才释放。

哨官、团董等有官职者，经常恃势强罚别人，每罚少则1头牛、1埕酒，多则达十余头牛；有的甚至勾结国民党进行反革命活动。例如毛贵峒哨官王玉池（伪乡长），曾无理强罚什空村群众四次，共4头牛、1口猪、4埕酒。喃唠峒保长王老刀曾把当地参加游击队的人员及其家属11人处死。王友凤（哨官）曾借口侄媳长住娘家不返，率众去抢了新村（侄媳娘家）8头牛、3支粉枪、2个铜锣，并把侄媳的哥哥王德友抓起来，强罚30头牛，团董王益东曾为其媳妇被龙仔王德会打猎误伤（轻伤），罚王德会50头牛、5个铜锣、140个光洋，迫使王德会除卖掉田地外，还把两个女儿卖掉。

有些峒头与有官职者结合在一起处理事件，收取报酬和贿赂，也仗势强罚别人。哨官、团董、乡长，以至作为自然领袖的峒头、村头，在处理纠纷中，往往不公道，因收取了贿赂，他们就要保证无理处罚的实现。例如喃唠峒新村王德会被团董王益东重罚，是哨官王友凤等六人当Fiŋwuŋ，每人得2头牛。又如什空村的龙仔王带差，因与"温肚"石宏村一妇女放寮，被其夫抓到而发生了纠纷；由"温肚"的哨官王玉池、峒头王清照等商量，要重罚王带差，便给王带差的父亲送去猪颈（一种通牒形式），要罚390个光洋、32头牛。当时，王带差合亩只有父子2户，把所有的5头牛及全部田卖光，尚欠32头牛，便由同一高祖的其他4个合亩各负担4头，什空村龙公合亩也负担16头牛。按习惯如果被罚者负担不起时，其亲族合亩应当帮助，龙公也要分担一部分。因为争端不解决，对方追究要抓人时，首先要抓当事人的亲族及其龙公中最长辈者；如因此引起械斗，攻击对象也是整个村。

以上所辑录的是1956年所调查的黎峒状况，说明在20世纪50年代，人们对黎峒仍记忆犹新，峒长们的后代有的依然生活在旧时的黎峒里，他们能记述在此之前的黎峒社会。

与此同时，中南民族学院在1954年下半年至1955年初也组织师生对黎区进行调查，并于1991年重新进行核查后，出版了《海南岛黎族社会调查》上下册，其中着重调查社会生活、物质文化及精神文化，对于黎峒的调查记述，与广东省编辑的《黎族社会历史调查》一书比较，显得注意力已淡薄了，这里就不再重复引用了。

我们现在走进黎寨村庄，关于黎峒的组织，人们已逐渐淡忘了，但许多关于"峒"的地名，仍然存在。当我们向他们进行访问时，有的老人还能记述当年祖辈的情况，并拿出家传遗物如旗帜、铜锣等加以证实。不过黎峒的社会组织及其职能，已经在今天的社会生活中消失了。

现在的民族自治的民族政策，已在国家政治框架一体化的基础上，给予民族自治的政治权力，三市六县的民族自治的独特管理形式，保留了黎族独特的精神文化和生活习惯。

黎峒，是中国政治社会组织几千年发展过程中国家对边疆少数民族的一种管理形式，表现出在多民族的国家里，二元政治框架的"因俗而治"的必要性，我们保存这一历史记忆，也是更深一层了解中国及黎族发展过程中的一段政治历史。

所以，我们今天了解和考证黎峒的存亡状况，对于我们研究海南历史以及黎族史，是一个重要的环节。

第二章 现存峒主庙考察实录

旧社会黎峒的独特行政建置，新中国建立之后，有各市县及民族自治县，下设乡、镇、村的建置。各县的沿革也不断有所合并。

以白沙黎族自治县为例，民国二十四年（1935年）6月，广东省政府在琼崖黎族、苗族聚居区分别设置白沙、保亭、乐东三个县。以儋县属之雅叉峒、白沙峒、元门峒、龙头峒、兵邦峒；昌江县属霸王峒、乌烈、大坡、保平、鸿虚峒；感恩县属之吴什峒；陵水县属之南流峒、十万峒；定安县属之新在营（新市）、根铺、加钗峒、小水峒、思河图；崖县属之红毛峒、红毛下峒、道裁、红茂村；琼山县属之加泉峒、林湾峒，析置一县名曰："白沙县"。白沙县隶属广东省第九区行政督察专员公署。

1947年10月，全县解放。隶属琼崖民主政府。1949年隶属琼崖少数民族自治区行政委员会。1961年6月，白沙县恢复建置。隶属海南黎族苗族自治州。1988年隶属海南省直辖。在历史易置不断变化的过程中，黎峒的组织已慢慢地被历史的流沙所冲刷。

又如琼中县所属黎峒，至清县境分属琼山、定安、乐会、万宁四县，均实行都图黎峒制。都图上隶乡，下辖峒、村。峒为黎族聚居的部落政治组织，大峒七八村，小峒三五村，由峒主主事。境内设有1都，3图11峒，辖336村。见明清时期琼中境域都图黎峒表。

明清时期琼中境域都图黎峒表

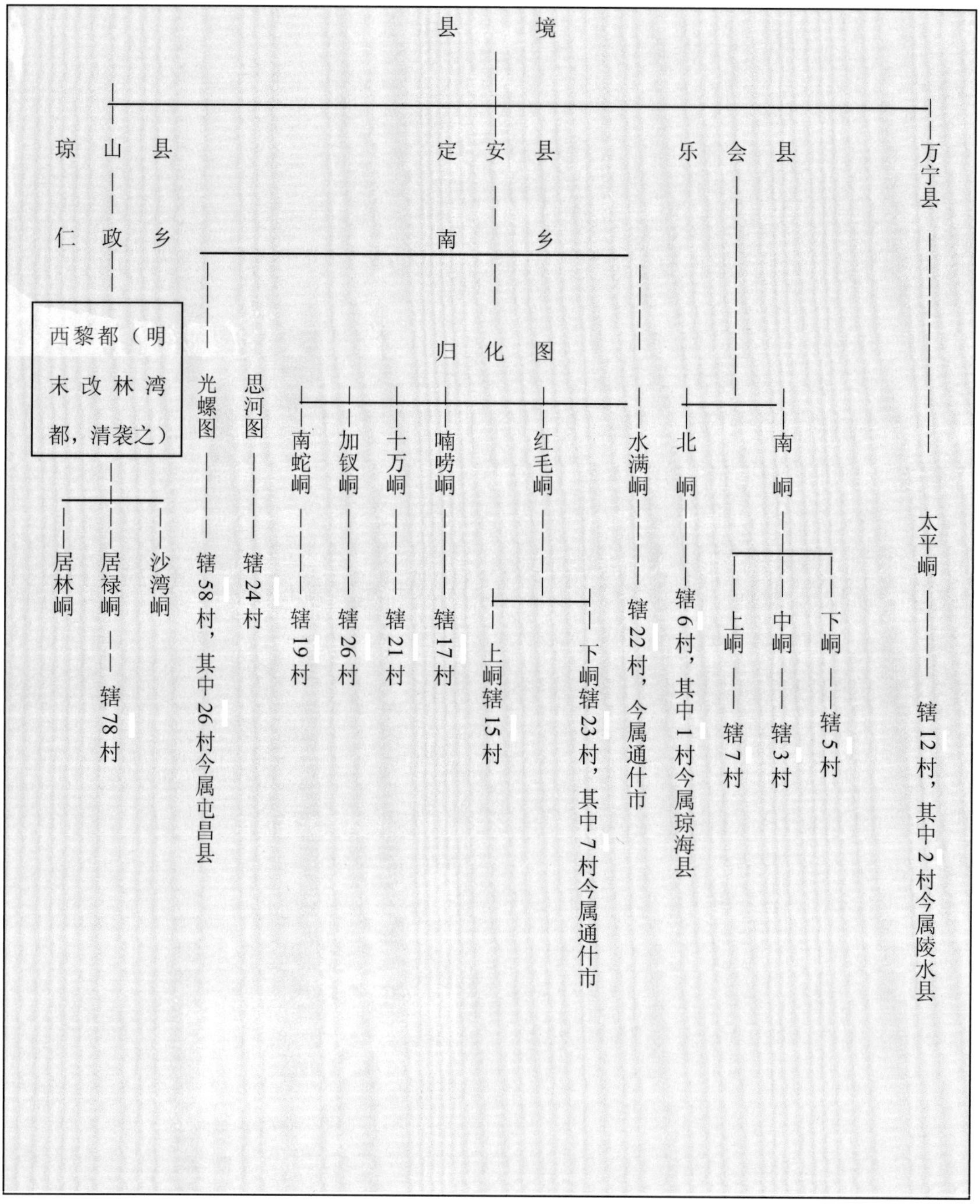

- 县境
  - 琼山县
    - 仁政乡
      - 西黎都（明末改林湾都，清袭之）
        - 沙湾峒 —— 辖78村
        - 居禄峒
        - 居林峒
  - 定安县
    - 南乡
      - 归化图
        - 红毛峒 —— 上峒辖15村；下峒辖23村，其中7村今属通什市
        - 喃唠峒 —— 辖17村
        - 十万峒 —— 辖21村
        - 加钗峒 —— 辖26村
        - 南蛇峒 —— 辖19村
      - 思河图 —— 辖24村
      - 光螺图 —— 辖58村，其中26村今属屯昌县
  - 乐会县
    - 水满峒 —— 辖22村，今属通什市
    - 北峒 —— 辖6村，其中1村今属琼海县
    - 南峒
      - 上峒 —— 辖7村
      - 中峒 —— 辖3村
      - 下峒 —— 辖5村
  - 万宁县
    - 太平峒 —— 辖12村，其中2村今属陵水县

民国元年至二十三年（1912—1934年）仍沿明清都图黎峒制。民国二十四年（1935年）改都图为区、乡，下设保甲，改总管为团董。县境分属琼山、定安、白沙、保亭四县。新中国建国以后，建立琼中黎族苗族自治县，行政区划历年也在不断变化中。

行政建置随着历史的发展不断在更改，黎峒组织已在历史变迁中消亡，在黎区探访黎峒已是无迹可寻了。黎峒消亡了，但各地都保留了峒主庙。这些庙宇，有的在村落比较集中的地方，有的建在人迹稀落的深山老林里。

峒主庙的存在，象征着黎族族群的精神世界，黎族的精神家园在历史进程中的显现。

黎峒是黎族在历史上形成的行政建置，峒主是黎族族群的带头人。峒主庙是黎族对历史已故峒主的敬仰和思念，也即黎族信仰中的祖宗崇拜的体现。众多峒主庙里，又供奉着各种民间心灵信仰中的神灵，他们在峒主庙的拜奉中，寄托着各家各户对幸福生活的企盼。千百年来，虽然峒主已逝，但峒主的圣灵仍然在保护广大村峒人们的平安安宁。峒主庙是黎族人民信仰传统的集中表现。

笔者所见的峒主庙，实录如下——

一、昌江十月田塘坊村峒主庙

到了十月田塘坊村，由镇人大副主席林文晖带路，找到一位70多岁的退休老校长符云明，老校长耐心地讲述明王庙翻修的经过及庙里所供奉的神像的内容。

符老校长说，庙里最大的神祇是明王神，明王就是峒主。所供奉神祇有土地公、圣母、圣父，中间最大的是峒主。其中圣母指的是冼夫人，与其他神一起座列于案台上。正厅的横匾是"明王大德"，两边楹联是：天地大德广全球人类幸福美满，神圣鸿恩深通村黎民平安吉庆。信民所赠的锦旗称为本境明爷爷，赞其功如泰山。

这个村里,这座是大峒主庙,旁边村还有小峒主庙,管二个村庄,一千多人。

二、十月田镇保平村公德庙

林文晖又带笔者访问附近十月田镇保平村的公德庙,这是三年前村民集资重新翻建的庙宇,显得宽敞明亮,大殿石碑有祠庙概况介绍,说明公德庙的历史。

保平村初时建有神山广德峻岭明王庙和部分姓氏祠堂。1939年,村边的小山谷上修建新祠庙,将神山广德峻岭明王和各祠堂神像集中安放。

1996年,在"文革"破四旧立四新运动中,保平村祠庙和庙里的神像难以幸免。

20世纪70年代末,保平各姓请来儋州雕刻师傅重新雕刻神像,并在原庙址上重建了神山广德峻岭明王庙和祠堂,恢复了日寇侵琼前保平村委会祠庙的原状。

为了秉承保平祖先之优良遗风,2005年,保平村决定重建保平祠庙,在众多热心的村老、社会各界人士、尤其是国家级、省级知名文化人士的慷慨

解囊捐募下，2009年底，保平祠庙得以顺利竣工。他们的善举将永远留在保平人民心中！

保平祠庙，既是祀奉神灵和纪念先贤的庙堂，也是对后人进行乡土教育的场所。祠庙丰富的文化内涵，令人兴发无限思古之幽情，尤其是族中优秀人物的人生事迹，将成为激励后代奋发向上的典范。

这块石碑阐述了公德庙重建的历史，这座庙宇的特点是汉族与黎族文化的融合，参差不齐，在座殿上，既有峒主的木雕像，也有本村祠宗的坐像，把汉族的祠堂与黎族的峒主同位一堂，成为汉黎文化融合的典范。

庙里的楹联也表明这一点：

公德崇明昭日月，祠堂原福载乾坤。
即从三分香膳有厚德，尤善百里近邻无孤忠。

在欣赏的过程中，发现殿座上安放着珍藏族谱的木匣。于是要求他们开

公德庙殿上的神祇

公德庙殿上的神祇

匣。庙祝十分慷慨，爬上殿台打开木匣，其中有一团绿色绸子，拿下来在地上展开，大概有三丈长许，这是一部用黑色墨水在蓝布上书写成的族谱。横匾写：陈氏总宗支谱系，开篇有一首诗，曰"更新谱系重作纪"。诗云：

更谱铭传见玉文，前人后裔列名存。
青绸红线书房系，金墨银脂映族门。
高祖星光明氏族，先宗日月沐儿孙。
陈家继出书门第，世代流芳耀祖恩。

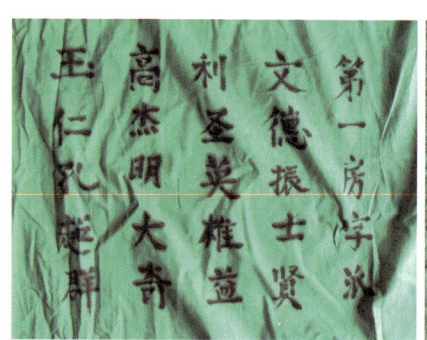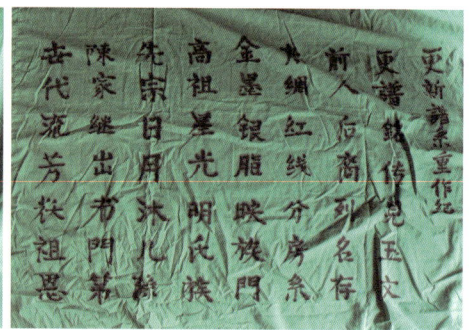

公德庙殿上木匣里的家谱

并说公元1997年农历丁丑年春季更谱大吉。

陈氏高祖是陈茂珠。

家谱珍藏在宗祠的神龛上，显然是汉族的传统，但公德庙里又有明王爷爷，信奉者赠送的锦旗也写着"本境明王爷爷"，有一锦旗写着：

求子送功德
明王爷英灵显应
信子保平村吴家强赠

明王就是人们敬奉的峒主，可见黎族的峒主与汉族的祖先已在一起受后人拜奉了。

三、昌江县乌烈镇峨港村境主庙

庙堂不大，殿上帐楣有"灵光普照"四字，旁边有钟鼓，鼓上写有"明王之鼓"四字，两边镌刻着"风调雨顺，国泰民安"八字，殿上端坐各位雕像，旁边牌位写着：万天雷首主火拼令那天师，勅赐山神广德峻岭明王爷，殿前统兵太尉行侠大圣人，本境土地福德正神。庙里有十多幅感谢境王的锦旗，旗上写道：圣人扶持子孙上大学，功高一品，法报圣恩。善男信女，赠送金银财宝作为酬谢谢圣人和明王爷爷栽培子孙，有文有武。金榜题名。恭惟。公德，恩重如山，子孙上大学，名流芳百世。

其他锦旗，都写有"有求必应"等字样。

四、昌化镇峻灵明王庙

此庙民间也认为是峒主庙。自2008年重新修建之后，规模比较宏大。

门牌上大书"峻灵明王庙"，谓明王即峒主。牌坊楹联是：

　　神乎神乎北宋勒封功第一
　　山也山也南洲座镇品无双

内殿横匾为"神山古庙"两边楹联是：

　　堂构重光添秀色
　　庙修再丽显英灵

庙内有几块石碑，一块苏轼写的

《峻灵王庙碑》。残碑。

峻灵王庙碑

〔宋〕苏轼

古者，王室及大诸侯国皆有宝。周有琬琰大玉，鲁有夏后氏之璜，皆所以守其社稷，镇抚其人民也。唐代宗之世，有比丘尼若梦恍惚见上帝者，得八宝以献诸朝，且传帝命曰："中原兵久不解，腥闻于天，故以此宝镇之。"即改元宝应。以是知天亦分宝以镇世也。

自徐闻渡海，历琼至儋，又西至昌化县西北二十里。有山秀峙，海上石峰，巉然若巨人冠帽。西南向而坐者，俚人谓之山胳膊。而伪汉之世，封其山神为"镇海广德王"。五代之末，南夷有知望气者，曰："是山有宝气，上达于天。"舣舟其下，斫山发石以求之。夜半，大风，浪驾其舟空中，碎之石峰下，夷皆溺死。儋之父老，犹有及见败舟山上者，今犹有碇石存焉耳。天地之宝，非人所得睥睨者梏。晋张华使其客雷焕发鄞城狱，取宝剑佩之，华终以忠遇祸，坐此也夫。今此山之上，上帝赐宝以奠南极，而贪冒无知之夷，欲以力取而己有之，其诛死宜哉！

皇宋元丰五年七月，诏封山神为峻灵王，用部使者承议郎彭次云之请也。绍圣四年七月，琼州别驾苏轼，以罪谴于儋，至元符三年五月，有诏徙廉州。自念谪居海南三岁载，饮咸食腥，陵凌暴飓雾而得生还者，山川之神实相之。谨再拜稽首，西向而辞焉，且书其事，碑而铭之。山有石池，产紫鳞鱼，民莫敢犯，石峰之侧有荔支、黄柑，得就食，持去，则即有风雹之变。其铭曰：琼崖千里块海中，民夷错居古相蒙。方壶蓬莱此别宫，峻灵独立秀且雄。为帝守宝甚严恭，庇荫嘉谷岁屡丰。大小逍遥远虾龙，鹧鸪安栖不避风。我浮而西今复东，碑铭哗赫然照无穷。①

苏轼碑文残碑

苏轼的碑文，是在他被贬海南三年之后，奉命东调廉州离开海南岛时所作："元符三年（1080年）五月，有诏徙廉州，自念谪居海南三载，饮咸食腥，凌暴飓雾，而得生还者，山川之神实相之。谨再拜稽首，西向而辞焉。且书其事，碑而铭之。"苏轼为自己在琼三年能健康北还而有感峻灵王之保佑，有此碑铭，峻灵王庙更加名扬四海了。

峻灵王为神话中的"昌化岭大公"，是昌化大岭的山神，汉代号为广德王，宋代以后，"昌化岭大公"又被诏封为峻灵王，苏东坡有诗点明峻灵王是"民彝杂居"之神，诗云："琼崖千里块海中，民彝杂居古相蒙。方壶蓬莱此别宫，峻灵独立秀且雄。"昌化地区的疆域，据康熙《昌化县志》载："邑东跨黎峒，西临大海，南接感恩，北抵儋州，东西广一百二十里。"②其地域有峻灵山，注曰："一曰神山。岭延袤十里，九峰为县主山，俗名落膊岗。汉封其神为镇海广德王。"在这广袤100多里的土地上，东至黎峒100里，西至海10里。当年的昌化，遍布黎峒，皆有峒长。而在宋代之后，"昌化岭大公"又被诏封为峻灵王，把黎区的神灵与道教的信仰融

---

① 苏轼：《苏轼文集》卷十七，中华书局1986年版，第510页。
② 〔清〕方岱修、璩之璨校正：康熙《昌化县志》，海南出版社2004年版，第14页。

合起来，这里的"神山广德峻灵昭德明王"，实际上正如苏轼所说的，在这民彝杂居的地方，复杂的信仰已互相融合，汉族的道教神祇与黎族的峒主信仰师已混合在一起，所以这座神庙后来又改名为"峻灵明王庙"，而"明王"之称，为各地峒主庙拜谒之神，因此，这座"威振琼南"的峻灵明王庙，应也有峒主庙的内涵。

五、东方市新街昆仑神庙（峒主庙）

据90岁老人文国荣介绍，祖先是黎族，现已汉化。这里原名崑龙峒，相当一个村。峒主庙中的明王应是峒主帮助下才成明王，明王把峒主神化，逐渐演变。老人说：王国兴是72个峒的大总管，解放后叫人民公社。古代的峒现在不叫了，尽管是汉化，但祖先是峒的黎民。

庙的侧壁有昆仑神山爷史志碑

  莽莽昆仑，出世横空，人间春色尽在其中，神爷显圣，福山开昌，行空天马福泽人间。

  本土原为昆仑山，山前为海港，汉初期聚居若干土民，名曰昆仑

村，种地打鱼为生，长年受天灾之苦。村民们日以操劳，夜以求神明庇佑，心诚感动天地神灵，一夜间雷雨交加，一束电光中飘落下一枝光亮长木，上书有"昆仑山神"四字，村民们为报神恩，修建此昆仑山神爷庙，刻镀山神爷金身及灵木供奉庙中，自一方良民安居乐业，物足人昌，八方士绅敬仰朝奉，辈出人才，有求必应，誉满人间。有联赞曰：昆仑山上有神灵，利物安人德添恩波流万世。龙庭榜中无俗士，济家治国纲常名教著千秋。

饮水思源，为怀神圣名后思，愿神爷继以恩德泽保民，重修昆仑庙，立文碑以志之，启后昆仑而明之。

　　陈水发　王昌福　陈日台　海南诗人凡歌题碑文
　　花兴恩吉　清蒙广恩

调查组全体成员
一九九六年农历十月初六立

这是一通1996年刚建立的碑文，根据传说阐述庙的历史。庙里神殿横上匾为"德被群生"，下匾为"圣德恩

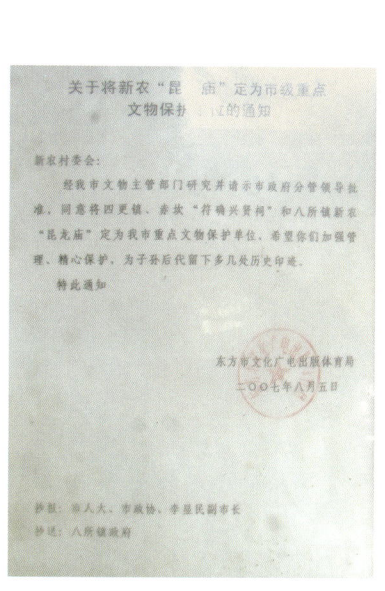

光",两边对联:"圣德巍巍通宇宙, 神恩浩浩布人间"。殿上中间神位是勅赐神山广德峻岭昭德明王,左白马元帅,右红马将军。

此庙被东方市文化广电出版体育局于2007年定为市级重点文物保护单位。

昆龙误解为昆仑,根据民间传说,从昌化一直传至此。

如黎族的大力神传说,古代独木舟从海上飘来,大力神双手撑起来,成为船形屋。黎族用的大水缸,装水食用,大力神可一肩挑起两个大水缸。1500年前,海南历史还是属于原始黎族,是原始社会的特殊情况。

在探访的过程中,几位村中老人还提到,这里有哥隆人,叫大哥,讲话及生活习惯与他们不一样。在四更、三家、英显、亦坎各地,有哥隆人,四更镇是附马村,讲话全县没人懂。讲的是白话,有2000人左右,讲那斗话,有200人左右,邻近村也有讲那斗话的。

哥隆人的生活习俗很特殊,如接新娘,用牛车接,找全村最好的牛,嫁妆用长框满满装上。接新娘打枪,天未亮三四点去接亲。过去每家每户门上挂上一小陶罐,村上的人喝酒最厉害。去哥隆人的村不能说黎话,一说气就来了,避讳说黎语。

六、东方市四更镇四而村日月民庙

庙址在海边,殿中间是明王、圣母、二妃等,有四位女神。明王是峒主。在峒主明王殿旁,有一个小殿,殿上供奉毛泽东和杨开慧塑像,也供信男信女燃香奉拜。

庙里的峒主是四更神山老爷公，圣殿的横楣写着"恩光普照"，楹联为：

四序和风辉四座
更层甘露润民庐

据守庙人口述，四更村是海南人口最多的村，四更峒有一百多年的历史，神山老爷公与昌化神山明王是同一体系，昌化是大公，这里是小公。当年盖庙时没有服装店，后来从海里漂来大木建起这个庙，庙的建筑保留古代模式。

七、白沙县牙叉镇营盘村什道跃村公庙

庙里有六尊神像，女神名南山二妹夫人。其他神像名抄写放在家里。庙境村庄：二个符姓村庄。每年7月14日做峒主是，祭祀放鞭炮，几位老父到庙里供上鸡、包点、酒等，道公祈福，在榕树下拜土地公神。正月初五，抬神像游村，乡民向轿里香炉里求得几支香回家里。

此庙2012年重建，混凝土结构，四面黄琉璃瓦。

庙门对联：

出外求财财到手　　居家创业业兴隆
财神到家家兴旺　　天天好运保平安

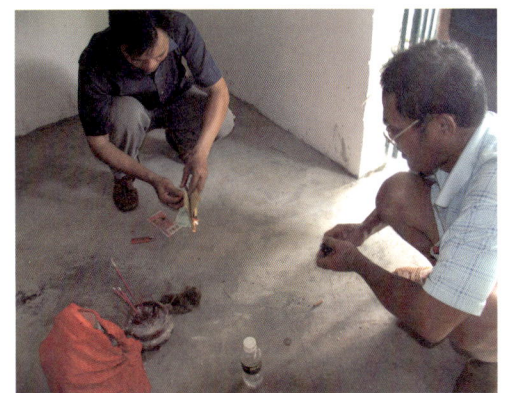

庙的管理是义务的,风俗习惯祭祀也是义务的,求佛,求福,祈求福气,求财消灾。

离庙门口三米处,有一棵大树,两权合抱,树底有一大树洞。

庙里正蹲在地上拜神的道公把祭品(鸡、包子等物)端起来,抬到大树洞里,一群信众又都拜起土地公。他们说,过去各家各户都有一座公婆,"文革"时收掉了,现在大家都拜土地公。

道公念经时所看到的书还是道书,我们借来拍照,他说,这是道教的仪式,他都会背下来,道公的职务是代代相传,他是从父亲传来的。

八、符氏永明祠堂

堂壁有开便诏书本传,记录祠堂历史。据村人讲:有十多代建这座峒主庙。

每年七月十五做仪式。大年初三游村,大年十五也游村。从初三到十五日,都很热闹。

殿上神祇是符巴神三座,是祖宗最早的神,总管是峒主。峒主是父传子,子传孙。殿上神祇还有青廉马元帅神、灵官马元帅神、南山得道黎母仙姑婆。每年游村时每家都拜,接着摆酒。年青人也信峒主，代代相传。

管理峒主庙的人，整个村轮流，每年轮流一家。

九、琼中县红毛镇番响管区村南美村峒庙

公婆同在一个庙，每年农历二月二十二日闹军坡。二月十三日起游村，到各家各户游，一共三天。游村时有人颊穿杖，不痛。

十、茅坡峒主庙

在琼中县红毛镇罗坎村什空村庙门口对联：

出入贵人相照应
八方财宝进门庭

庙里殿上正端壁上写明茅坡峒各职神位，一级茅坡峒主考察峒神总开元帅，携弓把箭筒神常变身官前朝出世得南安居。一级石室娘娘总开元帅太太

常变石室娘娘前朝出世得南安居。一级帅令将军携弓把箭莙神常变身官前出世得南安居。一级弟随亲兄行武天下帅令将军携弓把箭筒神常变身官前朝出世得南安居。庙外左侧尚有屋外殿上书座堂神位。

茅坡峒主庙虽然在深山里，但香火很旺盛。在侧房的桌子上，摆有三大册善男信女的求佑字条，有求保长女得《会计证》求平安的，还猪1只，鸡1只，人民币100元。有求保得男丁成功后，还猪1只，鸡1只，人民币200元。有求保女朋友回心转意完亲的，还猪1只，鸡1只，人民币100元。有求考上本科大学的，还猪1只，鸡1只，请道旗一面，人民币500元。有求参加国家公务员成功的，还猪1只，鸡1只，人民币200元。许愿日期每年各月都有，可见信男信女对峒主庙里峒主信奉的诚意了。庙内四壁也挂着许多"有求必应"的锦旗。荒村僻壤里的峒主庙，竟是如此热闹。

十一、琼中红毛镇罗解村什向村罗解峒主庙（又名黄米章公庙，因峒主名字黄米章）

罗解村包括8个自然村，1000多人。

此庙现在已荒废，但在山坡上用石块垒成的残壁还在。据村干部讲，此庙原是瓦屋，在全村都是茅草屋的年代，这座庙的建筑是最好的。现在原址前10米处，计划重建新庙，但因缺经费，只建了庙址。

这里是革命老区，当年王国兴队伍在山上，峒主庙成了革命队伍的后勤给养地点。村上的黎族人民都支持白沙起义，为队伍作后勤。庙里有6座神

像，1966年全部被烧毁，庙也毁坏。现在村民要求重建，但缺乏经费，要求政府能资助，但又不懂得如何写申请报告。

在村长的要求下，冯所海当场从村民口述中帮助他们起草了一份申请报告，主客都欢喜告别。我们想，革命老区的人民为海南岛革命作贡献，今天仍然这么贫穷，替他们做点文字工作是应该的，内心也十分欣慰。

十二、红毛镇罗虾村毛西村罗虾村峒主庙

此庙在村子里一个斜坡上，坐北朝南，庙虽破旧，但还存在梁柱为石瓦结构，黑墨格木，估计建庙时间为500年。庙包括全红毛地区，每年二月二十一日至二十三日为军坡节，信男游村时穿杖，抬公游村。

庙里殿上供奉的有：七坊峒主大爷、钦命圣帝二爷、琶头白山太老爷、万天雷神指令将军、龙首白沙三祖老爷。

在这座古庙里，保存了一口大铜钟，这口铜钟上所铸的字可以辨认，而且很有价值。钟的两旁写着：国泰民安，风调雨顺。钟口直径外42厘米，内38.5

厘米。钟高35厘米，钟顶12厘米。钟上写有：万天雷首全令将、琶头白山太老爷、钦命圣帝二爷、七方峒主大爷。下面署名王建邦（王国兴爷爷）、王文新（王国兴父亲）敬奉，信凡红毛峒番响村 光绪二十三年春。

这座古老的铜钟记录了一段红毛镇黎村的历史、革命英雄王国兴的爷爷，父亲是峒主，他们在光绪年间已来这里捐献铜钟，拜奉峒主庙。在峒主庙里，还奉祀冼夫人神祇，与峒主并列在一起。

十三、保亭县新星农场万峒队石峒公庙

此庙有1300多年，但现在已没有遗址，据老人黄德贵回忆，石峒乡石峒公庙原来有5个公像，用菠萝蜜格木刻的。庙一进五间，他的父亲见过，神像四公一婆，即七爷、华光、万天、村地峒主、懿美夫人。

此庙一进三间，砖木结构，西面三间约9米，进深4米。大约在20世纪30年代被洪水冲毁，神像被流水冲到陵水水口峒。现仅有庙基址、碎砖块。

水口峒捡起神像建庙后，"文化大革命"中又被大水冲掉。

十四、陵水县都林城东村委会老丰村陵阳古庙

庙前有棵大酸树，树龄有300年之久。

殿上有四座神像：陵阳之帅、峒主、七爷、村主。两旁对联曰：德泽汪洋垂日月，恩光浩荡壮山川。外面厅上对联：风调雨顺，国泰民安。

门口对联是：

灵扬显赫钟英杰
古庙长春驻巨灵

在神殿上，还摆着一通峒主大印。

十五、陵水椰城镇东华中学内东区古庙

此古庙是当年农民协会驻地，门口楹联写：

千载流芳东区唯有农协会
万民景仰古庙当称娘子军

门口有牌匾：

县级文物保护单位
东区农民协会旧址
陵水黎族自治县人民政府公布
　　　　　　　　一九九〇年七月十四日
县文化广电出版体育局立
　　　　　　　　二〇一〇年二月五日

门口楹联：

举步懔凫趋母范若临矣
降阶严鹄主吾怀敢释乎

这座清朝末年建立的古庙，庙里三进三间式，中拜亭，前进二层，两侧横屋，规模比较大。庙境村庄有七个村委会：华北、华东、卓杰、李村、勤丰、联丰、陵城。

殿上供三位神：冼太夫人、妈祖、李奶夫人。

庙内中间及两侧对联十分丰富，如：

> 圣德巍峨普照大千世界
> 慈恩浩荡同麻亿万生灵

> 紫气东来风调雨顺苍生乐
> 恩光普照国泰民安天下春

> 婆祖妈祖系民祖德昌社稷
> 仁神义神救世神恩泽苍生

> 东临馨石水天一色兼一代风流
> 西竭笔峰文鼎千秋瑞千村贤才

> 文星扶学好
> 土地助黎民

> 有心就可以
> 无拜又何妨

这些对联写出7个村庄民众的心愿。

古庙曾经是革命老区大革命时期东区农民协会旧址，庙里有一通"千古流芳"碑，内容是："于一九九五年农历十月廿四日维修古庙乐捐姓名如下：陈村圣娘古庙创造于清朝末年，已列为县级重点文物保护单位，在大革命时曾是东区农民协会旧址，芳流千古，继往开来。（下捐款姓名略）

这座庙每年农历正月初八、初九举行节日活动，这两天不吃猪肉，抬公巡村、穿杖、演戏、拜祭。

十六、陵水都林镇华北村北市古庙

100年前土木传统建筑，坐西朝东。殿上有十多个神灵，每年正月十五及五月初五日为节期。

庙门口对联是：

> 文官英灵扶助家家创业
> 武将显赫保佑户户平安

北巷村是革命老区，据老人介绍，这座古庙也称西黎峒主庙。

十七、陵水县椰林镇华东村下港岭水口庙

渡海到水口庙。这是一座濒海的神庙，岸边有许多小船送游客至庙门口。这座庙宇比较壮丽，是1995年重修。其庙主俗称水口公。

据前面水石峒公庙老人介绍，陵水的石乡石峒公庙的峒主神像被洪水冲到水口峒，水口峒捡起神像，重新建立水口庙。

不过，笔者渡海寻找水口庙探索究竟，该庙所树立石碑及庙祝的介绍又有另一种说法。

水口庙大门牌楹联是：

乾坤聚秀岁月迁流赤石青山留胜地
大地钟灵烟波浩渺和风细浪福陵阳

庙内门楹是：

庙座青山峡
门临赤石峰

大殿上两侧对联是：

神光普照参天地
侯王对德贯古今

在庙里的石碑上，刻有《水口庙历史简介》，介绍水口庙的历史。

水口庙始建于乾隆五十年（1785年），迄今已有226年之久。历史悠久，是非物质文化遗产的圣地，传颂至今。

水口庙位于陵河出海的北口岸，神塘岭之南侧。陵水四大风水名景之一，名曰："打叮石"，自古以来有飞炉之传说。水口港是保亭陵水内河通往外海独有江海通商要塞的"河蚌"胜地。百峰耸然而立，幽谷窈然而深藏，清泉滑然溢出，令人神往！铭记着似水流年的蛮荒与辉煌，庙内冬暖夏凉，撞钟雷鸣，香火旺盛，虽说庙与大海近在咫尺，但人在庙里却听不到一点波涛声，这就是风水的特点。

传说古时：当地村民常遭洪灾，出海捕鱼更是风险重重，而为祈祷上天的风调雨顺，出海的平安，村民们把心中的寄托自然放在神明之上。其间村民在港口祭拜时，忽然穴地出现飞炉神光闪烁，神鸟鸣叫，村民定睛瞧见，有一神明头戴状元盔，身穿龙袍，手拿宝扇。后来村民根据看到神明显灵形象，雕刻出"侯王神像"，

在大孤石处安炉祭拜,才免遭受其害。之后以多华村为主,联合毗邻村庄、城乡,经过自发筹建,便在距水口港几十米处的穴地建起了这一座水口庙。

水口庙建成后,供奉着"水口侯王"、"水底正顺夫人"、"万天元帅"、"地理神师"、"本港口土地福德正神"。从此水口庙香火燃起,并延至今。各地农商百姓求事有成,社会安定祥和。渔民、客家,每逢出海入港都在炉上燃香点烛祭拜，以求平安。与此同时还在多华村建起"文昌楼阁"，定为水口侯王，每逢农历五月初一巡寨乡里乡舍的驻地，家家户户点燃香烛，摆好贡品恭候，各地村民也纷纷进庙叩拜，为的是去祸得福。五月初五上午才率领众神乘龙舟巡视陵河，清除河障，降妖赐福。顺路返回水口庙和各路神明欢聚一堂。因此东区村民就形成一个文化传统，为每年五月初五游龙船日。

水口庙几度沧桑，根据当地史料考证，第一次重建于同治己巳年（1869年），扩建本庙正殿、中庭、前厅和大门，庙的面貌焕然一新。有着河水给两岸的润泽，聚天地之灵气，屹立着一排排的千年龙血树和一棵枝繁叶茂的百年神榕树，形成一道壮观的风景线。榕树刚劲，龙血树四季长青，这就是千年古庙的特点。神庙威武壮观，凉亭立立，赤峰迎浪。融合成一个厚重深远的道教文化，神奇之处就在于让现代信仰者去感受解读道陀，领悟和体味其中的玄妙之处。

在大殿的神像座里，有一座命名为"敕赐三江水底正顺夫人"，此地简称水口婆。而正顺夫人是冼夫人的封号，村民供奉冼夫人，把她作为可敬可亲的女神，尊敬她"已死犹能效国功"，但不懂正顺夫人即冼夫人。

据庙祝介绍，最初在乾隆五十年（1785年）建水口庙时，原石殿嵌在正殿之中。正巧，本村一李姓渔翁在河里钓鱼时遇见一条奇木飘在水中，他便打捞回来，后作为雕刻神公所用。此传说正与前面石峒公庙的老者所说的"石峒公庙的峒主神像被洪水冲到水口峒"相吻合。

十八、陵水椰林镇卓戴村西黎峒主万圣帝君庙

庙中神名：西黎峒主、万圣帝君。

庙址坐西南朝东北。庙内有光绪年间古钟。

庙境村庄2个。重建时间2001年。

每年农历五月初五为节期。穿杖祭拜。

宫庙的大门对联写道：

金山玉水日月照应子孙旺

圣英显赫乾坤和合万代传

横匾：英灵显赫

庙内大殿楹联：

帝德如天名同天地久
神恩似水心与水泉清

殿旁对联：

英灵显赫流千古
圣德无疆庇甲方

庙门旁有一棵千年古树。树前立一字牌曰：千年古树。左边小字：西黎峒主庙筹建组2001年五月敬立。

庙里墙壁上有"西黎峒主巡天掌案万圣帝君庙"简介，内容是：

西黎峒主巡天掌案万圣帝君是天皇玉帝在农历正月初五日敕封的，每年正月初五日为本宫生日。

本庙奠基于公元三〇〇年，创建人是李开州公公，是桌流村、桌戴村和大亩村管的官，庙有大堂厅、楼走廊大门，左右有两小目横室供小孩念书，左边还有小花园。日本统治海南时期该庙被拆除破坏，日本军要砖瓦木料去水口港海坡上建军营哨所。后来经乡村的李风光、李明仁、李明德、王文德、王文师等人带头重建砖瓦木庙，几十年来经风吹雨打木桁腐烂墙裂将要倒塌。二〇〇〇年三月李位光、王亚彩等人提出创议重修本庙，成立筹建小组，发文通知群众捐款献料，直至二〇〇一年七月宫庙才建好。

二〇〇二年四月李明仁同志向陈成松同志提议搞宫的神安，并由李明仁同志和本宫的童子李敦孝同志带头奔走各地发动群众捐款，后得到王文丰、王亚彩、李位光、李爱明等人的有力协助才完成了本宫的神安和新的身形雕刻任务。

本庙堂上坐有四宫，敕封西黎峒主巡天掌案万圣帝君，敕赐海主部司老爷、左千兵、右万将、本庙土地福德正神。

西黎峒主巡天掌案万圣君是南天三位圣娘的弟弟，是水口侯王的哥哥，过去每年初九、十日三宫同一体出游县城，本宫实是关公、关圣帝君，汉族，解州人氏。

本宫历来英灵显赫，有求必应，保护关照凡间子孙，如有相信来求本宫的子孙可直接通过本宫的童子亲口对话给你查处家事和本人事，如有不幸的犯事也可帮助子孙化解，子孙如有患病的也可开处方给你买药医治，还可给你求签。

二〇〇五年六月在王文丰同志的提议下成立了庙管理委员会，在同年建成宫庙大门。

这一带是革命老区，此庙有800年历史，白沙起义也与这座庙有关系。

这座西黎峒主庙是从2002年至2005年新建的，整座庙是混凝土结构，一进三间，有大门。

十九、陵水椰林镇华东村委会大庙村西黎峒主庙

2006年重建，坐北朝南。混凝土结构、琉璃瓦。庆祝活动和特点同水口庙。

殿上对联：

　　侯王圣德泽万户
　　洞主神恩布千家

横匾：恩光普照
西边对联：

　　洞中英灵多渔利
　　主内显赫亩谷丰

殿上神名：水口奶奶（正顺夫人）、水口公公、万天元帅、洞主公。其中正顺夫人即冼夫人。大殿上有峒主大印。

二十、陵水椰林镇里村村上溪村村主庙
　　　　（即上溪西黎峒主庙）

此庙2001年重建，坐北朝南，混凝土结构。对联是：

　　上溪峒主庙
　　南恩护万民

神名：南朝侯王、统天护国西黎峒主、南天圣娘、南天闪电雷火圣娘、柔惠正顺懿美夫人（即冼夫人）。
节期：正月初五。
节庆活动内容和特点：游村、祭祀、穿杖。

二十一、陵水新村镇盐尽村浅尾村浅水西黎峒主庙

神名：西黎峒主、五龙大王、南天圣娘、陈村娘娘。

庙境村庄：三个经济社。

节期：正月十五。

节庆活动：游村。

在庙内殿上有西黎峒主印，庙外挂一口清代古铜钟，钟上铸字明显，大多可见。此古钟传说是新村疍家人赠的。

二十二、陵水县新村镇桐海村灶仔村龙门七爷庙

大清国□东山川钟陵水县盐场境村
弟子共竭心诚谨铸洪钟一口
重壹佰陆拾余斤
上奉
南天　娘娘殿前永远供奉
陈村
　　姓名开列于左
会首弟子　陈万基　陈祖泰
王文巍　陈宗□　郑鸣鸿
□□□　陈勋□　陈维□
□□奉
旨
康熙四十五年丙戌孟冬吉旦
佛山万□炉造

庙神：武师、村主（峒主）、七爷、关公。

庙境村庄：1个村。

节期：正月初九、初十。

二十三、陵水新村镇桐海村同村和灶仔之间南天陈村圣娘庙

神殿上有神牌横排写道：英灵显赫

竖排：

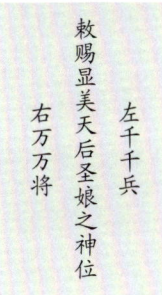

敕赐显美天后圣娘之神位

左千千兵

右万万将

两边对联：

　　神明英明保村民
　　婆祖显赫佑子孙

南天圣娘娘及陈村娘娘，在两个村庄中间。

节期：正月初九、初十。

陈村夫人即清朝冼夫人称号。

庙坐向：坐北朝南。

重建时间：2003年。

建筑特色：混凝土结构，一进三间，前长檐廊。

二十四、陵水新村镇新村港码头三江庙

庙境村庄：在墟上，2013年5月2日重建。

供奉村主公及冼夫人。

朝向：坐西朝东。

建筑特色：一进三间，混凝土结构，垂檐飞檐、黄琉璃瓦、两横廊。

节期：正月十二日，出游。

殿上有大印。

二十五、陵水黎安中科路龙王庙、天后圣母庙、南天圣娘庙、黎峒主庙

引路人不准拍照。

黎安峒主庙在黎半路，门口对联：

恩济事业护风调雨顺

德泽山河维国泰民安

二十六、琼中县和平镇堑对村大礼大帝庙

大殿神名：

鸿仁言念运等众词为叨居凡尘蚁聚斯村。

本境峒主：

玉封纠察安邦庇民显灵感应威德大帝。

玉敕巡察驱邪拷鬼显赫英灵都督将军。

玉敕巡狩护乡地崮猛烈英灵都督将军。

左指挥乙通天灵官马元帅。

右指挥翊灵昭武太保温元帅。

护乡土地灵感大王。

护乡忠烈义勇众神。

庙祝说：笔坡芦与峒主很有来历，峒主庙也有军地节。庙里神是大家拉

网捞出一块木头，放在岸上，把这块木头刻成现在的堑水峒主的老爹，把峒主公刻好后，钟也自己排在大榕树上了。

这是峒主庙的民间传说。还有一段传说：琼中当地堑对、乘坡等四村峒主公诞生日，当天，人们从四面八方涌来，在喧闹的锣鼓声中，把峒主公偶像抬到各村游行。游行的队伍每到一村寨，该村的男女老幼必盛装出迎。逢丰收之年，村人还特请附近有名戏班，前来表演琼剧助兴。关于此节有一由来，传说从前有位渔夫，他在河边捕鱼，鱼没捕着，却几次捞到一根大树干，他有些不高兴地把树干扔到岸上，这时发现鱼篓里装满了鱼。当晚，渔夫梦见遭灾的乘坡峒主公，请渔夫帮忙，要渔夫请人把树干雕成自己的像，并说像雕好以后，如果人们都来燃香，就抬他到各村巡视作军坡，这样渔夫可以不必每天辛苦捕鱼，而能发大财。后来，渔夫照此梦去做，果然灵验。于是便有了军坡节。旧时此节在当地最为热闹。20世纪50年代后渐衰。

本来在琼北，军坡节是纪念冼夫人的节日，但在全岛范围，这节日是冼夫人与峒主同庆。

二十七、琼海椰子寨小学内椰子寨峒主庙

门口对联：

职守五会扶民佑贤
权衡一疆集福迎祥

进入庙里，第二进门的横匾写着：楷书"峒主庙"三个大字，左右门联是：

峒安五会
主治一疆

庙里正殿对联：

洞察秋毫横扫邪天神钦鬼伏
主宰沉浮理顺阴阳盛世安邦

横匾：神灵显赫
左边有华光庙，门口对联：

华民赖保佑
光辉照人心

右边有圣母庙，门口对联：

圣德如山重
母恩似海深

这个峒管5个会，一会管几个村，有的5个村，有的7个村。
庙里安座有：峒主姓甘，为峒为三兄弟：甘大神帝、王大帝、钟大帝。
还有一座福德词，门联为：

五行公居末
三才位列中

在椰子寨小学里

座上神位有：峒主及峒主三兄弟，即峒主、甘大神帝、王大帝、钟大帝、圣母庙里有冼太夫人、始祖、南天。

管理人员告诉我们，这里有椰子寨峒侯王，椰子寨华光神师。峒主死后埋葬在村里，村里有峒主墓，这一片是黎族聚居地。峒主领导这片土地上的黎人生活。农历二月十六日军坡节，全村游神。

1927年椰子寨战斗时，杨善集在这座庙里开会，海南战斗第一枪在这里打响。

二十八、琼海县岭口镇三加村南建石磲峒主庙

这里与定安交界，原属定安。

这是一座古老的峒主庙，庙前面有一片广阔的田野。连续有三间古老的瓦房，一间是庙堂，一间是两进的祠堂，但很破旧，门前角落里的古老石磲，可以看出700年前此庙的遗迹。

庙门口有大铁门，到达时庙门紧闭，不久管理人员来了，打开铁门，显示庙里的神座。

这个峒主庙有一段极有趣的历史故事，元朝文宗（图帖睦尔）因宫廷变故于至治元年（1321年）流放海南，在定安得到黎族峒主王官的多方照顾，还与当地姑娘青梅产生爱情，演绎出美艳动人的传说。后来，天顺元年（1328年）图帖睦尔（文宗）回朝当皇帝，是为文宗，他为报答峒主王官知遇之恩，赐贬地为建州镇。王官死后，黎民在此地建立古老的峒主庙，名曰石磲庙。这个峒庙有五个小会，管十多个小村。过去称五大岭。

庙门西侧的对联写道：

  定佑琼南南建峒主昭赫濯
  安如磐石石磲邦城兆祯祥

有一口铜钟，康熙四十七年制，高60米，顶高18米，宽15米。钟上有

字：南建州峒主，玉封内侯元皇帝君殿前永远饷镇……康熙四十七年岁次戊子正月吉旦。

庙外墙角有几块石磉，告诉人们这座庙的古老历史。门外有一大片草地，近处小丘有茂密的树林，远处山峰蜿蜒，风景秀丽，空气清新，大草坪旁有几根大柱及小石柱，石柱旁有两头大小水牛在悠闲地吃草，一派静谧的田园风光。庙祝告诉我们，从这里绕过一座小山可到龙门赶集。

进入庙里，两边对联赫然入目，概括直告这座庙的历史：

峒被深仁号大帝
主施厚泽封元皇

大帝英灵有求则应
元皇显赫感而遂通

中间横匾是：神光普照
下排是：有求则应

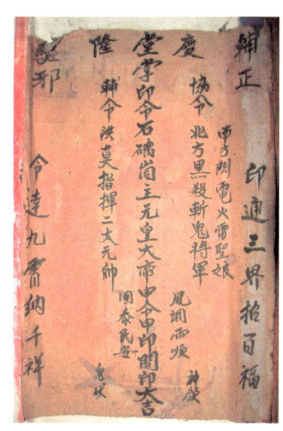

殿上雕像有：王官峒主、两位将军峒主、两个保护神也是将军，有敬懿夫人（冼夫人）。

王官家12代都当峒主。庙里有鼓有钟。

在神殿旁放着几根十来斤重的铁杖，庙中童仙名符平告诉我们，每年二月初十军坡节，举行庆祝时，他都把换杖穿过脸颊去游村，他20多岁时当童仙，在庆典七天之内不能吃荤，不能同房，铁杖穿过脸颊没有什么痛苦，只是有点痒，抽出来后，也没有伤痕，不流血。

石磷庙旁有座平房，名曰世袭堂，堂上摆满数十座祖宗牌位。堂梁上画有花、龙，写着光绪十九年。可知是清光绪年间才建的。他们说，在"文革"期间，这间房子当学校，所以没遭破坏。庙祝还自豪地说：这里定安娘

世袭堂

子是皇帝封的，万泉河名字也是皇帝封的。

祠堂旁有一对石碑刻着：

三台足蛟龙
世代翰墨香

三加建庙道日月
圣境坐镇耀乾坤

接着，管理人员又带笔者至下山村下山峒庙。这里堂上横匾写：钦印堂。这两座峒主庙管这片土地。

山上有王官墓，山高树密，没有山路，又是雨后刚放晴，遍地杂草泥泞，当地人建议上山考察王官墓，我们也兴致勃勃跟他们上山。但山路艰难，两位带路人共同拉扶我们80岁老人爬上山来，一个时辰之后，终于看到一对石门，告诉说，这是墓地山门，又走了一段路，看到一个石狮模样的石

头屹立在草丛里,告诉说是守墓的石狗。再往上走,一会,见到一排石墓,中间石碑写着:南建州知州王公墓　□岁戊寅癸亥月吉旦立。旁边还有一块墓碑,刻上重修始祖知州墓记,但碑文已模糊不清,石碑旁尚有一排方块石头,字迹难辨。在山上墓地考察之后,下山来已是精疲力竭了。

因为石磲庙有着一段与众不同的历史,为黎村代代传颂。这里传颂一段元文宗与青梅的香艳故事:当年元文宗流放到这里时,来到这里,一无所有,看到一位姑娘名叫青梅,能歌善舞,元文帝追求她,青梅不同意。后来元文帝用300两黄金给青梅亲人,青梅才嫁给他。后来,文帝回皇宫,封青梅为贵妃,圣旨来到之后,青梅坐轿赴京,在半路病逝,演绎了一曲新的《长恨歌》。这是后来"青梅竹马"及"青梅酒"的来源。海南琼剧也有演

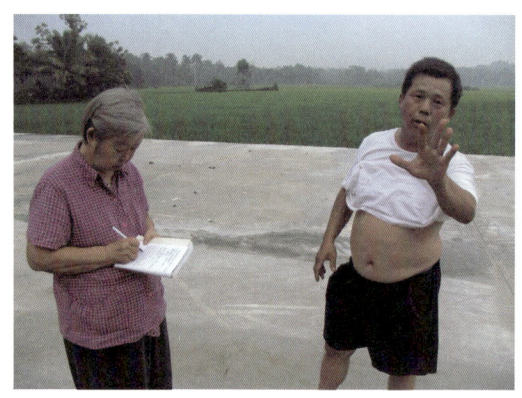 

出青梅剧本。

在离石磲庙一段路边的树丛里,又有王官后人的墓,但野草甚茂,难以砍断,时天已黑暗,只有作罢,驱车回住处了。

二十九、屯昌县城镇屯新村新安村和深田村交界处深水田峒主庙

由主持人林志高先生带去此庙。此庙才搬迁不久,重建。

本来这座峒主庙在雨水岭上,因开发商看中这三万亩雨水岭,在这里建

设美林湖国际度假区及屯昌雨水岭生态公园，由开发商把庙移建在山林里，真是经济打败了文化。

因为庙新建不久，庙里一切设施十分完整，大门口横匾写明：深水田峒主庙，两边两副对联：

显赫护邦荫贤孙
英灵救世佑孝子

高神显赫垂千古
皇恩浩荡镇四方

庙里神殿横匾：万福堂
殿上对联：

万民康宁蒙神佑
福禄寿财赖圣扶

在峒主神位两边有两块牌子,上面写着"迎龙"二字。
在殿旁有林贵石子孙送的彩旗,上书:

送给深水田峒主
玉台加封英灵赫濯佐国安民高皇大帝
贵石子孙林之乾林芝坤赠
癸巳年二月吉旦日

据林志高介绍,这个庙有15个神,没完全刻下来。这里有一个峒主,一个懿美娘娘(冼夫人)。

活动时间:农历2月11日游村,辖5个村。

三十、屯昌市境主庙

此庙系新建,红柱紫瓦,金碧辉煌。

有大路通车进去,庙前有大牌坊,书"屯昌市境主庙门",两边对联写道:

千家军坡日
万家吉祥期

祈福祥迎平安帝
神欢人乐军坡节

　　从庙门进去，路旁建一座境亭，亭顶四周有红柱，两层飞檐，颇为壮观。亭内四周有玉女、云中君、八仙过海、乐女送花等海中、云中飘逸的画像，颇显雅致，亭边有石碑刻上芳名榜，说明建亭经过：

　　屯昌市境主亭建于癸未年(2003年)八月十八日，当年十二月二十八日竣工。亭高7.63米，宽6.68米，双层盖顶，面积105平方米，外围地板、芳名榜建筑面积112平方米，总造价105576.19元，现将慷慨解囊乐捐建亭者名单持铭刻芳名榜留念，流芳千古。(名单略)

　　进入庙里，横匾写屯昌市境主庙，两边对联：

境主英灵庇荫屯昌多幸福
天后显赫保佑踵科添财丁

殿旁有关圣庙，大门紧闭，两边对联：

赤面秉赤心骑赤兔追风驰骋时无忘赤帝
青灯观青史仗青龙偃月隐彻处不愧青天

还有且间正安堂。门口牌子：海南省道教协会屯昌城信众管理委员会。

对联：

事顺心富贵平安
家和睦人财两旺

一间正婆堂，塑像写道：

屯昌市境主圣德娘娘。
屯昌市天后圣母娘娘。
屯昌市伏魔关圣帝君。

这座境主庙的建设过程，有石碑《境主庙简介》作详细说明：

> 相传圣德娘娘是古代女中豪杰，封懿美火雷圣娘。她身居要职掌大权，为国尽忠，为民造福。人们很早就为她雕像建庙并将她的诞辰定为"军坡"，逢年敬奉，热闹非凡，在民间流传着许多脍炙人口的故事……
>
> 圣德娘娘神明，其影响有极其深远的社会根源。据《屯昌镇志》考录：境主庙的产生是随着屯昌墟的营建而相继形成。始建于清雍正三年，缘近代；考原址，据本墟众位寿星耳闻目睹，在屯小西北角，或高坎园，但在四十年代，由于日寇侵琼屡遭劫难而多年失修，几经周折，于一九八六年才由本墟父老子孙乐捐集资，将境主庙并建在本墟西仁寺内（尚存该寺内境主庙的留芳榜为证）。
>
> 本着不断满足广大善男信女纪念和拜谒圣德娘娘的意愿，于一九九九年又经境主庙当届首事、父老子孙及社会各界热心人士慷慨乐捐、选福址、兴工匠，将境主庙迁建在现在的"红土坎园"，坐落屯昌墟西方，占地约10亩，纯系天然园林式景观。其庙堂坐巽向乾，依山傍水，又有历史悠久的、政府保护的古文化景点"八卦清泉井"陪衬，乃主人丁兴旺，富贵泽长，发福悠久之吉壤。
>
> 自改革开放以来，境主庙又经历届首事积极创办，会墟父老子孙及社会各界同仁添砖加瓦，现已初具规模，有口皆碑，境主庙作为广大善男信女旅游拜谒，弘扬民间传统文化的圣地，与时俱进。
>
> 二〇〇四年甲申首事撰碑

这块碑文详细说明屯昌境主庙历史的来龙去脉，这座庙以境主（峒主）庙为基础，加上冼夫人、天后、关公等神明，综合在境主庙里，受广大民众拜谒。也说明峒主庙与冼夫人同在一起受拜的事迹。

三十一、澄迈县路上保安堂

在去澄迈县路上,有一座保安堂,但庙门紧闭,找不到庙祝询问。

三十二、澄迈县文儒镇文丰村排坡园村南林峒庙

在村里找到管理庙的老人开门,庙内大殿两旁对联:

捍患御灾绥里巷

保民育物佑群生

但殿上的神圣全部空空然。殿上神的封位写道：

```
           敕　封

左边官将
天逢
威武义勇通天得道先斩后奏殿前将军
威武义勇得道先斩后奏伏魔将军
平天镇国驱邪辅正忠烈护乡感应侯王
平天镇国驱邪辅正忠烈护乡前真仙
            天猷
   右边神兵
      大陆园村子孙王
            开天
   仁天      赠
丁亥年正月十一日

           位　神
```

但是大殿上的神像哪里去了呢？

庙祝告诉笔者，峒主被请去喝酒了，大家听后哈哈大笑。

原来排坡园村一户徐姓人家，用2元钱买彩票，中了1.8万元，家人高兴，备酒菜请峒主神像到家里参拜喝酒庆祝。

笔者兴冲冲地找到徐家，在一条石砌的乡村小道的拐弯处，这是一座大户人家，家里老人及三兄弟孙子都在，九座峒主像都摆在堂屋中间的大

桌上，堂上梁边有一个燕子窝，正堂中央贴有红纸写的"金玉满堂"四字。主人告诉我们，这是一间祖屋，已有一百多年了。说着，又重新为九座峒主像披上红绸，摆出鸡子、饭团，全家人重新礼拜，烧了钱纸等。

这是一家子孙满堂的农家。房主人老太太说：今天中奖大喜，请峒主和祖先一起来庆祝，再请拜大神大圣再接再厉，保佑子孙老少平安。家长徐日昌，已有72岁。全家三兄弟，老大已有两个儿子上大学，一家喜气洋洋。

笔者为他们照了一张全家福，他们放鞭炮庆祝，离开时邀请笔者明年正月初十闹军坡时到他们家吃饭。然后我们依依惜别。

这是一次意外的收获，据说，在农村里，每一家遇喜事，都会从庙里把峒主像请回家，与祖宗一起祭拜。

三十三、澄迈县加乐镇加乐峒

加乐峒又称武圣庙，门口对联：

> 关圣忠义千秋敬
> 昌化神威四海钦

峒主又称关圣帝君
庙内有信众送的对联：

> 堂堂华庙仰道气派步跨古
> 赫赫尊神济世风行力回天

有信众送的锦旗：

> 市主昌化老爷
> 华光大帝
> 赠给　峒主关圣帝君
> 火雷娘娘（冼夫人）
> 两位福德正神

这座庙是把诸神集合在一起，殿上神像有12座，十分热闹。

据庙祝告诉，庙中拜谒诸神如下：

四官十官梓橦帝君　武圣庙

祖师老爷华光大帝　二位福德正神

万天雷首主会天君

铁笔灵官马元帅　南方闪电火雷娘娘

加乐市主神山峻岭昌化老爷

金捍神兵康将军　九天宜化文昌魁斗星君

　　　　　　　　九天开化文昌梓橦帝君

关平元帅　九天扬化文昌金军庞君

加乐峒主圣帝君

周仓将军

庙里神位繁多，南黎二都各村邻近几个庙的神座都集中在这里，信众所谓"情系圣庙，仰赖尊神，万求万应，神威圣振"。

峒主与冼夫人同敬仰

三十四、昌化加茂村昌化老爷庙

庙中有一碑刻"前言"述此庙历史：

老市昌化老爷乃上帝得八宝镇世之一。它曾获历代皇帝诏封后汉封镇海广德王；宋元丰五年七月改封峻灵王；清光绪二十年八月十八日又奉旨加封昭德王。俗传于二月廿四日生，于六月六日成道。清末年代传入我们加乐峒为峒主公，历来神灵显赫，"求之则应，果见神功"，人人信仰。由于庙宇破漏，今年重新修建，特设六角亭一个，让各位诚心、热爱昌化老爷公的子孙万古流芳。

从这一说明中，可知这座庙的神祇已是汉

黎文化融合在一起了。

门口对联是：

　　昌化施恩高雅垂万代
　　关圣积德卓著贯千秋

神殿对联：

　　老爷坐镇神威赫赫保疆泰
　　关圣挥舞宝刀闪闪斩妖亡

横匾是：求之则应

殿上木牌写道：

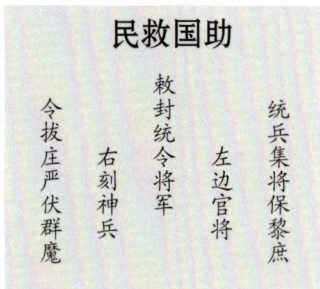

供奉的神与上列庙一致，多一个天后圣母。圣母两旁对联：

礼禘社址祥祺应
山岳崇严巍峻灵

三十五、昌化加乐村乐昌庙

此庙在荒山里。庙门对联：

神山毓秀扶圣驾
老爷精英救生灵

这里所供奉的神祇是昌化老爷，神殿两旁对联：

嘉神庆蕃昌阜物丰财凭广德
乐民瞻大化安老怀少仗峻灵

此庙只管加乐村，殿宇内排满信众感谢锦旗，如"庇佑弄璋"、"默助升迁"、"永佑安康"、"永佑平宁"等。

三十六、澄迈县金江镇关圣庙

这里的神祇是保义西都关圣帝帝君。

大门两侧楹联:

郸会鲁肃守荆州一豫州战徐州万古神州有赫

匹马斩颜良擒庞德释孟德玄德千秋至德无双

神殿两侧对联:

丹心于昌明慷慨一言成骨肉

大议在春秋艰难难战识君臣

这里是关公庙,本来与峒主无关,但庙里管理人却说,关公是峒主,因黎众敬仰关公,所以让关公作为峒主崇拜。这也是峒主庙的另一景观。

三十七、澄迈金江镇富朗镇东神庙

这座庙宇规模大,庙里有大广场,并设有富朗文化宫,名曰:钟寨社区富朗村老人体育协会。有一座富朗公亭,柱上对联:

富地腾飞多豪杰

郎斋育才出栋梁

大门口对联：

富庙神威浩荡难容狂妄邪恶
朗宫祖德广施焕发俊秀贤才

庙里神殿为"镇东神庙"，庙里大殿有镇东庙神位，殿上香炉两旁写着：

香火万代灵
国泰民安　2012年
风调雨顺

可见此庙是近年才新建的。

殿两旁对联：

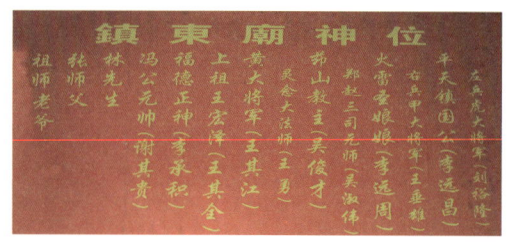

富地卧虎神威发
朗宫腾龙祖德开

殿上中间神像是茆山教主，茆山是峒主，所以这里也是峒主庙。

三十八、临高县博厚镇龙驾村祖婆庙（2012年重建）

门口对联：

祖德英灵扶安吉
婆恩显赫炽而昌

大殿神祇空了好些位子，管理人说，被有喜事人家请去喝酒了，他们立

刻前往，抬了两尊神祇回来。殿上对联是：

冼氏宗嗣至圣先师传诗韵

泗洲学堂族亲子嗣续华章

另一神殿上对联：

祖培玉树霑雨露

婆育芝兰随春香

横匾是：德荫万世

庙里石碑有《泗洲村概述及祖婆庙重建记》，介绍祖婆庙的建庙概况：

泗洲冼夫人始祖冼雷，系临高县郭都人（今临城西门），元成宗大德年间授本县学教谕，后任昌化军学正堂。雷公生三子，长子豫科公，由临邑分赴永宁乡石牌都创建泗洲村。楞严正乙都天元帅庙坐落于泗洲北巷，祖婆九天敕赐洧令显应陈氏一品夫人庙坐落于南巷，会琼公（奉函王帝）居泗洲南巷，会宁公（奉函王皇）居泗洲北巷，后南分支驾村，迁居异地独立形成村落。与异姓合为村落的还有和天村、洋水村（澄迈县桥头镇）、美汉村、美巢村、头国村、三盈村、洋梧村、广大村、伴康村，再有分支到临城、新盈、博厚镇及那大等。

祖婆庙始建于村前之玉山坡，民国时将庙迁建于今址西北侧约十五米处。20世纪20年代，由于历史原因，庙宇被拆，众神像被毁，难留祖婆全像幸免。迄1979年此庙再重建于今址，为仿清代穿斗式柱枋构架瓦，坐乙向辛兼卯酉。1980年我村光复神像，祖婆庙为奉祀观音、南天、太祖、祖婆、王帝五尊神灵之所。从而香丁有感于神明福荫，德海群泳，乐享安荣。如今幸逢盛世，各地兴起美构庙堂。吾村众亲深感祖神圣德，同呼重建庙堂，宏光祖庙。兹由筹建组同仁，甘洒热汗，操持内外，不负众望。吾辈群仁亦昂扬其志，慨捐出力，踊跃赴功。今庙就于1979年庙之原址，并依其吉向而略扩规模，墙深9.2米，宽11米，脊高6.3米，屋顶投影面积约130平方米。其为砖石混结构，以钢全封顶，四面飘单檐滴水，筑歇山式屋顶，均以绿色琉璃瓦冠之，正脊上簪双龙戏珠，壁外贴红色瓷砖，前廊四柱、檐屏、神合贴龙、凤、鹤、麟、梅、松、竹等吉祥釉彩瓷画。较之旧庙，更有宏模高格，溢美流祥。庙于二〇一二年农历二月廿三日丑时动工，同年农历七月十七日卯时升梁入庙暨迎神归坛庆典。重建冼氏宗祠、围墙、戏台等亦兼以建之，工程总造价约589789元。

重建庙宇筹款采取人口摊派与自愿捐款并举，人口摊派款只限泗洲南巷人口，每人300元，共119户633人，捐款者之众，有本村乡亲、女婿、迁居异乡亲和各地冼氏宗亲，还有同村、邻村异姓兄弟。筹款共计人民币669789元。

今庙已维新，神力弥显，大启慈航，普度众生。更喜得诸灵同流恩光，泽我泗洲，兴歌万代，福我冼家，衍庆千秋。为纪其事，励示来人。特镌刻功德榜，万古流芳，以励后裔。

泗洲南巷祖婆庙重建筹备小组
二〇一二年农历十月十七日

这座祖婆庙冼氏庙，庙旁还建一座冯氏宗祠，大门紧闭，门口对联：

　　远承粤派根南海
　　茂衍琼枝派泗洲

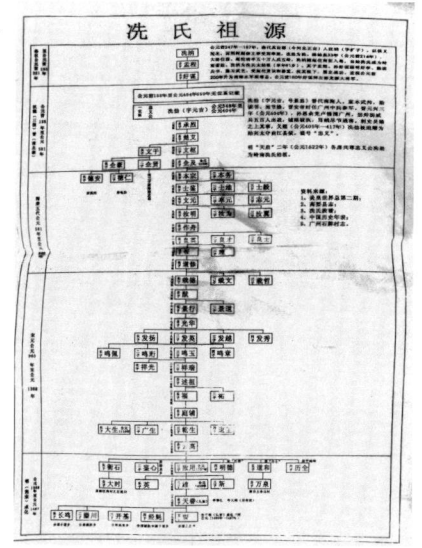

这个村里冼姓有200多户，近2000人。

冼氏后人热情地捧出一部陈旧的冼氏族谱及一大张排印整齐的《冼氏祖源》，记载着冼氏家族的源流。

冼夫人家庭的祖源写明，他们的祖先是岭南高州冼氏后代，后来因与孙恩余党作战或官职变动而移居海南，其始祖

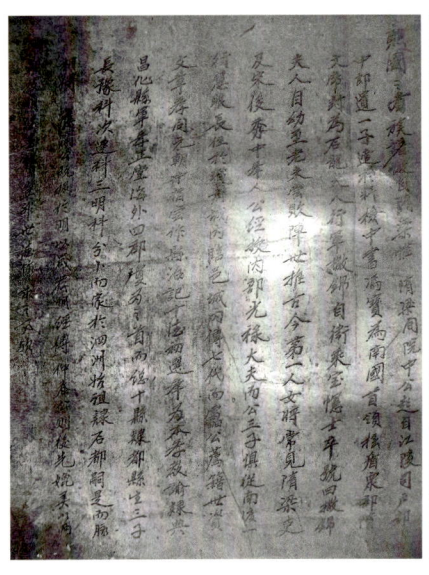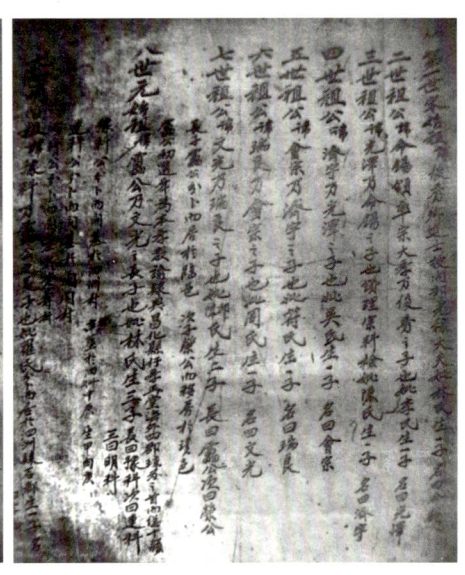

是冼夫人。

很难得在海南岛上找到冼夫人家族的后代。在婆祖庙碑文里,又显现海南岛北部因开发早、经济发达,所以庙宇建设华丽,文化因素已汉黎融合在一起,而西部黎区,地处穷乡僻壤,经济拮据,因此峒主庙十分残破,对比之下,深感开发西部的重要性。

三十九、临高县博原镇龙驾村楞严庙

楞严是黎族六峒之主,与冼夫人庙毗邻。管庙人说,六峒最有名,而六峒又与冼夫人庙同辉。

楞严庙门口对联也与冼氏密切相关：

  冼氏腾兴秩出贤豪传德业
  家门旺相连生俊秀绍书香

  庙里大殿上有七座神祇，分别为：观音、楞严、高贤、玉皇、西天、师傅、五福。
  殿上对联：

  楞地能藏千法宝
  严成可灭万邪魔

庙前建有一大戏台。庙旁有一座土地庙。

这是一座峒主庙,而诸神已与汉族神明结合在一起。

四十、琼海石壁墟石壁峒主庙(俗名圣娘庙)

门口对联:

圣德垂千古
娘义传万代

此庙在山顶上,居高临下万泉河,坐西北向东南,平房。
主祀神名:南天圣娘、石壁峒主侯王。
元宵庙会,灯笼,十多峒庙峒各村都来。
军坡日期为二月十二日。

四十一、琼海市跃进人民路南端南堀村南堀庙

庙门口对联:

阴骘一篇范我千秋杰士
忠贞二字羞尔万世奸雄

南郊一祭神之格
堀室重华显示临

圣泽覃敷工贾乐
娘恩浩荡士农安

庙里神祇:南堀峒主、总督侯王、南堀太祖、文武帝、魁星公、文昌

公、关公、南天圣娘、陈村夫人等。

庙境村庄：37个村。

此庙始建于明代，以前在棉园下截坡村，经四次迁建，清初建于今址。

有神钟一口，安悬于南堀峒主阁，为镇庙法器，高0.7米，最大周长1.6米，每有法事，便敲钟以示威严。如开印、出军、建醮平安、刹红求神等。

有公庙宝印。每年正月初二，南堀庙请来道师设坛诵经，为庙里招兵将，开封公庙宝印，预示南堀太祖及众神新的一年护疆庇民的开始。

南堀庙古杖锻造于光绪十八年，是庙里镇庙法器，为田头村信民覃尚光所赠。每年军坡节众神巡游出军日，所附之身（童身）站在神明所乘公轿上，以杖穿过腮帮，以示神明显赫威严。

四十二、琼海中原镇大锡管区大锡村大锡峒主庙

主祀神名：大锡峒主忠烈侯王。

兼祀神名：水尾圣母娘娘。

门口对联：

大峒主神恩浩荡
锡侯王佑民安邦

大峒主圣威只手擎天
锡侯王恩深五体投地

此峒庙覆盖村庄：47个村。

1985年重建。山川形势：坐癸朝丁。建筑规模：二进，中有拜庭，前庭空阔。建筑特色：水泥梁柱、瓦面、双龙戏珠，祥云吻鸱。

四十三、屯昌县屯城镇良史村良史峒主庙

神名：良史峒主灵应忠勇上将护国救民总制大王。

门上楹联：

　　良峒英灵华国界
　　史主赫濯为民生

横匾：万正堂
殿上对联：

　　总大奉圣保国泰
　　制皇行旨佑良民

庙境村庄：3个队。
节期：农历二月十五军坡节
节庆活动内容和特点：拔河、舞狮、穿杖、排球、演戏。
此庙重建时间：1979年在旧址重建。
朝向：坐西朝东
建筑特色：一进三间式，混凝土结构。祥云鸥吻，双龙戏珠。

四十四、屯昌县屯城镇良史村合格山村合格山峒主庙

神名：王封显应总察六旬镇国安民侯王大帝。
　　　敕赐得道头目吴将军。
对联：

　　峒管五村安磐石
　　主诗七姑固金汤

庙境村庄：5个村。
节期：农历二月十五军坡节。
节庆活动内容：舞狮、过火山、穿杖、拔河、排球、演戏。

重建时间：2012年在原址重建。

座向：坐癸朝丁。

建筑特色：一间三进，混凝土梁柱黑盐桁桷。有首门，祥云鸱吻、双龙戏珠、黄琉璃瓦。

四十五、屯昌县坡心镇白石村白石帅主娘娘庙

神名：总察灵威济世陈大元帅、黄大娘娘。

庙境村庄：5个

节期：农历二月十五日军坡节。

节庆活动特点：排球、拔河、演戏、穿杖、出年巡村。

重建时间：1994年在原址重建。

朝向：坐东朝西

建筑特色：一进二间，混凝土，梁挂，木桁桷。

四十六、屯昌县屯城镇屯昌村加丁村加丁公庙

神名：玉皇钦命东阁太师洞阳帝君。

庙境村庄：加丁村、加朝村。

节期：农历二月十五日军坡节。

节庆活动特点：穿杖、出军、演剧。

重建时间：1980年在原址重建。

建筑特色：一进一间式，土木建筑、祥云鸱吻。

对联：

万福来朝山朝秀
顺德进丁加丁才

四十七、屯昌县屯城镇加宝村加宝峒主庙（保德堂）

神名：玉封显应总察三司佐国救民。
　　　玉封灵应巡察御史威武济世　明皇大帝。
　　　敕封柔惠正顺懿美夫人。
　　　南方闪电火雷圣娘。

庙境村庄：4个村。

节庆活动内容：排球、拔河、穿杖、刀梯、演戏、琼剧。

重建时间：1997年在原址重建。

朝向：坐北朝南。

建筑特色：一进三间加首门，混凝土梁柱结构、重檐、黄琉璃瓦、祥云鸱吻、双龙戏珠。

对联：

　　革旧图新撑印令
　　明皇灵赫救邦家

横匾：平安大吉

四十八、屯昌县屯城镇屯昌村奇石峒主庙

神名：玉封显应总察洞佐国救民。
　　　玉封灵应巡察御史威武济　明皇大帝。
　　　敕封柔惠正顺懿美夫人。
　　　南方闪电火雷圣娘。
　　　婆祖从定安第次塘庙分派座镇。

节期：农历二月初十军坡节。

庆祝活动：演剧、穿杖、出军、巡封。

杖长6.9米，又7.88米。

重建时间：2006年原址重建，合祀峒主和冼太夫人。

朝向：坐北朝南，临小湖。

建筑特色：一进三间，混凝土梁柱，前长檐，桁桷，黄琉璃瓦，祥云鸱

吻，双龙戏珠。

对联：

> 保国安邦神德大
> 清廉把峒圣恩深

> 保护乡邦安人泰
> 清廉治众杀妖魔

横匾：保清堂

四十九、屯昌县南凯旧市墟南凯墟婆祖庙

神名：柔惠正顺懿美夫人，下冷峒主，冯元帅。
节期：旧历三月十一日。
军坡活动：舞虎行军、演戏。
覆盖村庄：仅墟市上。
重建时间：2000年3月。合祀冼太夫人和峒主公。
山川形势：前低后高（台阶三级），坐南朝北。
建筑规模：一进（200平方米），前庭（300平方米），右侧球场、戏台。
建筑特色：砖木、铁门板、高大、宽阔、脊顶"双龙戏珠"，橙色瓦盖脊。殿前有橘树一棵，前庭右侧上设一香炉。

联柱：

> 瓶中杨柳分来南海一枝香
> 座下莲花饶有西湖三月景

> 懿神恩泽十方香客客运顺利
> 美佛德沐信士士民家家平安

门联：

一尘不到菩提地
万事同归般若门

连带潮音腾佛至
日向僧月照天心

山色淡随僧入院
松风静与客从云

神台基：双龙戏珠。
木桥二座，鼓四个，锣一对。

五十、屯昌县坡心镇南凯村南凯境主庙

神名：柔惠正顺懿美夫人、南远峒主元皇大帝、南方闪电中口火雷娘娘。
节期：二月初十。
活动：舞狮、穿杖17支、演戏。
覆盖村庄：5个村。
修建年代：2003年。
山川形势：坐北朝南，后坡前水田。
建筑规模：一间三眼、檐（混凝土）、前庭、围墙前门、走廊。
建筑特色：脊"双龙戏珠"、黄瓦、墙柱绘龙、神台石砌"麒麟"、台基"双龙戏珠"。
南远图：南凯境主——皇封柔惠正顺懿美夫人
文物：二台轿、3个个鼓、钹锣。
神台联：

正顺坐镇神威显

懿美施恩万载兴

横匾：廉清堂

大门联：

南境地灵物华天主育俊杰
凯乡祥域人兴业旺享泰昌

庙墙有一幅"序"，述写该庙历史：

南凯境主	驾护一方	神恩普泽	威扬远疆	故里先辈	感念不忘
恭设庙堂	敬拜祭奉	历经沧桑	迄今犹在	风侵雨蚀	檀朽墙危
父老乡亲	忧其倒塌	合众商议	筹划重建	诸位组员	受托操办
属地男女	一并四余	乡住外居	协力支持	每口二十	集腋成裘
慈善义举	慷慨捐献	广集资金	四万三千	癸未仲秋	初九动工
黄瓦盐木	朱柱彩龙	新庙峻毕	老少欣然	婆祖保佑	五村子孙
旺丁发财	安康吉祥	业兴仕进	英才百出	人寿年丰	世代昌荣

王修桥敬撰

筹建小组成员名单（略）。

庙里有一架花梨木轿，重360多斤，2007年被盗。

五十一、琼中县黎母山镇新林村公江村公江峒主公庙

神名：穿杖峒主公。

庙况：庙小，破旧。一进二间式结构，一间祀峒主公，一间祀关公帝君。

五十二、屯昌县枫木镇枫木墟枫木峒主庙

神名：枫木峒主公。

节期：二月十三日。

覆盖村庄：枫木地区。

军坡活动：穿杖(10米长)、过刀山(木梯栓镰刀)。

山川形势：坐南向北、后高前低。

建筑规模：一间砖木、檐(混凝土)、中庭、大门、前庭、蔽屏。

大门联：

  直往上天无阻碍
  通空行雨润乾坤

庙门联：

  国有良臣泽流无穷
  家有好子富贵久长

神台联：

  英风保民赐福泽
  钟灵普佑显神功

五十三、琼中县湾岭镇罗马村罗马婆庙

神名：柔惠正顺懿美夫人、罗汉峒主。

庙境村庄：罗马村。

节期：二月十五日。

节庆活动内容：祭拜、穿杖、游军巡村。

重建时间：1980年。

朝向：坐东朝西。

建筑特色：一进一间式、桷桁结构。

对联：

马上境圣求则应

罗汉峒主叩则灵

五十四、琼中县红毛镇罗担村黎凑村黎凑婆庙

神名：元皇大帝、黎凑峒主、黎凑境主懿美夫人。

节期：二月十九日。

军坡节活动：穿杖、唱歌、跳舞、打球、放电影。

山川形势：山腰、坐东北向西南、前水田、左侧村庄、对面山岭。

建筑规模：一间，破败，砖木，水泥瓦。

建筑特色：神台壁麒麟吐瑞，台基为香炉。

文物：生铁钟，道光十六年吉旦，"文革"期间藏村民间，"文革"结束后重新挂上。

五十五、定安县黄竹墟黄竹公庙

主祀神名：侯王、圣娘、关圣帝君、黄竹峒主、柔惠正顺懿美夫人、南天闪电火雷圣娘。

祭祀节期：二月十一日。

军坡节活动：舞狮、人神共欢。

覆盖村庄：朝文、文峰岭。

山川形势：坐东北朝西南。

建筑特色：120平方米，棕色琉璃瓦、脊顶双龙戏珠。

对联：

侯王护国庇民功共日月

圣娘保境施恩德重千秋

侯王雄踞黄竹布德千秋

圣娘座镇福地施恩万代

五十六、定安县龙何镇鸭塘村荷塘境主庙

主祀神名：懿美夫人、南建峒主元皇大帝。
（敕封柔惠正顺懿美夫人、南天闪电火雷圣娘）
祭祀节期：二月二十日。
军坡活动：穿杖、巡村。
覆盖村庄：8个村。
始建年代：2004年。
山川形势：坐西朝东，前低（水田）。
建筑规模：一殿（11米X8），前庭200平方米。
建筑特色：一殿三间四柱（水泥），前檐二柱（水泥），水泥梁架顶土木结构。
神龛联：

安邦举国靠境主普施鸿恩
怀乡镇家托圣娘敷布惠德

殿柱联：

荷境圣地繁华世代出俊杰
塘主娘名赫□千秋保信民

文物：二抬轿（木雕缕空）、神笼石砌（壁、台瓷画：双凤，一帆风顺）供桌。

五十七、定安县龙门镇大山村大山庙

主祀神名：懿美夫人、大山峒主、火雷圣娘。

节期：二月十三日。

军坡活动：巡村、舞龙、舞狮、穿杖。

覆盖村庄：大山村水田村。

始建年代和历史变迁：始建于500年前，20世纪90年代后期修建，2009年再次修建，10月14日举行入庙仪式。

山川形势：坐东北朝西南。

建筑规模：一殿（72平方米）粉墙，右侧（前庭）一棵大叶榕树。

建筑特色：一殿三间，四面挑檐、脊顶（双龙拱月、祥云、混凝土梁架）、檐墙梅花窗、门楣木雕花鸟（镂空）。

门联：

地大宏庙普光照
山高圣娘显神通

柱联：

英明显赫救良民
保姓护族靠英武

横匾：大山庙

神龛："尊敬堂"，圣娘座镇，麒麟呈祥。

五十八、琼海市长坡镇孟文村显赫侯王庙

主祀神名：显赫侯王。

兼祀神名：灵应夫人、二皇爷、三皇爷、黎四公、左将军、右将军。

节期：军坡节，二月初十。

活动：做戏、球赛、拔河（政府未参与）。

覆盖村庄：38个村，琼海、文昌市4个村委会（青葛村委会、长坡村委会、群先村委会、孟文村委会）

山川形势：坐北朝南，后高前低，紧靠琼文公路，全部用地面积10亩，观礼台，拜亭，主殿堂60平方米。

建筑特色：双层瓦面，琉璃瓦面（棕黄色），水泥梁柱结构，飞檐。

对联：

尚兵神威功盖三山五色
伟武明德恩加四海九州

五十九、万宁市龙滚镇龙楼村博雅村温州海主侯王庙

婆祖神衔全称：冼太夫人。

其他神名：108兄弟、温州侯王、冼太夫人。

祭祀节期：六月十六日。

活动内容：过火山、唱戏（三年大活动）、巡村。

覆盖村庄：16个自然村。

始建年代和历史变迁：1990年重建（原来作学校宿舍，1973年台风毁，1990年重建）。

山川形势：坐东朝西，前低（水田），后平（村屋）。

建筑规模：一座三间（墙隔，有门互通），宽13米，深7米，前庭（水泥硬化）。

建筑特色：一座三间，墙隔，屋顶双面，盖黄琉璃瓦，顶脊"双龙戏珠"（瓷雕），前檐，方形柱，三级台阶。冼太夫人神龛，后墙彩绘凤凰，台基彩绘"莲花"，庭前置"香火炉"。前庭大叶榕树一棵。

门联：

温州地灵人杰侯功保国泰
海主风调雨顺王德佑民安

神龛联：

巾帼英雄仁慈济世
门中豪杰忠贞报国

六十、儋州和舍镇和舍墟真武庙

神名：北极道主至尊真武玄天大帝（应是峒主）、关圣帝、华光大帝等六尊神。

庙境村庄：墟上。

节期：三月初三。

活动内容：祭神、游神。

始建年代：清末。

重建时期：20世纪80年代。

朝向：坐东北朝西南。

建筑特色：混凝土一进三间式，前有亭园。

六十一、乐东县九所镇乐三村乐罗东坊乐罗村主庙

（现为乐罗敬老院）

神名：福德公（村主，即峒主，当地村人黎是头人）、关公、周昌、姜太公等四尊神位。

村人介绍，现在村人是汉族，但原本是黎族，唐代的福德公是黎族，即峒主公。

始建年代：据说是唐代。

重建时间：2009年10月5日。

建筑特色：一进三间式，混凝土结构，中间二层，四面瓦。

对联:

村主启宏慈赤子苍生感戴德
乡民重旷典千家万户沐荣恩

庙内设"乐罗敬老院"。

第三章
峒主庙文化的田野调查及评述

唐以前，海南岛全境，除了部分地区是临高语族聚居地外，基本上是黎族不同方言先后迁入的居住区。

黎族聚居地的社会组织为"峒"。"黎人或以数十家为一峒，或以数家为一峒。"①"峒"，最早见于正史的是《北史·谯国夫人冼氏传》中说的"海南儋耳归附者千余峒"。峒有大有小，宋代赵汝适《诸蕃志·海南》记载，"生黎必有'峒'。仅吉阳军'距城七里许，外即生黎所居，不啻数百峒'。"有峒就有峒主。

峒主庙起于何时以及海南岛内曾经存在过多少座峒主庙，无可考。笔者这次田野调查，2013年8月22日下午，几经周折，询问了十数位路人，好不容易找到新星农场的石峒队。黎族老人说："这里有石峒古庙遗址。"据保亭黎族自治县文体局高慧丰、陈泰懿2009年2月24日的调查，准确名称为"石峒栈遗址"，在保城镇石峒村南约50米处。他们判断是清代遗址。

① 清代《世宗宪皇帝硃批谕旨》卷七十三之二。

石峒栈遗址

石峒栈遗址位于保城河南边岸，庙在码头东南约220米处的一条南丰溪南岸边的山坡上，西较高，西北较平缓。地处五指山南麓，丘陵山地，属热带季风气候区，山岭连绵、河沟纵横、阳光充足、雨量充沛、土地肥沃、自然资源十分丰富。旧址上现种有槟榔树。

石峒栈遗址由庙和栈两部分组成，庙在码头东南方217米处的一个山坡上。庙砖木结构，面阔三间约9米，进深4米；西北栈全木结构，长100米，宽阔30米。地面建筑均损毁，现有庙基址、碎砖块。20世纪50年代前夕石峒码头是保亭县同外地进行商品贸易的唯一水路运输码头。

在调查会上，笔者（左二）询问在场的黎族老汉黄德奇。

图片中坐者为黄德奇（黎族），左为支部书记（汉族）

他说："我们祖辈相传，这个庙有1200多年历史，毁坏之前，庙里有我们的峒主和最美夫人！"问他"最美夫人"是谁？他说："传说是一位外来的女人！称为最美夫人！"笔者向他解释说："不是'最美夫人'，而是'懿（yì）美夫人'，是指德行美好的冼夫人！"他说那就弄不清楚了，只知道代代相传的最美夫人！

这样看来，冼夫人在唐代被封懿美夫人以后，峒主庙里就有供奉！民间传说的这个古庙建于1200多年以前，即唐宋年间建成的。这个建庙时间，似乎不可能。因为海南岛汉区的祖祠应是唐代韦执谊的后代们建的韦氏宗祠为最早。黎区的峒主庙怎么可能可以与韦氏宗祠兴建时间大体一致呢?假设这种传说可信,那么,峒主庙在海南岛最早是唐宋时代的产物。峒主庙后来越来越多,遗留至今。在黎区(除了合亩制的五指山地区外)的峒主庙是相当密集的。只不过是有好些庙已经坍塌,后来又没有重修而被湮没了!这次田野调查中有一点体会是十分深刻的。即如果仅仅孤立地考察一个峒主庙,固然会有收获,但一个庙有时不足以说明系统的问题,如果把好几座庙放在一起,联成一个景观,就可以从中看出峒主庙所蕴含的丰富而又深刻的内容。

一、祖先崇拜的信仰习俗与峒主庙起源

峒主庙文化的滥觞,与黎族的自然崇拜特别是祖先崇拜思想有密切的联系。

在原始社会里,由于生产力的低下,对自然界的各种自然现象无法理解,更是人力所不能控制,因此对大自然产生了自然有灵、万物为神的自然崇拜的观念。在自然崇拜的过程中,对某些自然界的物种或自然现象,产生了与血缘联系的幻想,从而把它作为民族的祖先和标记加以崇拜,于是引发了祖先崇拜。

世袭堂及神主牌

自然崇拜和祖先崇拜的观念在黎族中长久流传。黎族聚居地，峒主有些是世袭，有些是民选，但峒主与峒民们密切地生活在一起，一样劳动；不过，峒主常常以自身的经验、权威指导该峒族群谋生存，对外交涉时他是领导者，因此，在峒主死后，经过长时间及多种方式渲染，峒主逐渐被神化，并且经过不停地无声地神化过程，峒主俨然赋有一股神秘的能力，能于冥冥中视察子孙的行为，加以保护或惩罚。而后代子孙们也深信经由祭祀的仪式及祭品的供奉，可保卫后世子孙及族群免于灾祸。于是，峒主崇拜由此而生。这种峒主崇拜的观念，其本质也是一种以血缘关系为基础的。在黎族聚居地中，没有统一的峒主庙，而是有血缘关系的一村或几个村，甚至几十个村被覆盖的峒主庙，这就是原于血缘的支配！但峒主庙神灵的存在，它的核心是灵魂不灭论。

由于黎族先人认为人去世之后，灵魂就在另一世界里继续存在，过着和人世间同样的生活。因此，原始的祭祀祖先行为都在墓地进行，继而发展有峒主庙，作为集中祭祀的场所。究竟峒主庙的创建起于何时，因黎族没有本民族的文字，汉人也没有记载，故无法考证。但笔者从这次田野调查，在保亭县新星农场的石峒队，那里有个石峒古庙遗址。据当时在场的黎族老人黄德奇说："这个古庙有1200多年历史。"这样的传说，是不足为据的！峒主庙不可能在唐宋时期就存在。在田野中所能见到的与峒主庙有关材料，不是唐宋，而是元代。琼海石离峒主庙，所祭祀的峒主是王官。王官是元代人。在峒主庙旁有一间祠堂，安放王家历代牌位，称"世袭堂"，在祠堂背后的山上，是安葬王官的墓地，墓地前面有石甬，墓前有石碑。

所谓"埋葬藏其形，祭祀事其神"，人们从墓地到庙堂，经历了从简单到较为复杂的发展过程。

元代以后，峒主庙逐渐地传播发展，而庙宇的规模差异也很大！

峒主庙的建筑，直接反映了族群的崇拜意识和祭祖

活动所达到的规模。一般来说，有大庙小庙之别，在经济条件比较落后的地区，庙宇比较简单狭小，开门进去，就是大殿，殿上摆满木雕神像，殿的两旁有对联，殿楣有"恩光普照"等字样，大殿两旁有厢房，挂满"有求必应"或"求丁得丁""英灵显应"等字样，这类功德旗帜各庙都有，表示了信众的虔诚报答。

峒主庙庙堂的一般设置

在左右厢房里，一边是摆着每年抬神游村的轿子，一边安放钟鼓，有的庙钟鼓各放置在左右两边，大殿两旁还安置了长短不一而一头尖锐的铁杖，每年军坡节日时，铁杖穿插入信众们的脸颊游村。

峒主庙在每年节庆的祭祀及游村活动中，无疑是重构黎村乡土记忆，激发人与乡土的血脉相联，无论从人类文明史还是从心理学的角度，自然和乡土都是人类最初的乐园。峒主庙一般都建置在村落的旁边山林之中，形成了黎村对于乡土文化的珍重。峒主庙的存在，让人的生活与自然生态紧密结合起来，这也是黎族文化中对传统乡土记忆的重构，在海南广袤的黎区山寨里，峒主庙可以通过集体的行为，激发黎村的活力。

二、峒主庙在黎区的地位与作用

峒主庙在黎区，是当地黎族老百姓的精神寄托，也是人民的保护神；对于族群的繁荣昌盛，大家都寄予厚望！

它的地位和作用，主要体现在下面五个方面：

第一，强化了族群祖先崇拜的观念。

祖先崇拜，是黎族人民信仰中最重要的内容，所以，祖先鬼是最大、最重要的鬼魂！而峒主庙是黎族人民纪念自己的先祖和祀奉神灵的神圣而又庄严的庙堂，是对后人进行族群传统教育的最重要的场所。祀奉祖先目的是为了祈望祖先护邦救世，福荫家家户户，兴旺万代，衍庆千秋！正如西黎峒主庙神殿旁对联所标示的：侯王圣德泽万户，峒主神恩布千家。

这里说的"侯王"即是下联的"峒主"。这副联是黎族祖先崇拜观念的集中体现。

西黎峒主庙神殿及对联

在每个峒主庙里，大殿中央神龛正中供奉威武的峒主，左右供奉峒主以下有功德的祖先神主，这种排列增强了族群的祖先崇拜的观念，成为黎族族群的"木本水源"意识。

第二，峒主庙的设置，可以缓和族群内部所产生的矛盾，加强了族群内部的团结。

峒主庙是供奉和祭祀峒祖先和峒主的神庙，又是黎族民众集会和集体活动的场所。每年春季3-4月间，庙宇保佑所覆盖的村庄，黎族群众从各个远近不同的村寨赶来，都集中到庙前庙里的活动场所，以峒主子孙身份集中参加祭祀活动，无论亲戚或朋友聚集在一起，亲情、友情系结为一体，人与人之间在共同一峒之主的神力福荫下，不论富贵与贫穷、强者与弱者，都欢聚在一起，在一年一度的军坡节的锣鼓声中，共同的信仰礼节拜祭之下，享受峒主的德泽，过去日子里所产生的族群内部的各种不愉快事情，在这个场合都在见面言欢中完全化解，起到了加强族群内部团结的作用。

第三，强化了族群管理，维护了族群组织。

每一座峒主庙的建设与管理，都有一位被推举的筹建小组发起，成立管理委员会，组织群众捐款献料。

西黎峒主庙里上面这篇"简介"叙述了对庙宇的建设、神身形体的设计雕刻、每年的节日祭祀、信徒求签问卜等等，都是在管理委员会的统一安排下进行。因此，峒主庙对于族群的管理、族群组织的维护起到了强化的作用。

第四，促进了村寨的组织机构的巩固。

在过去的年代，黎族村峒的长老会，是黎族管理的基层组织，峒主是长老会的代表。现在随着时代的变迁，峒的组织已经改变为乡镇、村委会的管理机构。峒主庙的建设，成为附近一片村寨共同信仰的场所。每座峒主庙，都会标示出祈求"风调雨顺，国泰民安"，都是为了子孙发财致富，金榜题名上大学等愿望。老百姓

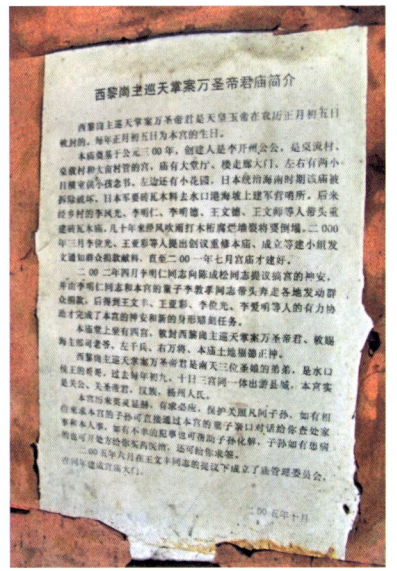

西黎峒主庙简介

峒主庙里供奉的
关公神像

都到峒主庙来祈求保佑，峒主庙成为各个村落的和谐幸福的圣地，在无形之中，成为巩固农村基层制度的重要场地。每年军坡节日峒主及各神在各村巡游的仪式，也成了加强家家户户联系感情的纽带。

第五，峒主庙是汉黎民族和谐团结的象征。

在峒主庙里，除了在庙中对峒主的祖先信仰之外，黎族在峒主庙旁边，还有对村庄的守护神即土地公的供奉。每一座峒主庙都附有略小的土地公庙，人们在祭拜峒主的同时，也祭拜土地公祈求对子民的保护。而且，在峒主庙的神殿上，还引进了汉族的神祇，并供奉神像，最为突出的如对神化了的关公与峒主神像供奉在一起，有的峒主庙甚至尊关公就是峒主。又如把冼夫人神像与峒主神像一起供奉，表示了对冼夫人的敬仰。

许多名份各异的神，成为黎族民众供奉的对象，足见黎汉文化的相互融合，显示了汉族信仰对黎族的影响，是汉黎民族团结和谐的象征。

峒主庙是黎区祖宗崇拜的地方，是地地道道的民间信仰；许多重建、恢复后的峒主庙，在这一带地区显现了繁荣喜庆的景象。即使是在经济相对后进的山区，村里也常常积极筹备重修峒主庙的工作。笔者在田野过程中，为村民的虔诚意愿所感动。峒主庙的信仰活动，反映了黎族人民的深层意识。黎族人民的诚实守信、勤劳俭朴、尊老爱幼、团结互助、热情好客的传统，是黎族具有永久生命力的宝贵的精神文化财富，峒主庙成为宣扬传承这一精神财富的纽带。这是黎族民间的民俗，大多未见于著录，也非人人所能实地考察。而了解黎族风俗，熟悉村落民情，移风易俗，进行社会主义精神文明建设，对于黎族各地区的殊风异俗的调查了解，确实是一件重要的工作。

三、峒主庙孕藏着黎族古老的历史变迁

众所周知的，因为黎族没有本民族的文字，所以黎族的历史过去没有文字记录，只是在民间的口头中流传，诸如故事传说等口头文学中包含着某些黎族历史的合理因素，其中关于黎族的创世神话流传得最广的是《大力神》故事。这则故事的讲述者为乐东县黎族不识字的农民林大陆，广东民族学院

中文系七七级采风组，1979年采录于乐东县抱由镇。①

这则故事流传很广，广为黎族人民所接受，认为黎族自己的远祖是大力神，即黎祖。其他，黎族人民的船形屋，也是传说中古代的黎祖在岸上建的供居住用的空间，仿照船的形式。而烧土陶是黎族远古遗传的传统手工艺，陶土烧成陶缸贮水用等等。

黎族的历史以及老百姓的日常应用，都会在今天幸存的峒主庙中因代代相传而得以保存。

在东方市新街调查昆仑神山爷庙时，曾是守庙的92岁文同荣老人告诉笔者，这里先前是黎族聚居地，叫昆龙峒，是黎族的一个峒，后来被汉化，以讹传讹，改称为昆仑村了，神庙也改了！

他深情地怀念祖上在庙里讲黎人的古老传说。他讲了三个故事：

1. 祖先举牛吃树叶的故事。古时，天常旱，地面上的草不足以让牛吃饱。我们黎人的祖先力大多能，每天都将牛托起，让牛啃食树梢上嫩叶以饱肚子。

2. 祖先用大陶缸挑水的故事。古时，妇女挑水，常是用多个竹筒。黎人祖先则不，他用两个大陶土烧成的水缸到河边挑水，走起路来还飞快！

昆仑神庙

① 《中国民间故事集成·海南卷》，中国ISBN中心，2002年版，第14页。

左二为文同荣

3. 祖先举船的故事。古时，黎人祖先有一条木船，到晚上，双手将船举上岸，覆盖起来就是寝房。

笔者考证，上述三则故事，都有相类似的史证。

古代黎族以牛为富裕的象征。《清代黎族风俗图》中"交易"一节说："黎人资食于田，取馔于山，其富视牛之多寡，不以金银为宝。"据宋代周去非的《岭外代答》中载，黎族用牛的地方极多。除了耕田、运输以外，还有许多用途，也极普遍。《海外黎蛮》记，客人来时，经过考验后"继以牛酒"；"遇亲戚之仇，即械击之，要牛酒银饼"；"其亲死，杀牛以祭"；"食生牛肉"；"商贾多贩牛以易香"。等等。① 因此之故，黎人祖先极爱牛，举牛吃树梢嫩叶是事出有因。

陶缸

陶缸挑水。据宋代人赵汝适《诸蕃志》记载，汉代时，"马伏波之平海南也，命陶者作缶器，大者盛水数石，小者盛水五斗至二三

①〔宋〕周去非：《岭外代答》，中华书局1999年版，第71页。

斗者……"①汉代，黎区还普遍用土陶缸作为盛水、挑水的工具。

复舟为寝房。据史载，黎族先人在琼州海峡断开以后，还有人从广西等地乘坐独木舟、竹木筏、方舟、腰舟等工具，跨琼海海峡来海南的。清代顺治年间的《黎族风俗图》，就有三处绘有木筏的造型，旁边加上文字记载说："黎人……编竹木为筏，缚载于上，以一人乘筏，随流而下。"不过，这三处所说的木筏，仅是运木头用的平板筏，还不是木船。而同书中的邓廷宣说的"黎人择地建屋庐……其屋形似复舟。"说的"其屋形似复舟"至为重要。清代乾隆年间（乾隆十七年至十九年）任定安县知县的张庆长写的《黎岐纪闻》里面也说："黎人屋室形似复舟。"②

深水田峒主庙

与上述昆仑庙这三则传说大体相同的传说，在峒主庙中也还有留传。这些传说，既是广大人民群众对黎族祖先崇敬意念的保存，也是人民群众的智慧结晶，其中孕含了黎族古老历史中的某些合理的内核。

到了近现代，黎族聚居地的情况又有新的变化，这些变化也一定程度上反映到峒主庙中来。比如，改革开放以后，黎区的发展产生天翻地覆的变化，原生安静的峒主庙所在地这时也起了某些改变！

屯昌县城镇区屯新居委会新安村和深田村的交界处有一座深水田峒主庙。庙的建筑是全新的。

峒主庙原址在现在大楼所在地处，没建大楼前这里风景十分秀丽

---

① 〔宋〕赵汝适：《诸蕃志》，中华书局2000年版，第221页。
② 〔清〕张庆长：《黎岐纪闻》，广东高等教育出版社1992年版，第118页。

据庙的主持人林志高介绍，这座庙才搬迁到这里不久。

他说，这座庙本来在雨水岭上一处面临大湖、背靠山的风景秀丽的地方，而且庙前有一块开阔的平地可供香客活动、休息。生态环境非常好！但因为近期屯昌县的城郊要开发，设计部门看中了这三万亩的雨水岭，在这里建设一座屯昌雨水岭生态公园和一个叫作美林湖国际度假区，于是庙址就迁建到此处！主人说，这种发展变化如此之大，这是我们谁也预料不到的！

林志高介绍说，这个庙共有15个神，因为搬迁不久，还来不及全部刻制。这些神是从附近的庙里集中到这座庙中。这也是料想不到的变化！

某些峒主庙也反映黎族人民信仰的时代变迁。这次田野调查，东方市四更镇四而村的日月民庙，建在大海之滨，海风习习，空气清新，十分宜人。大殿供奉了峒主，另有圣母、二妃等四位女神。看得出来，庙里的峒主明王殿旁，另外设一个支殿，这个支殿的神龛周围布局的规格，除了略为小于峒主神龛以外，其他都一样！

我们可以完全不赞同将人民领袖毛泽东神化，但这里毕竟已经供奉了多年。这些变迁，孕藏在峒主庙的历史中。

四、峒主庙信仰与汉族道教的影响

道教是中国土生土长的宗教。渊源于远古的巫术和秦汉时的神仙方术，黄老的"道"是孕育道教的前身。后来，道教在各个朝代的派别不断地形成、变革；但基本教义的"道"不变，认为"道"是"虚无之系，造化之根，神明之本，天地之元"，"万象以之生，五行以之成"，宇宙、阴阳、万物都是由它化生的。

由于道教是植根于中国古代社会、发源于中国古代文化的大型宗教，因此，道教传入海南岛之后，与黎族的祖先崇拜、万物有灵的多神崇拜信仰相接近，于是在黎区传播十分广泛。宋代宋徽宗赵佶以皇帝至尊地位倡导道教的"神霄玉清万寿宫诏碑"，全国仅福建莆田和海南海口两处保存。

在王存撰的《元丰九域志》中，记载了道教在海南的讯息："昌化军：

景星观，唐乾封中置。""天庆观，大中祥符四年置。"①光绪《昌化县志》：景昌观（"昌"疑系"星"字），《九域志》：唐乾封中置。②

明代的正德《琼台志》中，也记载了海南道教分布的状况：

琼山县有玄妙观，在城北一里，宋建，为天庆观，元改今名，乃郡祝厘之地。儋州也有玄妙观，也说明宋立，为天庆观，元改今名。万州也记载有玄妙观，在城东。宋建，为天庆观，正一道士五十余名。元改今名。国朝洪武癸丑（1373年），道士陆（一作吴）贤隆重修，今废。③海南岛上从唐代开始，到宋代，已在各州县建道观。

道教在黎区中广泛流传，笔者在黎区进行田野调查过程中，得到充分的证明。如东方市西方村的道公，珍藏着一批道书，他念道书治病。在黎区诸多市县，也普遍建立"土地公庙"、"祖先鬼屋"（祠堂）、"峒主公庙"等。这次在峒主庙的田野调查，更进一步证实了峒主庙与道教的密切关系。

在每一座峒主庙里，都建有一座神坛，坛上放置了木刻的祖先神像，这些神像不仅仅是峒主，而且有道教诸神。如罗虾村峒主庙有万天雷首全令将、琶头白山太老爷、钦命圣帝二爷、七方峒主大爷。又如水口庙里所供奉的有水口侯王、水底正顺夫人、万天元帅、地理神师、本港口福德正神。椰林镇卓戴村西黎峒主。万圣帝君庙中共供西黎峒主、巡天掌案万圣帝君、敕赐海主部司老爷、左千兵、右万将，本庙土地福德正神。浅水西黎峒主庙有西黎峒主、五龙大王、南天圣娘、陈村娘娘。陵水新村镇龙门七爷庙有峒主（七爷）、武师、关公。琼中县堑对村大礼大帝庙中的神祇是本境峒主、玉封纠察安邦庇民显灵感应感德大帝、玉敕巡察驱邪拷鬼显赫英灵都督将军、玉敕巡狩护乡地峒猛烈英灵都督将军、左指挥之通天灵官马元帅、右指挥翊灵昭武太保温元帅、护乡土地灵感大王、护乡忠烈义勇众神。屯昌县境主庙中有有关帝庙，还有一间正安堂，门口挂的牌子是：海南省道教协会屯昌城信众管理委员会。还有一间正婆堂，殿上塑像是屯昌县境主圣德娘娘、屯昌县天后圣母娘娘、屯昌县伏魔关圣帝君。其境主庙介绍里写明，圣德娘娘即封懿美火雷圣娘娘。澄迈县加乐峒主供奉的峒主又称关圣帝君，殿上诸神十分热闹。琼海南崛庙中的神祇有南崛峒主、总督侯王、南崛太祖、文武帝、魁星公、文昌公、关公、南大圣娘、陈村夫人等。

---

① 〔宋〕王存：《元丰九域志》卷九·附录，中华书局1984年版，下册第706页。
② 〔清〕李有益纂修：光绪《昌化县志》卷二《建置志·寺观》，海南出版社2004年版，第167页。
③ 〔明〕唐胄纂：正德《琼台志》卷二十七，海南出版社2006年版，第567—573页。

上列仅略举一些峒主庙的神祇，供奉的除峒主外，每个庙里神殿上，都有五至十座木雕神像，其名称多数是道教所尊崇的神。黎族拜峒主及诸神的方法，如筊杯卜、石卜、杀牲、念咒和巫术，庙里神像的雕刻形状、神坛、香炉、香烛、纸钱、饭、酒、米、牲等祭品，都与道教习俗相一致。

笔者得白沙县民宗委王少姑陪同，到牙叉镇营盘村委会找到一座道跃村公庙。恰好，这天是2013年农历七月十四日做峒主祭祀礼。50岁的道公符国清正在做法事。

他蹲在神殿前面的地上，对着祭品念念有词，神殿上有5座神像以外，盛祭品竹筐旁边另有一尊神像。神殿上神像中间一座骑着骏马的，是峒主，旁边一座是女神，曰懿美夫人。每座木雕神像都披着红色纱绸，殿前装法印的小碗中插三炷点燃的香枝，地上竹筐里摆着祭品，有煮熟的鸡、包点、酒，盘上有米饭，上面摆着一个大木印，刻着"僧宝佛法"字样。道公一边念经，旁边一位村民在烧纸钱。笔者站在旁边默默地观看。等待道公做完法事后，向他借手中的道书观看。他慷慨地交给笔者拍照，图为道书中的一页。

在庙里做完法事祈求合境平安之后，庙外站着的几位村民进来了，捧起祭品送到庙外一棵据说有300年大榕树的树洞前，洞中有一块石头刻着土地公牌位。他们又在土地公神前面膜拜。祭拜完毕后，村民告诉笔者，道公念经时所看的是道书，他都会背下来。道公的职务是代代相传的。这位50岁的道公是从他父亲手中传来的。过去各家各户都有一座公婆神，"文革"时收掉了，现在大家都到这里拜峒主及土地公。

　　这是笔者巧合碰到的一场完整的乡村峒主庙的祭祀仪式，村民祈求幸福生活的虔诚心愿，显示在每个人的脸上。而峒主的祭祀与道教的传统已经融成一体了。

　　海南岛是个多民族聚居地，原住民黎族与后来的汉族移民在岛上和睦相处，基于各自独特的历史文化背景，结构出多种崇拜文化的互动。道教文化在黎族与汉族之间的融合，已不再具有地域性或民族性的畛域，黎族峒主神和汉族道教诸神，成为黎族民众所共同祭祀的神，共同的信仰创造了黎族的多元崇拜文化。

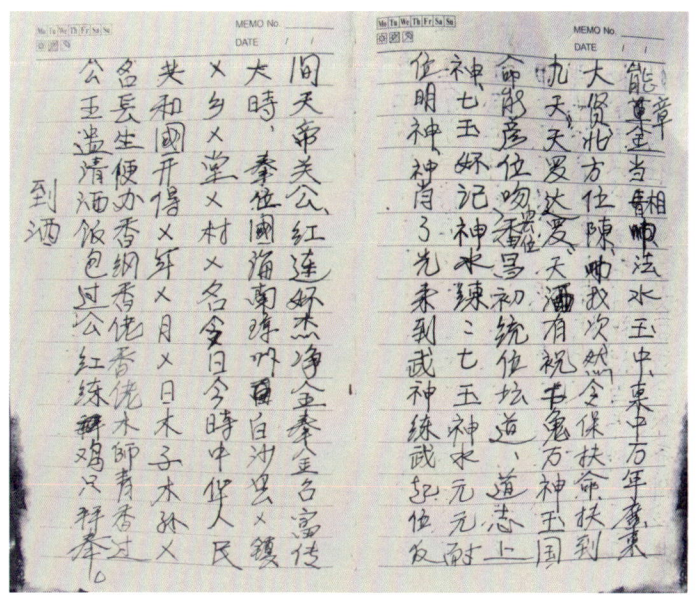

道书中的一页

　　峒主庙有的深处莽山野岭之间，有的则居于繁闹的城镇边缘的墟市之中，信众们所敬仰的目标有共同性，即国泰民安、风调雨顺、地区民众的安乐幸福。镇守一方的峒主庙里的道教诸神信仰，最终的功能目的也恰好如此。于是黎族的峒主神与汉族道教诸神，相得益彰。

五、峒主庙是海南革命斗争时期的会议室、补给站和指挥所

　　中国现代革命斗争时期，海南岛地域远离党中央，敌人控制极其严密，古老的峒主庙，因为有特殊的"身份"，在巍巍群山中成为革命队伍的会议室和指挥所。在海南岛革命斗争历史上立下奇功。

（一）琼海市椰子寨小学内的椰子寨峒主庙

　　这是一座富有革命历史意义的峒主庙。
　　琼崖革命先驱杨善集，中是国共产党早期革命活动家、广东青年运动的

杰出领导者、中共琼崖地方组织及人民军队的主要创始人。1900年2月4日出生于琼东县（今琼海市）福田井堪村，五四运动时是琼崖进步学生领袖，1924年赴苏联东方劳动者共产主义大学学习并参加中国共产党，1925年回国，先后担任共青团广东区委宣传部长、广州地委书记、广东区委书记。1926年6月，他以中共广东区委特派员身份回琼指导中共琼崖地方组织的创建工作。1927年6月，临危受命，担任中共琼崖特别委员会书记和军事委员会主席。同年7月，主持成立琼崖讨逆革命军并任党代表，创建了党领导下的琼崖工农武装。9月23日，他与王文明发动和组织指挥的椰子寨战斗，作为全琼武装总暴动的第一仗，揭开了党领导琼崖武装斗争的序幕。23日在椰子寨战斗中英勇牺牲。

这座椰子寨峒主庙，当年杨善集、王文明、陈永芹等在庙中召开讨逆革命军连以上干部战地会议。王文明是中共海南地方组织和革命根据地、苏维埃政权创建人之一。当时与杨善集等领导全琼武装总暴动，创建党领导的地方武装。

海南战斗第一枪在这里开始打响。峒主庙已成为革命斗争时期的会议室、指挥所。

富有革命传统的椰子寨峒主庙，是海南革命烈士发动武装起义的圣地。

现在门口对联的内容，也向朝拜者展现峒主庙往日的主宰海南乾坤的革命历史。

门口槛联是：

职守五会扶民佑贤
权衡一疆集福迎祥

庙里正殿对联：

洞察秋毫横扫邪天神钦鬼伏
主宰沉浮理顺阴阳盛世安邦

（二）陵水县椰城镇东华中学内的东区古庙

1926年2—6月间，在广东省农协会琼崖办事处和各县农民运动特派员的宣传发动下，海口、琼山、文昌、澄迈、定安、临高、万宁、陵水、乐会、琼东、儋县等地建立农民协会办事处或筹备办事处，83个区乡建立区、乡农民协会，会员达8800余人。同年6月中共琼崖地委成立后，加强了对农民运动的领导，至年底，会员和参加活动群众的人数发展得很快，农民运动达到前所未有的高潮。农民协会成立后，立即提出"一切权力归农会"的口号，并在全琼广大农村普遍开展减租、减息运动。

陵水椰城镇东区古庙，是当年东区农民协会驻地。门口有陵水黎族自治县人民政府立的牌匾：

县级文物保护单位
东区农民协会旧址
　　　陵水黎族自治县人民政府颁布
　　　一九九〇年七月十四日
　　　县文化广电出版体育局立
　　　二〇一〇年二月五日

门口楹联开宗明义写道：

千载流芳东区唯有农协会
万民景仰古庙当称娘子军

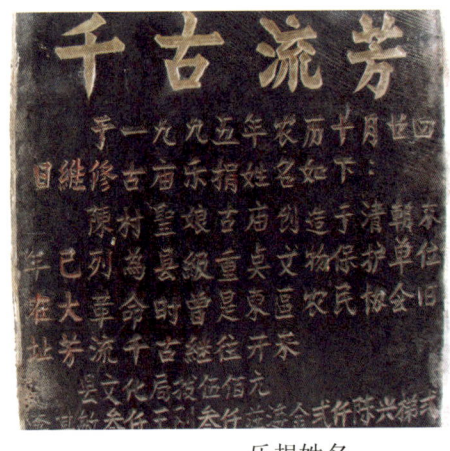

庙里有一通"千古流芳"碑，内容是说，1995年的农历十月廿四日维修古庙。这座陈村圣娘古庙创造于清朝末年，已列为县级重点文物保护单位，在大革命时曾是东区农民协会旧址，芳流千古，继往开来。然后列出乐捐姓名。

这座清朝末年建立的古庙，庙里三进三间式，中拜亭，前进二层，两侧横屋，规模比较大。庙境辖属有七个村委会，即华北、华东、卓杰、李村、勤丰、联本、陵城。大革命时期，这里成为农民协会的办公地点，发动并领导这一带农村农民运动，点燃农民革命的火焰。

在广大的黎村里，百姓居住比较分散，各个黎峒覆盖好些山地、溪流，峒主庙的建立，一方面是人们共同的精神寄托，同时也成为集会的中心地点，因此，自然而然地在革命老区成为革命队伍的会议室和指挥所。

（三）红毛镇罗解村什向村罗解峒主庙和毛西村罗虾村峒主庙

红毛镇罗解村委会什向村及罗虾村里，先后找到两座峒主庙。这两座庙的历史，都与黎族人民的领袖王国兴的革命经历有着密切的关系。

在清代，五指山西麓七十二峒的黎族统归于一个大总管。这位大总管名为王政和（字文新）。清光绪二十年六月十九日（公元1894年7月21日），王国兴出生于王政和家。

1928年10月，广东南区善后公署参谋长黄强实地了解黎族地区建设问题，带着道路勘测建设人员深入五指山区考察，同年年底出版了《五指山问黎记》一书。其中记述了他路过红毛峒时，受到红毛峒总管王政和率族人齐集村外，并举旗列队欢迎的情景。黄强写道："10月17日下午三时抵红毛下峒，（离加钗峒四十里）总管王政和率乡中弟子举旗列队迎村外，此种欢迎形式，在黎境不多见。王老健，常住海口，颇谙世故，能纵谈峒外事，力请为黎民造福。"黄强在五指山旅途中还力赞王政和力请为黎民造福。

1935年5月，抚黎局以"到广州读书"之名欺骗2000名黎族青年到海口，随即送上前线当兵，王政和知道后，向群众揭露了这个阴谋，抚黎局老羞成怒，诬陷王政和"抗丁抗税"，将他逮捕下狱。这时，王国兴在外地打工回家，立即要求抚黎局放人。抚黎局让他交出680块光洋方许放人。王国兴变卖全部家产田地，仅筹到200块光洋，又在村中父老帮助下，才凑足680块光洋领回父亲，这时王政和已被折磨得大病不起，不到半年就去世了，王国兴母亲也在数天后病逝。

国民党政府对黎区的苛捐杂税及残酷迫害在一年多时间内，导致黎胞大量丧命。王国兴忍无可忍，奋起领导黎族民众，高举义旗，拿起刀棒进行反抗。他在红毛乡什亲山召开会议，发动2万乡众，杀鸡饮血后，誓报仇雪恨，部署白沙起义。汉族青年王太信也捐献多年积蓄的40块光洋，支持起义。

王国兴与王玉锦经过无数次艰苦卓越的武装斗争，长期苦战，派王高定等人寻找共产党共同战斗。在千难万险中终于找到救星共产党，他们在临高见到县委书记李汉，独立四支队队长马白山，他们找到共产党来领导黎民起义队伍。

1945年8月8日，白沙抗日民主政府宣布成立，白沙起义胜利了。王国兴的家乡——红毛，成为海南岛上的红色堡垒。

笔者为作田野调查乘车在革命老区的山区里穿行，山路狭小蜿蜒，雨后遍地泥泞，终于在深山老林里找到上述两座残破的峒主庙，而这两座庙又与王国兴革命斗争有着密切的关系：

1.红毛镇罗解村什向村罗解峒主庙。此庙地处深山老林里，近处横亘着一座林木茂盛的大山。笔者车子顺着蜿蜒的山间泥路小心地慢慢爬行，经过了几个人迹稀少的小村落，路边竖立的木牌写着"革命老区"。到了什向村，找到了村干部、支部书记等人，他们站在路边指着一间荒废的破烂小屋，数说这座峒主庙几十年前所经历的红色革命历史。

支部书记告诉笔者，这座庙过去名黄米章公庙，是因峒主名字黄米章而得名。庙辖八个自然村，1000多人。

支部书记说，这座庙在山坡上，是用石块垒成的，残壁还在。过去是瓦

屋,在全村都是茅草房的年代,这座庙的建筑是全村最好的,也是最大的。在革命斗争年代,王国兴的队伍驻扎在山上,峒主庙是革命队伍的后勤补给站。8个村子的黎族人民,为队伍作后勤,运菜运粮,都先集中在庙里然后再运送上山。庙里有6座神像,1966年因一次大火全被烧毁,庙也毁坏了。现在村民要求重建,但这一地区是贫困山区,缺乏经费。群众都希望政府看在革命老区的分上能给予支持。他还诚恳地说,我们文化浅,不懂得如何申请?

这一番热情而又殷切的谈话,令笔者感动。遂由同行人员冯所海起草一份申请报告。

2. 红毛镇毛西村罗虾村峒主庙。这座庙很残破,年代久远,估计建庙时间在500年前。庙里四周墙壁上满是蜘蛛网,残破的祭坛上布了厚厚的一层灰尘。这

座庙辖境整个红毛地区，信众很多，每年军坡节时，十分热闹，庙里殿上供奉的七坊峒主大爷等神座，这时都抬着到各地巡游，还有信男们的脸孔穿杖等，是祈求神主保佑平安的。

据庙的主持人介绍，这座古庙与王国兴家族有着密切关系。他指着神殿的右侧所悬挂的一口大铜钟，让笔者细看。钟上所铸的字已锈蚀，但还隐约可辨。钟的两旁有："风调雨顺，国泰民安"的字样。据测量，钟口直径外42厘米，内38厘米，钟高35厘米，钟顶12厘米。钟面上还刻有：万天雷首全令将、琶头白山太老爷、钦命圣帝二爷、七方峒大爷等字样。下面署"王建邦、王文新敬奉，信凡、红毛峒番响村，光绪二十三年春。"

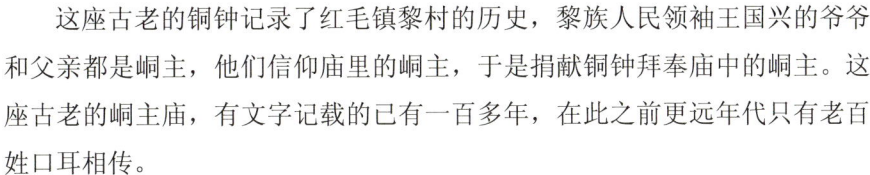

这是一口于1897年以前铸的大钟，据村干部介绍，王建邦、王文新是王国兴祖父和父亲的字，钟是清朝光绪年间王家送的。这座一百多年的古钟，与苍老的古庙并存。

这座古老的铜钟记录了红毛镇黎村的历史，黎族人民领袖王国兴的爷爷和父亲都是峒主，他们信仰庙里的峒主，于是捐献铜钟拜奉庙中的峒主。这座古老的峒主庙，有文字记载的已有一百多年，在此之前更远年代只有老百姓口耳相传。

在王国兴白沙起义的革命年代里，峒主庙不仅屋宇比各家各户的茅草房宽大，而它有信仰的特殊"身份"，因此，起义队伍的领袖们，经常在庙里集合开会，研究军事行动。这座罗虾村峒主庙，在当年是革命斗争的指挥所。村里群众同样要求重修。

关于峒主庙屋宇建筑空间的这种非常时期的非常功能，只有在田野调查中才能发现。

六、峒主庙神灵，足证历史上黎族人民向来祭祀冼夫人

对于冼夫人这个历史人物，党和国家领导人以及黎族老干部都有定评。

周恩来生前曾经题词："中国巾帼英雄第一人"。江泽民题词："冼夫人是我辈后人永远学习的楷模。"黎族老干部王学萍尊称冼夫人为"和平女神"。这些评语，是对冼夫人这位民族团结的英雄模范人物的准确评价。

笔者在黎族聚居地进行峒主庙田野调查时，跟一些黎族的干部和群众作面对面的访谈。令笔者惊讶的是，在他们当中有少数人对历史上黎族老百姓是否祭祀冼夫人有某些怀疑。

概括地说，他们的问题主要是三个，即：

（1）冼夫人不是黎族，她是俚族，与我们是不同族群。对黎族没有感情。

（2）冼夫人来海南后镇压我们黎族。

（3）我们黎族从来不祀奉冼夫人。

对于上述诸如此类的问题，在作峒主庙这项研究之前，笔者也不间断地听到过；听多了，在自己思想上也不十分明白。总有点似是而非！这次对峒主庙的田野调查，先后访问过60多座峒主庙（含境主庙），庙里祀奉的神主结构对笔者的思想认识触动极大！于是，促使笔者将田野调查的事实与历史文献相结合，作了进一步的研究后，对这些问题才有了明确的认识.

下面，是笔者在田野工作中对上述问题的基本答案。

（一）关于冼夫人的族裔

有的同志因对"黎"、"俚"族称的误解而误解冼夫人。

实际上，对于黎族有直接渊源的最早名称即是"里"。如《后汉书》卷86《南蛮列传》就有"建武十二年（36年），九真徼外蛮里张游，率种人慕化内属，封为归汉里君"的记载。当时"里"与"蛮"是并称的。

东汉以后，史籍中的"里"字多了人字旁，常常是"俚僚"、"夷僚"等并称。三国吴人万震《南州异物志》载："南州南有贼曰俚，此贼在广州之南，苍梧、郁林、合浦、宁浦、高凉五郡中央，地方数千里。"这项记载表明"里"字已转化为"俚"字，并对其分布作了明确叙述。南朝时期，"俚"字作为族称，出现更加频繁，而且一直沿用到唐末宋初，才逐渐转变为"黎"。

唐末刘恂著《岭表录异》，有"儋、振、夷黎，海畔采（紫贝）以为货"①的记载。《新唐书》卷179《杜佑传》中也有"朱崖黎民三世保险不宾,佑讨平之"的记载。自此以后的各类著作,均以"黎"字指称海南土著黎族。

由此可知,"俚"、"黎"的族称,在历史上当民族交汇频繁的时代,应是同一民族,也因此促使冼夫人对海南黎族的关注,"海南儋耳归附者千余洞"。后来高祖"赐夫人临振县汤沐邑一千五百户,赠仆为崖州总管、平原郡公。"都是因族群的一致性及冼夫人对族群团结统一的功绩而达成的。也说明冼夫人对族众是有感情的。

(二)历史的误解:冼夫人镇压黎族

历史上冼夫人的政治业绩,史书有明确记载。
《隋书》卷八《谯国夫人传》载:

> 谯国夫人者,高凉冼氏之女也。世为南越首领,跨据山洞,部落十余万家。夫人幼贤明,多筹略,在父母家,抚循部众,能行军用师,压服诸越。每劝亲族为善,由是信义结于本乡。越人之俗,好相攻击。夫人兄南梁州刺史挺,恃其富强,侵掠旁郡,岭表苦之,夫人多所规谏,由是怨隙止息,海南儋耳归附者千余洞。

在《北史》记载的谯国夫人传中的说法一致。这段话说的是冼夫人以她贤明的智慧,劝宗族为善,信义结于本乡,对其兄冼挺的不义行为进行规谏,通过她的努力,南越部落中的怨隙止息,"海南儋耳归附者千余洞"。这里,要着重注意"归附"用词的准确!所谓"归附",是因仁德所感化而主动"归附"中央王朝,不是因武力镇压而投降。有些人往往因对"归附"一辞而产生历史性误解。

在当时,由于朝廷官吏的贪虐而致俚僚亡叛。冼夫人对此极重视,主张惩办贪官,招慰反抗者。于是夫人被命令"招慰亡叛"。冼夫人"亲载诏书,自称使者,历十余州,宣述上意,谕诸俚僚,所至皆降。"(《隋书》)在这十余州中,其中也包括崖州,由于冼夫人的努力,在梁大同年间

---

① 《四库全书》史部十一,地理类杂记之属。《岭表录异》卷中。

海南岛重新恢复了郡县制。正德《琼台志》卷2《沿革志》载:"大业中,珠崖改为郡。"海南岛重新回归中央王朝的辖属版图。

海南岛人民对冼夫人的怀念在各地修建纪念冼夫人庙宇,永表怀念。据20世纪80年代初的调查材料,不完全的统计,有下述庙宇:

1. 宁济庙:儋州中和镇,唐建,宋至明重修。
2. 郡主夫人庙:崖县崖城,明修。
3. 冼太夫人庙:琼山县苍兴一都,明初已有庙。
4. 谯国诚敬夫人庙:在定安境内。
5. 柔惠宫:琼山府城镇西南。
6. 柔惠庙:澄迈县老城,明时已有庙。
7. 柔惠庙:文昌城新安桥右。
8. 南天宫:文昌城东南街。
9. 冼太夫人庙:琼山新坡梁沙村。
10. 冼太夫人庙:海口市得胜沙路。
11. 冼太夫人庙:海口市海秀区高坡村。
12. 谯国夫人庙:定安县城南门外潭览村。
13. 冼太夫人庙:临高县皇桐区居仁乡富理村。
14. 冼太夫人庙:临高县多文区新兴村。
15. 冼太夫人庙:临高县城西部。
16. 冼太夫人庙:临高县博厚区内红华农场作业区的透滩坡地。
17. 冼太夫人庙:临高县马袅区大雅乡和占村。①

这些庙宇,除了一座建在三亚以外,其余都是建于琼北地区的琼山、澄迈、文昌、海口、临高、定安等地,也难怪有人提出疑问,为什么汉区有冼夫人庙,每年都有纪念活动,而黎区没有呢?

在历史上,黎族人民对冼夫人的祀奉,是由于经济、信仰风俗以及地域特点等因素所决定,故没有跟汉区一样专门建设庙宇来祀奉,而是置于峒主庙内与峒主神一起祀奉;又因为冼夫人的封号是历朝历代封定的,是汉族的习惯称谓,故近现代黎族干部和群众因为不明白封号而误解。

---

① 参见《海南冼夫人庙宇简况一览》,出自白雄奋等编撰:《冼夫人文化全书》,中山大学出版社2009年版,第362—365页。

(三)冼夫人的封号

冼夫人维护国家统一,促进民族团结,一千多年来,受到历代执政者的无上敬仰,各类封号、尊称有数十种。如梁朝封为"保护侯夫人",陈朝册封为"中郎将"、"石龙太夫人",隋朝被封为"宋康郡夫人"、"谯国夫人",逝世后谥为"诚敬夫人",五代十国时的南汉,追封为"清福夫人"。唐代封"懿美夫人"、"正顺夫人"。南宋王朝绍兴年间高宗赵构赐号封为"显应夫人",封儋县中和镇冼夫人庙"济宁庙"。冼夫人被加封为"柔惠夫人"。明朝追封为"高凉郡夫人",清代赐封为"陈村夫人"等等。①

除了这些封号之外,广大民众在不同的年代对冼夫人也有各种不同的命名。

从峒主庙里祀奉的神像,说明广大黎区在历史上向来都祀奉冼夫人。

在黎区进行田野调查时,有些黎族的干部说:我们不祀奉冼夫人,也没有每年的军坡节为冼夫人举行庆典。

这种说法不符合历史实际,是一种主观武断。

事实上,除了合亩制地区的五指山市以外,广大黎区的穷乡僻壤里不仅有数目繁多的峒主庙,而且在许多峒主庙里,黎族老百姓在祀奉自己祖先峒主的同时,也一起祀奉冼夫人。这种广泛分布在民间的信仰,因为冼夫人神像尊称封号多,故没有被人们所注意。同时,汉区的峒主庙也一样将峒主神与冼夫人神像同时祀奉。

出现上述的疑问,是因为人们对冼夫人多种封号缺乏应有的历史知识,不懂得峒主殿上有不同的"夫人"封号的女神就是冼夫人,黎族历代的传统信仰的各位尊神中,冼夫人是其中的女豪杰,为各地黎民所崇拜纪念。如:

1.陵水椰林镇里村上溪村的村主庙即上溪西黎峒主庙,庙里供奉的神名有南朝侯王、统天护国西黎峒主、南天圣娘、南天闪电雷火圣娘、柔惠正顺懿美夫人(即冼夫人)。

2.陵水新村镇盐尽浅尾村浅水西黎峒主庙,供奉神名有:西黎峒主、五龙大王、南天圣娘、陈村娘娘(冼夫人)。

3.陵水新村镇桐海桐村和灶仔之间南天陈村圣娘庙,供奉南天圣娘娘及陈村娘娘(冼夫人)。

4.琼海椰子寨小学椰子寨峒主庙里,右边圣母庙有冼太夫人、妈

---

① 参见白雄奋、吴兆奇、李爵勋编撰:《冼夫人文化全书》第二卷李爵勋:《历代皇朝冼夫人的封赐》,中山大学出版社2009年版,第497—498页。

祖、南天。

5. 琼海岭口镇三加（这里原属定安）南建石磷峒主庙，庙里殿上神像有：王官峒主、两位将军峒主、两个保护神、敬懿夫人（冼夫人）。

6. 屯昌县境主庙有懿美火雷圣娘。

7. 澄迈县加乐镇加乐峒神殿上有南方闪电火雷娘娘。

8. 临高县博厚镇龙驾村祖婆祀奉的祖婆为冼夫人，全村姓冼，建有冼氏宗祠，村民捧出家谱，说他们是承粤脉，根海南，是高州冼氏后代姓冼后代现有200多户，近2000人。

9. 临高县博厚镇龙驾村楞严庙，是黎族六峒之主，与冼夫人庙毗邻，管庙人说，元峒与冼夫人庙同辉。

10. 琼海石悖壁墟石壁峒主庙，俗名圣娘庙，神殿上有石壁峒主侯王、南天圣娘（冼夫人）。

11. 琼海市跃进人民路南端南崛村南崛庙。庙里神祗有总督侯王、南崛太祖、关公、南天圣娘、陈村夫人等。

12. 屯昌县屯城镇加宝村委会加宝峒主庙。庙中神名有：玉封显应总察三司佐国救民、玉封灵应察御史威武济世明皇大帝敕封柔惠正顺懿美夫人、南方闪电火雷娘娘。

13. 屯昌县屯城镇屯昌村奇石峒主庙。神名中有敕封柔惠正顺懿美夫人。

14. 屯昌县南吕旧市墟婆祖庙。庙中神祗有：柔惠正顺懿美夫人、下冷峒主、冯元帅。每年三月，合祀冼太夫人和峒主公。

15. 屯昌县坡心镇南凯村南凯境主庙。庙中神祗有：柔惠正顺懿美夫人、南远峒主元皇大帝、南方闪电中口火雷娘娘。

16. 定安县黄竹墟黄竹公庙，庙中神名有：侯王、圣娘、关圣帝君、黄竹峒主、柔惠正顺懿美夫人、南天闪电火雷圣娘。

17. 宝安县龙何镇鸭塘村荷塘村荷塘境主庙，主祀神名有：懿美夫人、南建峒主元皇大帝。

18. 定安县龙门镇大山村大山庙。主祀神祗有：懿美夫人、大山峒主、火雷圣娘。

还有好些庙都是类似，就不一一列举了。上列这18个庙的主祀神主，联系到这些庙的节期,一般都是军坡节。都有庄严的"穿杖"巡村。最为典型的莫过于处五指山西麓清代以前的七十二峒的红毛镇毛西村罗虾村峒主庙,这里是革命老区,是王国兴白沙起义的基地之一,庙里殿上供奉的七坊峒主大爷等神座,每年抬神巡游各村时,信男们都以像汉区一样在脸颊穿杖等活动以祈求保佑平安。

总而言之,从峒主庙的祀奉神的结构来看,黎区人民千百年来都对冼夫人祀奉与对峒主祀奉一样地进行。

七、峒主庙文化中的对联

这次田野调查所看过的峒主庙,全都赫然显示了汉黎文化融合为一体的历史现象。黎族没有本民族的文字,庙里应该不存在文字遗存;但出乎意料之外,每一个庙都有门联、堂联等,念起来琅琅上口,内容十分丰富。这些对联为我们留下了黎、汉艺术文化融合的丰富资源。这些雅俗共赏的文化艺术形式,丰富了峒主庙精神内涵,也寄托了黎区人民冀望享受幸福生活的意愿。

对联是宋元以后兴盛起来的汉族社会文化特有的形式;而散落在广大的黎族村落中的峒主庙,不仅仅在堂殿上摆设祀奉的神祇是黎汉结合,而且在所悬挂、张贴的对联中,凸显了黎汉文化融合的完美象征,而且对联都承担着各个庙宇十分具体的使命。

就其内容而言,可分为下列几类。

(一)祈求本峒主庙所辖地区黎汉和谐、黎民生活美满、平安吉庆

试看昌江县十月田镇塘坊村峒主庙。正厅横匾是"明王大德",两旁对联是:

　　天地大德广全球人类幸福美满
　　神圣鸿恩深通村黎民平安吉庆

我们且不苛求文字的对仗。这副联用全球视野和村寨老百姓的眼光,期

盼黎汉人民生活幸福。

又如白沙县牙叉镇营盘村什道跃村公庙的庙门对联：

出外求财财到手
居家创业业兴隆

财神到家家兴旺
天天好运保平安

又如屯昌县屯城镇屯新村委会新安村深水田峒主庙的门联：

显赫护邦荫贤孙
英灵救世佑孝子

高神显赫重千古
皇恩浩荡镇甲方

殿上对联：

万民康宁蒙神佑
福禄寿财赖圣扶

又如定安县黄竹墟黄竹公庙的对联：

侯王护国庇民功共日月
圣娘保境施恩德重千秋

（二）赞颂先祖及峒主功德共存

昌江七月田镇保尹村八保平祠庙，这是一座纪念先贤及祀奉峒主神灵融合在一起的庙，在座殿上，有峒主的木雕像，也有本村祖宗的像。峒主与汉族祖先共供一堂，其对联也说明这一点：

　　公德崇明昭日月
　　祠堂原福载乾坤

又如：

　　即从三分香塍有厚德
　　尤善百里近邻无孤忠

（三）赞扬峒主（或称境主）的功德无双，神通广大

如昌化镇峻灵明王庙。黎族老百姓的共识是：明王庙即峒主庙。其牌坊对联是：

　　神乎神乎北宋勒封功第一
　　山也山也南洲座镇品无双

内殿对联是：

　　堂构重光添秀色
　　庙修再丽显英灵

又如东方市新街昆仑神庙（峒主庙）庙里横匾是：

　　德被群生

两边对联是：

圣德巍巍遍宇庙
神恩浩浩布人间

又如东方市四更镇日月民庙的圣殿横匾写着：

恩光普照

对联为：

四序和风辉四座
更层甘露润民庐

又如陵水县椰林城东村委会老丰村陵阳古庙的庙门楹联：

灵扬显赫钟英杰
古庙长春驻巨灵

殿上两旁对联：

德泽汪洋垂日月
恩光浩荡壮山川

陵水县椰林镇卓戴村西黎峒万圣帝君庙的庙门楹联是：

金山玉水日月照应子孙旺
圣英显赫乾坤和合万代传

庙内大殿对联是：

帝德如天名同天地久

神恩似水心与水泉清

殿旁对联：

英灵显赫流千古
圣德无疆庇四方

（四）历史与当代结合的教育功能

有些古庙中峒主与冼夫人并祀，大革命时期又成为农民协会所在地，故其对联显示出历史与当代结合的教育功能。

如陵水县椰城镇东华中学内的东区古庙门口楹联是：

举步懔凫趋母范若临矣
降阶严鹄主吾怀敢释乎

庙内中间两侧对联十分丰富，例如：

圣德巍峨普照大千世界
慈恩浩荡同麻亿万生灵

紫气东来风调雨顺苍生乐
恩光普照国泰民安天下春

婆祖妈祖爱民祖德昌社稷
仁神义神救世神恩泽苍生

又如屯昌市境主庙，庙中峒主与冼夫人同恭奉，其庙门楹联：

境主英灵庇荫屯昌多幸福
王后显赫保佑踵科添财丁

（五）赋予峒主庙现代色彩

如陵水县东区古庙中有一副对联：

东临馨石水天一色兼一代风流
西竭笔峰文鼎千秋瑞千秋贤才

又如陵水县椰林镇华北村北市古庙，因为这一区域是革命老区，而当年古庙又是西黎峒主庙，现在重修之后，楹联也赋予现代内容：

文官英灵扶助家家创业
武将显赫保佑户户平安

（六）对庙神的歌颂与庙宇自然环境相结合，描绘出一幅自然山水的美丽景色

如陵水县椰林镇华东村下港岭水口庙。因这是一座濒海神庙，景色壮丽，1995年重修后，烟火兴盛，其大门口楹联是：

乾坤聚秀岁月迁流赤石青山留胜地
大地钟灵烟波浩渺和风细浪福陵阳

庙内门联是：

庙座青山峡
门临赤石峰

大殿两侧对联是：

> 神光普照参天地
> 侯王圣德贯古今

对神祇的歌颂与生态环境密切结合，古庙面对百峰耸立，清泉溢出的周围自然景色，门槛的描绘使古庙更具蛮荒与辉煌的风水特色。

又如屯昌县屯城镇屯昌村加丁村的加丁公庙，门联的内容与山色结合起来：

> 万福来朝山朝秀
> 顺德进丁加丁才

又如东方市新街昆仑神庙（峒主庙），庙侧壁刻有昆仑山爷史志碑，碑首一副对联曰：

> 莽莽昆仑出世横空
> 人间春色尽在其中

> 神爷显圣福山开昌
> 行空天马福泽人间

（七）峒主治峒的业绩和今人对峒主的怀念

如屯昌城镇屯昌村委会奇石峒主庙的对联是：

> 保国安邦神德大
> 清廉把峒圣恩深

又如：

保护乡邦安人泰
清廉治众杀妖魔

琼海市椰子寨小学里椰子寨峒主庙的门口楹联：

职守五会扶民佑贤
权衡一疆集福迎祥

庙内左右门联是：

峒安五会
主治一疆

正殿两侧对联是：

洞察秋毫横扫邪天神钦鬼伏
主宰沉浮理顺阴阳盛世安邦

（八）追溯历史，从对联中显示这座庙宇的历史故事

如琼海市岭镇三加村（这里与定安交界，原属定安）南建石磷峒主庙。这座庙流传着元朝文宗被贬于此的历史故事。此庙为纪念庙主王官与元代文宗之间的情谊。庙门两侧及庙里对联都是追溯这一段历史。

庙门两侧楹联是：

定佑琼南南建峒主昭赫濯
安如磐石石磷邦城兆祯祥

庙里两边对联概括这段历史：

峒被深仁尊号大帝
主施厚泽测封元皇

大帝英灵有求则应
元皇显赫感而遂通

祠堂旁一对石碑联：

三台足蛟龙
世代翰墨香

三加建庙道日月
圣境坐镇耀乾坤

无论是在热闹的市集里，或在深山旷野屹立的旧峒主庙，大多数庙门及殿上都有对联，这些对联的内容，或颂扬峒主及其他供奉神祇的功德，或反映古庙的教育功能，或追溯古庙的根源，都集中了一个大众的情结，就是在古庙里寄托人们对美好生活的祈望，展现峒主庙神祇保佑合境平安的感恩情怀。这种汉、黎文化相结合的文艺形式，古老的诗歌韵律与现代的大众心灵相结合，在深山老林的旷野中焕发出艺术的光彩。

八、峒主庙文化特征一瞥

峒主庙是黎族族群民间信仰文化的一种历史现象。由于黎族百姓受历史和地理环境的影响，民间信仰万物有灵论，相信宇宙间的一切事物都存在着超人的神秘灵魂，并长久存在着。

峒主庙的峒主神，在黎族老百姓的心目中是所有神灵中最大的神灵，即祖宗神的化身。这一神灵，由凡俗演变为神圣以后，它的能耐无所不能，无所不在，有求必应！它能够用一种超自然的力量来处理世俗的所有事务。因此，峒主这一神圣的象征符号，就成为了加强黎族族群凝聚力的精神寄托。

峒主庙作为黎族的神圣象征符号,在庙宇统辖的区域里,人们为获得平安幸福,用祈祷、音乐、供奉牺牲、集会、穿杖、朗诵教规等形式,来表达各自的诉求。笔者在许多峒主庙里,都见到大殿两旁悬挂的信徒们酬谢的锦旗。峒主庙的大殿中都有大型的钟鼓、长长而又尖锐的铁杖和殿前的法印,每年三四月,有一次大型的军坡节活动,将神祇塑像抬往各村游神,接受信众们膜拜,有信男脸颊穿杖坐桌游行。据穿杖的男仙诉说,他们七天里不吃荤食,男女不同房,铁杖穿过脸颊时不痛不流血,抽出来时也没伤痕!这种不可思议的肉体承受,除了表示信众的虔诚,神灵有求必应的心理诉求以外,如果从社会文化的角度来审视,则可以认为,一年一度的庆典,既是敬神,同时,在群众文化生活极度贫乏的时代,庆典更大程度上是娱人,让各家各户在自己家门口可以欢庆热闹,烧香祝福也即是参与其中,观看这种不堪忍受的肉体破损,也即是一种精神刺激,一种生理文化的短时间满足!因此说,峒主庙每年的庆典,是峒主庙的文化特征之一,也是它所以能够长久存在的社会基础。

峒主庙的选址,一般都在郊野的风水胜地!但后来黎区村庄墟镇的发展,峒主庙的周围环境往往大为改变,变得狭窄逼仄。但新建或迁建的峒主庙,却十分讲究其环境文化。试看屯昌境主庙,庙前有石碑一通,叙述境主庙建庙环境的变迁。

境主庙即峒主庙,加上冼夫人、天后、关公等神明,综合在境主庙里受广大信众拜谒。在《屯昌镇志》中记录了这座庙宇的迁建中的庙境文化:"境主庙的产生是随着屯昌墟的营建而相继形成,始建于清雍正三年,缘近代,考原址,据本墟众位寿星耳闻目睹,建在屯山西北角,或高坎园。但在四十年代,由于日寇侵琼屡遭劫难而多年失修,几经周折,于一九八六年才由本墟父老子孙乐捐集资,将境主庙并建在本墟西仁寺内。"《屯昌镇志》这段记录,说明1986年这次迁建于西仁寺内已经颇费考究,但后来仍觉得环境还不理想,于是在"1999年又经……选福址,兴工匠,将境主庙迁建在现在的红土坎园。"为什么选这个庙址?原因是这里"纯系天然园林式景观,庙堂坐巽向乾,依山傍水,又有历史悠久的、政府保护的文化景点'八卦清泉井'陪衬,……"在这里还可以建一座境主庙亭,亭有7.63米高,6.60米宽,112平方米的建筑面积。

这个庙的环境文化达到了赏心悦目的境界!

澄迈县加乐镇加乐峒主庙,又是另一种文化表现。这个庙又称关圣庙,峒主又称关圣帝君。庙里把诸神集合在一起,殿上木雕神像众多,其中有市主昌化老爷、华光大帝、峒主关圣帝君、火雷娘娘(冼夫人)、两位福德正神等等,神位繁多,信众所谓"请系圣庙,仰赖尊神,万求万应,神威圣振"。峒主庙里的信仰文化也会由于时代的变迁而不得不转变,这座庙里集中了12座神,本来各有神庙,天各一方,各管一个区域,现在集合在一起了,信众们的祀奉文化也随之变迁。

"出差"这个动词，本来指机关、部队或企业单位的工作人员暂时到外地办理公事，但今天峒主庙也常常用来说明峒主神"出差"到某村某家。笔者2013年9月11日上午到澄迈县访问南林峒主庙。主管人员说："峒主神出差了，不在庙里！"后来他领笔者一行人到澄迈县文儒镇文丰村排坡园村徐日昌家。徐家一家老少极其热情。畅说今天彩票中了大奖，故请峒主神回家来与祖先们一道庆贺！又说，请各方大神大圣都来，神圣们再接再厉，保我子孙老少平安！……这是一出峒主庙出差的喜剧，也是峒主庙一种由民间创造的全新的峒主神出差文化。

澄迈县金江镇镇东神庙。庭院宽广，规模宏大，庙里大殿有镇东庙神位，殿上神祇是茆山教主。茆山是峒主，说明这里是峒主庙。在庙里设有富朗文化宫，还有钟案社区郎村老人体育协会，又设一座富郎公亭，柱上对联是：富地腾飞多豪杰，郎斋育才出栋梁。峒主庙与人才培养、老人体育协会联合在一起，有着浓郁的现代文化色彩。

九、从《左有文总管事略碑》看峒主庙在移风易俗中的作用

2013年8月7日笔者从五指山市参加一次有关三月三的筹备会议回海口途中，黎族老干部王学萍同志及海南省博物馆王辉山同志，由保亭博物馆陈玉林馆长带领笔者等上山寻找左有文墓及其墓碑。该墓因城市建设曾迁移一次，离城区不远，当时恰逢雨后初晴，道路泥泞不便；但我们一行五人仍奋力爬山寻找。

在左有之墓旁，立了一块《左有文总管事略碑》，据博物馆馆长介绍，该碑立于民国24年（1935年），碑高84厘米，宽50厘米，石碑文字是楷字阳刻，碑文共380个字。

碑文如下：

  总管禀生刚毅，意志昂藏，品行砥砺，德才磊落。虽生不事诗书，言行合古豪杰，但治事公忠，与人诚信。揆今社会，解方其伦，乃概三苗，浑噩九黎，獉狉萤尤，衍宗几难，濒于天演，非筹谋论智，设计抵强，各族绵延，当不存乎世界。总管愁忧之，于清光绪三十一年，同王义等，设办宝停小学一所，以资化顽变冥。惟内地水土烟瘴，教师难抵渗浸，清宣统元年迁校县城。总管慷慨解囊，囊成善举，兹弓峒普立胶庠，人文骎骎尉起，暗地渐渐开明，此非总管努力提倡之功欤？猷能任劳任怨，为民革除鄙俗，如送嫁不许多人，蠲免白米陋规，订章论功行赏，若者参赞，固属有徒成事，惟总管伟力。至七弓、廖二揭竿作乱，暴横猖獗，豕灾几遍全区，黔首流离，燕窠害移材木。总管奉命驰驱，募兵运粮，一鼓而戡定匪家，使国家无南顾之忧，汉黎得安居乐业者，厥功甚伟也。溯生于清同治三年，卒於民国二十四年。纪岁古稀，所谓有德者得其寿，信然者，老友王猷卿与总管系冰清玉润之亲，欲将其功德表扬，以示来兹请笔于余，特将其事略而记之焉。

                郑士健拜述[①]

[①] 参见黄友贤整理，出自《指拭历史尘埃——黎族古籍研究》，云南民族出版社2006年版，第137页。

左有文（1864—1935），是五指山地区的一位总管，也即是笔者所关注的黎族头领峒主。此墓虽非峒主庙，此碑也非叙述峒主庙的建设和功能，但从这通碑文中，可以窥见光绪年间至民间初期峒主对黎区的政见。

这通碑，可记述这位峒主的为人处世以及对黎族教育事业的贡献。

1. 左有文是一位德才兼备的峒主。碑文开宗明义介绍左有文的品德，他"禀生刚毅，意志昂藏，品行砥砺，德才磊落"，这16个字，赞扬左有文的优秀人品，这是一位德高望重的黎族头人。

2. 虽然没有诗书修养，但办事诚信公正，是一位黎族公众依赖拥戴的峒主。碑中写道："虽生不事诗书，言行合古豪杰，但治事公忠，与人诚信。"作为黎人的峒主，他以公正诚信的态度，以古代豪杰行为准则为法，以此规条治理黎峒的内部事务。

3. 面对光绪年间黎区仍处于未开化的境况，认为"非筹谋论智，设计抵强"，族群无法于世界立足。左有文明智地分析所处的生态环境及政治环境，力图为族群的生存寻找正确的道路。

4. 在智者千虑之际，左有文慷慨解囊，提倡举办学校开发民智，成为黎区峒主开创教育事业的第一人。碑文中写道：左有文"于清光绪三十一年（1905年），同王义等，设办宝停小学一所，以资化顽变冥。"但因黎地水土烟瘴，教师难聘，于是四年之后即清宣统元年（1909年），宝停小学迁往县城。在弓峒创办学校之后，黎区的文化风气已渐渐开明："兹弓峒普立胶庠，人文骎骎尉起，暗地渐渐开明"。这一切都归功于左有文的倡导。

（五）任劳任怨，革除不良民俗。陋规中如送嫁不许多人又蠲免白米陋规，应该发扬；订章论功行赏，以法规稳定黎峒社区的生活秩序。

（六）加强黎汉团结。对于七弓、廖二揭竿起义一事，作为峒主，他还是维护社会治安，团结统一，募兵运粮，平定战事，"使国家无南顾之忧，汉黎得安居乐业"。左有文峒主的一生，在这通碑文中显示出来。

至于五指山市辖区范围内有没有峒主庙？笔者专门乘车到五指山市，拜访当地黎族干部及黎族文化研究者，他们都异口同声地说，在五指山没有峒主庙，访问茶店里喝老爸茶的本地长者，也说不知何处有峒主庙。因此，在五指山地区，寻找峒主庙乃竟成为空白。从各个市县的田野调查所获知60多个峒主庙的分布情况，又从保亭所保留的左有文墓及其碑文内容考察，左有文于1906年在宝亭道隆村创办小学,在"弓峒普立胶庠",记载了峒主在黎区积极办学的佳话。五指山地区在新中国建立之后,还保留有合亩制,这是海南黎族区域的中心地带,可能这一地区一向经济比较落后的原因,或是这一带峒主与苗族在历史上陷入不断地复杂的矛盾斗争,所以建峒主庙作为大众崇拜的场所就成了空缺。

关于五指山市为何没找到峒主庙,尚待今后继续采访和深入探讨。

结 语

黎族地区，随着1950年海南岛全岛解放，也完全解放。黎族作为中国民族大家庭中的一个少数民族，在中国共产党的正确领导和民族政策的光辉照耀下，政治、经济、文化以及教育事业都迅速发展；特别是海南建省、办经济特区、建设国际旅游岛以来，发展得特别快！黎族进入了新的历史时期。

黎峒作为一种行政建制，在旧政权时代，统治阶级的行政区划和行政管理深入不到黎族地区。黎族人民的事务，就只有依靠黎族人民自己来解决。于是产生了黎峒这一行政建制；黎峒有大有小，峒内设有长老会，在对外处理问题时，长老会推举一名代表，于是有了峒主。黎峒内部的事，长老会处理；黎族不同方言、不同支系之间的矛盾和危机，是由峒主们通过协商解决。口头协商解决不了的，则以水牛作为物质赔偿的方式来化解。海南岛解放以后，黎族地区根据黎族分布的格局，合理地设置了6个黎族（有些县含苗族）自治县。于是，行政区划网络遍布黎族村寨的各个角落，黎峒和峒主也就都消失了！

随着黎峒和峒主的消失，与这两者相关的文明，也随之而沦落或者完全失落。这失落了的文明，其中有些是自然地成为历史，有些是作为历史陈迹可以供人流连，有些在今天仍在发挥作用。

笔者怀着一贯对黎族文化的尊重与敬畏，对某些消失了的文明作点具体的分析。

一、黎峒有对黎族社会进步和发展的作用

作为一种行政建制，它是应该进入历史的。但对黎族这个特殊的长期生活在海南岛的民族，因为历史和地域的关系，分为5种方言。20世纪的三四十年代，在相同方言的内部又有不同的群体，例如润方言里面有白沙峒、元门峒、小水峒；杞方言里面有生铁、红毛峒、大歧、布配；哈方言里面有南劳、多港等区分。这些群体的划分，主要是依据它们所处的地域和所体现的文化特征与风格不同。因此，黎峒里面有不同的群体混居，它们在峒内互相影响；或者，同一种方言的一个峒，峒与峒之间的交往，也会在文化方面相互促进，推动着黎族的进步和发展。

今天，黎峒失落了，黎族人民之间，除了语言和服饰仍有不同外，其余，都逐渐混合了，甚至连语言和服饰也逐渐汉化。这不能不说是一种历史的遗憾！

二、黎峒显示黎族五种方言的体格人类学区别

在20世纪三四十年代以前，黎峒多以山界或河流作区分，居住在不同峒内的人群，多说相同的方言。相同方言的人群的体格人类学现象明显。据德

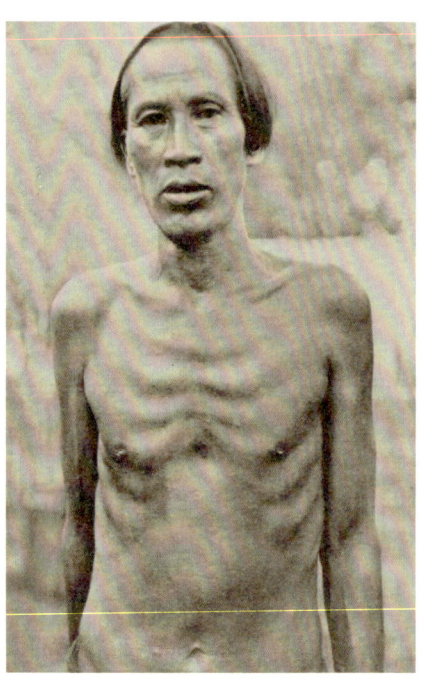

本地黎

251 结语

美孚黎

岐黎

温村侾黎

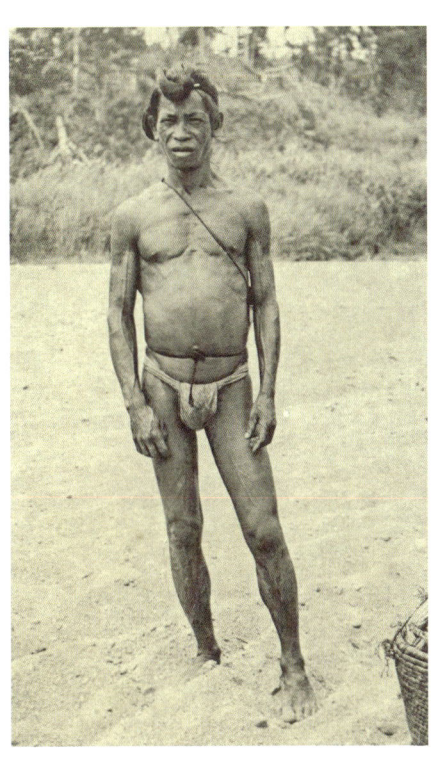
七差㑣黎

番阳㑣黎（武士）

国人类学家史图博的调查，他将不同方言的体格人类学主要特征加以简要地描述。如对润方言，他说："白沙峒的黎族是相当高大而且强壮的种族。"对美孚方言，说："男女的体型美极了。"他进一步补充说："男人身体惹人注意的是胸廓宽而腰部细，妇女身体的显著特点是在胸部。"对杞方言，他说："典型的杞比本地黎或㑣的身体都要苗条，……长身型而苗条的身材较多。"哈方言，他说"是较高大而强壮，骨骼结实，是强壮的人占多数的种族。"但不同地区的哈方言人也有不同的特点。

因黎峒消失，黎族5种方言的体格人类学的特征也逐渐被磨平！

三、黎峒将五种方言的社会习俗区分开来

黎族5种方言，因居住区域的不同，所以在生态环境、文物遗传、民间风俗、农业生产、狩猎、商业、饮食、器具、工具、纺织、社会生活、社会

20世纪30年代拍摄的黎族社会习俗部分照片

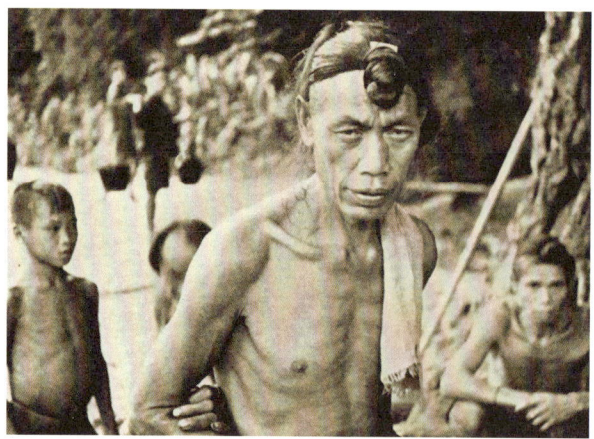

白沙峒在前额挽髻

牛骨雕刻的精美发簪

小孩子抱着野生动物小灵猫

哈方言女孩戴着黄铜耳环

结语

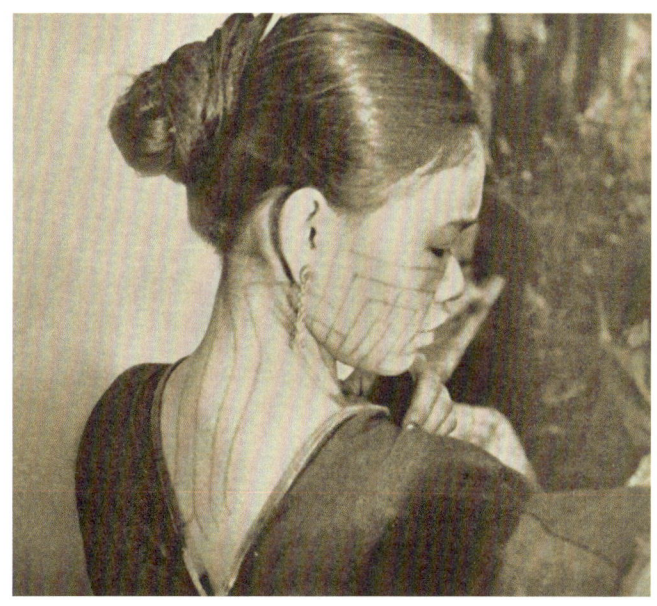

润方言女孩文面文脖子

连片的茅草房船型屋，当时生态环境很好

哈方言妇女将沉重的耳环像帽子一样盖在头上

文手文腿的妇女

赛方言头人的公子

257 结 语

准备出游的峒主神

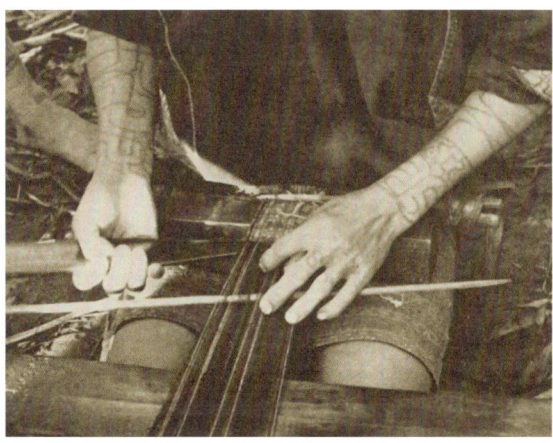

文手的妇女在织锦

轻巧耐用的竹筒用来挑水

用传统的陶罐挑水

牛踩田，适合于山区小块水田的耕作方式

结构、人民健康、居住条件、民族特性、衣服、装饰、发结、文身、建筑、歌谣、音乐、艺术、宗教信仰以及派系械斗等方面，既有相同又有不同，而其中不同的方面居多，正因为这些习俗的不同，所以才区别出5种方言。

这许多富于时代特征的习俗，百科全书式地展现了黎族极其丰富多彩的族群文化，像2006年列入国家第一批非物质文化遗产代表作保护名录中的树皮布石拍文化也都在其中。这些文化，都随着时间的演进，随着黎峒的消失而全面失落！这许多燦烂的文化，是经历了千百年的沉淀与衍化，是千百万黎族人民的独创；但顷刻间就会变成了人类未来遥渺的记忆。

我们很庆幸！因为黎族老干部、原海南省人大副主任、全国人大常委会常委王学萍同志，于2004年3月8日，向十届全国人大二次会议提交建议：请求国家支持保护海南民族民间传统文化，在海南省五指山市水满乡，建设黎峒文化园。

这一建议，得到国家和省委省政府的肯定并大力支持。在全省人民、特别是黎族广大干部和群众的积极努力下，现在终于建成，使黎族的部分传统文化能够在现代化的热潮中得以重生，在黎峒消失以后得以传承，让这部分文化又焕发出光辉！

后 记

对《"凡俗"与"神圣"——海南黎峒习俗考略》一书的书写，不仅要用笔写，更重要的是要用心写！因为黎峒的历史长，经历的过程中事件多，人物更多，对黎峒的确有"庭院深深深几许"之意；而峒主庙，每到一座庙宇，不管是大是小是新是旧，一进门，就让人产生了无限的敬畏！这些，不用心去领会是做不好的！是故，书稿虽然出来了，但用心去领会却是要长期做下去的！

田野工作断断续续，相隔时间长；而这当中冯健英、冯所海始终引导着笔者向前；他们有做洗太庙田野调查的过来人经验，让笔者少走了弯路。对他们二位的竭诚帮助，当中还有冯学武和蒙美明二位也帮忙开车，真是感激不尽的！可是回头一想，首先要感激的，是黎族的先人建造了峒主庙，才可能有今天冯健英、冯所海二位的引路。所以，感激的首先是陆续建造峒主庙而又虔诚地敬奉着峒主的黎族群众！

这个课题的起因是由于时任省人大副主任、全国人大常委的王学萍同志，在2004年3月，以黎族代表的身份向十届全国人大二次会议提交的一项关于建设黎峒大观园（后改为文化园）的建议。

这项建议，对黎族优秀传统文化全面的保护和传承是极其重要的！笔者有感于这件事的意义重大，而且，其中极需要有学术作为正能量的支撑！于是动手做这项工作。工作过程中，得到王学萍同志的大力支持，也得到省民族学会副会长兼秘书长王建成同志的关照。王学萍同志还为本书写了序言，让本书增色不少！在田野调查过程中，得到各市县的干部和群众的积极支持。海南省社科联领导对这个项目的研究，十分支持。琼州学院党委和行政领导在研究工作进行中也一直敦促作者努力，这些是书稿能够形成的根本原因。上海大学出版社副总编焦贵萍编审积极认真负责的工作态度和高水准的编辑加工给以支持。学术助理陈虹认真细致地核对原文，改正了许多错误。在此一并致谢！

有几帧照片，因不同地方说明不同问题，故重复用。请读者谅解。

2014年2月15日